JN165028

刑事裁判における
人間行動科学の寄与

● 情状鑑定と判決前調査

須藤　明
岡本吉生
村尾泰弘
丸山泰弘

編著

日本評論社

序文

　裁判員裁判は定着されてきたとはいえ、殺人などの重大事件を短期間で事実認定および量刑を判断するという作業は裁判員にとって大きな負担である。また、量刑に関しては、罪刑法定主義に基づいた応報だけでは更生に十分資するとはいえないといった厳罰の限界も見えてきており、どのような量刑や処遇内容が被告人の更生に寄与するのかという視点も重要になってきている。そのため、犯罪事実に至る要因を心理学等の手法により多角的に分析する情状鑑定は、被告人の家庭環境、生育史、パーソナリティといった「一般情状」と犯行動機や犯行態様などで構成される「犯情」との関連性やその程度を検討するという量刑判断の枠組みにおいて重要な資料となる。例えば、いわゆる川崎事件と呼ばれる少年3人による12歳の中学生に対する殺人等事件において情状鑑定が行われたが、マスメディアによって報じられていた単純化した「加害者－被害者」という構図ではなく、加害少年の複雑な生育歴と家族関係や事件との関連性その他が明らかになった。

　少年事件においては、家庭裁判所調査官の調査や少年鑑別所の心身鑑別などによる科学的な分析に基づいて適正な処遇が選択されるシステムが確立されているが、刑事事件ではそのようなシステムはなく、応報を柱とした罪刑法定主義に基づいているため、科学的な根拠に乏しいまま犯罪行為に応じた判決が言い渡されているのが現状である。ところで、わが国では、少年法の適用年齢引き下げの議論が起こっており、18歳、19歳の少年に

対して成人扱いするべきとの検討がされている。しかしながら、1980年以降厳罰化を推進してきた米国においては、脳科学により前頭葉の発達が完成されるのが25歳前後であるとの知見から、厳罰化に歯止めがかかる動きも出てきている。また、ドイツでは、18歳以上21歳未満の青年層に対しても、精神的な発達状況や犯罪類型によっては、少年と同様に教育刑が重視されている。教育思想が少年および青年層の犯罪においても浸透しており、私が出会ったある少年専門の検察官は、「少年の更生には教育がいかに大切か」を当たり前のように述べていた。このような動きは、各国の司法制度によって当然に異なるのだが、脳科学や発達心理学などの"科学"の視点が刑事司法手続の中に組み込まれてきていることの現れとも思うのである。

本書は、共同研究「裁判員裁判に寄与する情状鑑定の在り方と判決前調査制度の導入可能性に関する研究」(科研基盤研究(C)(2013年～2015年)の研究成果が中心となっているが、法学者、弁護士、矯正領域の実務家、ソーシャルワーカーにも執筆していただいた。情状鑑定や判決前調査に関しては、もとより学際的に検討すべきであるので、私たちの研究に関心を持っていただいた気鋭の専門家に執筆の協力を仰ぐということは、ごく自然な流れでもあった。

編者たちは、刑事司法において、裁判官、検察官、弁護士といった法曹三者を中心とした伝統的な刑事司法に人間行動科学の専門家が参画する新しいシステムづくりを視野に入れ、犯罪に至った人の社会的な躓きや生育的な負因その他を踏まえた治療的・教育的な更生システム、社会福祉的な支援の重要性を様々な角度から明らかにできればと考えている。本書の読者は、法学者、弁護士、心理臨床家、ソーシャルワーカー、教育関係者などの専門家だけでなく、国民の司法参加が叫ばれる今日、広く刑事裁判手続に関心を持っていただくため一般の方にも手に取っていただくと、わが国の刑事裁判をめぐる様々な状況を理解していただけると思う。

執筆者を代表して

須藤　明

◆ 『刑事裁判における人間行動科学の寄与——情状鑑定と判決前調査』 目次 ◆

序文　須藤　明　i

第1章　刑事裁判の今日的課題と情状鑑定

1　刑事裁判の今日的課題と情状鑑定
　　　　　　　　　　　　　　　　　　　　　　　　　　武内謙治　2

　　1　はじめに／2　刑事制裁の個別化と調査制度をめぐる歴史／3　情状鑑定の今日的課題／4　むすびにかえて——判決前調査制度の必要性？

第2章　情状鑑定

1　情状鑑定とは何か
　　　　　　　　　　　　　　　　　　　　　　　　　　本庄　武　20

　　1　情状鑑定の意義と担い手／2　情状鑑定の種類／3　情状鑑定と犯罪心理鑑定の異同／4　情状鑑定の内容／5　情状鑑定の目的／6　情状鑑定における精神鑑定と犯罪心理鑑定の異同／7　情状鑑定の評価のあり方／8　結びに代えて

2　弁護人から見た情状鑑定
　　　——重大な少年事件の裁判員裁判事例の検討から
　　　　　　　　　　　　　　　　　　　　　　　　　　山﨑健一　36

　　1　はじめに／2　少年事件の手続と弁護士から見た鑑定等の必要性／3　重大少年事件の裁判員裁判と鑑定／4　情状鑑定の現状と課題／5　最後に

3　鑑定事例

3.1　本鑑定（裁判所依頼の鑑定）の事例
　　　　　　　　　　　　　　　　　　　　　　　　　　岡本吉生　54

　　1　はじめに／2　起訴事実の概要／3　鑑定命令に至るまでの経緯／4　宣誓と鑑定事項／5　鑑定活動の経過に関して／6　法廷での証言と判決／7　本鑑定の特徴のまとめ

3.2 私的鑑定(弁護人依頼の鑑定)の事例
............須藤　明　65
1　私的鑑定の流れ／2　事例

3.3 情状鑑定における調整的関与と司法福祉の可能性
............村尾泰弘　78
1　はじめに／2　事例(強姦および強制わいせつ)／3　考察

4　情状鑑定の現状と課題
............須藤　明　98
1　裁判員裁判と情状鑑定／2　情状鑑定に関する弁護士へのアンケート調査結果／3　情状鑑定の実際／4　情状鑑定の臨床的な側面／5　情状鑑定の課題／6　今後の展望

第3章　米国の制度──法曹三者以外の専門家の活動を中心に

1　治療的司法という新しい流れ
............丸山泰弘　118
はじめに／1　治療的司法とは何か／2　治療的司法とドラッグ・コート革命／3　刑事司法の中で回復プログラムをするということ／むすびにかえて

2　問題解決型裁判所
── ドラッグ・コートを中心に
............丸山泰弘　130
はじめに／1　ドラッグ・コートとは何か／2　問題解決型裁判所／3　その効果的および理念的批判について／むすびにかえて

3　判決前調査　その歴史と現状
　　──刑事裁判にかかわる人間行動科学の専門家に焦点を当てて　147
　　　　　　　　　　　　　　　　　　　　　　　　　　　　須藤　明

はじめに／1　判決前調査制度の起源／2　判決前調査報告書の歴史的変遷／3　心理学者の関与──専門家証人として／おわりに

第4章　刑事司法と人間行動科学

1　人間行動科学の視点を導入する意義
　　　　　　　　　　　　　　　　　　　　　　　　　　　岡本吉生　164

1　刑事司法の基本理念と刑罰／2　刑罰の有効性と限界について／3　少年司法の知見／4　刑罰とポピュリズム／5　国民に資する刑事裁判／6　刑事裁判における専門家証言

2　判決前調査制度の導入に向けて

2.1　日本における判決前調査制度導入を巡る歴史的経緯
　　　　　　　　　　　　　　　　　　　　　　　　　　　丸山泰弘　182

1　はじめ／2　改正売春防止法（1958年）までの議論状況／3　判決前調査を取り巻く議論状況／4　現在の日本ではどのように考えるべきか／むすびにかえて

2.2　鑑別的手法による情状鑑定・判決前調査への参画
　　　──可能性と課題
　　　　　　　　　　　　　　　　　　　　　　　　　　　竹田　収　198

1　はじめに／2　鑑別の概要／3　鑑別的手法による情状鑑定等への参画の可能性／4　情状鑑定・判決前調査への参画に向けた課題／5　おわりに

- 2.3 社会福祉の立場から見た判決前調査
  —— 米国との比較から ………………………………戸井宏紀　222

  1　Probation Officer による判決前調査／2　公的弁護人事務所におけるソーシャルワーク／3　権利擁護実践としての判決前調査／4　判決前調査とソーシャルワーク実践理論／5　人間行動科学とソーシャルワーク教育／6　刑の減軽のための専門職 Mitigation Specialist／7　社会調査とアセスメント／8　社会福祉の立場から見た判決前調査と課題

- 2.4 判決前調査制度を導入するに当たっての課題
  ……………………………………………………本庄　武　241

  1　判決前調査制度導入の意義／2　判決前調査制度と情状鑑定の違い／3　判決前調査制度を巡るかつての議論／4　当事者主義訴訟と判決前調査制度／5　判決前調査の実施機関および実施時期／6　結びに代えて

3　必要的判決前調査の提案

- 3.1 スーパー・デュー・プロセスと判決前調査
  —— 減軽専門家を中心に
  ………………………………………………………笹倉香奈　258

  1　はじめに／2　スーパー・デュー・プロセスとは／3　減軽事情の調査／4　結語

- 3.2 少年法20条2項事件と判決前調査
  ………………………………………………………岡本吉生　273

  1　改正前の少年法における検察官送致に関する考え方と要件／2　少年法20条2項事件——いわゆる原則逆送事件／3　刑事裁判の側から見た原則逆送事件／4　手続二分論／5　必要的判決前調査／6　人間行動科学の知見から見た犯情および要保護性の概念

あとがき　岡本吉生　　287

第1章 刑事裁判の今日的課題と情状鑑定

◎第1章　刑事裁判の今日的課題と情状鑑定

1　刑事裁判の今日的課題と情状鑑定

武内謙治 Kenji Takeuchi
（九州大学）

1　はじめに

　鑑定とは、「裁判所が裁判上必要な実験則等に関する知識経験の不足を補給する目的でその指示する事項につき第三者をして新たに調査をなさしめて法則そのもの又はこれを適用して得た具体的事実判断等を報告せしめるもの」をいう（最判昭28・2・19刑集7巻2号305頁）。情状鑑定とは、そのうち、訴因以外の情状につき、裁判所が刑の量定や被告人に対する処遇方法を決定するために必要な智識の提供を目的とする鑑定のことをいう。情状鑑定は、有罪が認められることを前提とする点で精神鑑定と異なる。また、刑種や処遇法の選択などの量刑に関係し、広い意味での刑事制裁を個別化するための手段である点で判決前調査と共通する。

　情状鑑定は、刑事裁判所が家庭裁判所調査官に対し鑑定命令を行う形で1960年代終わりから、実務上行われるようになったといわれる。その情状鑑定が、近時再び注目を浴びている。その意義を、刑事裁判の今日的課題と照らし合わせて考察することが、本稿の目的である。

　本稿では、戦後の刑事法制史における刑事制裁を個別化するための措置やそのための調査制度を導入する試みを視野に入れて、刑事裁判の「今日的」課題と情状鑑定の意義を考えてみたい。そのことで、現在情状鑑定がどのような意義と課題をもっているのかを、より鮮明にとらえうると考え

るからである。以下、本稿では、刑事制裁を個別化する措置やそのための調査制度をめぐる戦後の展開を概観する（「２」）。その上で、情状鑑定の意義と課題を確認する（「３」）。

２　刑事制裁の個別化と調査制度をめぐる歴史

(1)　時代区分

　刑事制裁を個別化する措置やそのための調査制度をめぐる戦後の議論は、立法の動きに沿う形で、大きく３つの期に分けることができる。

　第一期は、戦後改革を一通り終えた後、判決前調査制度の採否をめぐり議論が展開された時期である。第二期は、それを引き継ぎ、刑法改正論議の中で宣告猶予導入が、少年法改正論議の中で独立総合調査機構と判決前調査制度の創設が議論された時期である。そして第三期は、やや間をあけた後、裁判員裁判の制度が開始されてから今日に至るまでの時期である。

(2)　第一期

　第一期は、1958年頃から1963年あたりにかけて起こった判決前調査制度の採否をめぐる動きである。判決前調査制度とは、「刑事事件において、個々の犯罪者に対し適切な刑種や処遇法を選択するために、裁判所が有罪の結論を固めた後の判決前に、被告人の人格、素質、その生活環境などについて科学的な調査を行う制度」[1]と説明される。この制度は、刑事制裁の個別化の手段となりえ、量刑とかかわる点で、情状鑑定と共通する。しかし、手続の二分を前提として、犯罪事実の認定手続と区別された量刑手続の一環として行われる点、その意味で現在制度化されていない仕組みを前提とする点で、情状鑑定とは異なっている。

　「判決前調査」には、広狭２つの定義がある。狭義は、「刑事手続において、適切な処遇決定や量刑をするために必要な資料を、起訴後判決前に調査官に収集させる制度」のことを指し、広義は、「起訴猶予にすべきかど

---

1)　中山研一編『刑事法小辞典［第３版］』（成文堂、2007年）254頁〔上田寛〕。三井誠他編『刑事法辞典』（有斐閣、2003年）616頁〔白取祐司〕も参照。

うかの判断資料の収集を目的とする起訴前調査も含め」た制度のことをいう[2]。起訴の前後を区別してこの制度を論じることは、この期の中心的な争点、そして人間行動諸科学を用いた調査制度のあり方を考えるにあたり今日でも有益な視角を提供する。

　この期の争点は、判決前調査制度を創設すべきか否か、創設するとして調査機構をどの機関に所属させるべきか、起訴前にこうした調査を認めてよいかにあった。論争の契機は、執行猶予者保護観察法の制定と売春防止法の改正にあった[3]。前者は、戦前期に思想犯保護観察制度を通して展開した歴史の延長線上で、戦後改革で手がつけられていなかった執行猶予者に対する保護観察を導入するものであった。後者は、売春防止法制の整備の一環として刑罰の枠組みから外れる形で補導措置を新たに採用するものであった。狭い意味で刑罰でない処分を裁判所が言い渡しうることになったことで、犯罪行為だけでなくその背後にある行為者や環境に関係する情報を収集、分析する制度の必要性が指摘された[4]。「懲役刑の実刑を言渡すか、刑の執行猶予（又は宣告猶予）にするかを、裁判官が決定するために必要である」[5]との認識からも窺われるように、この期において判決前調査は、刑罰と関連づけられる場合でも、執行猶予の有無が問題となる事例を念頭に置き論じられた。

　この判決前調査制度の導入を積極的に主張したのは、最高裁判所であった。主張の柱は、一方で、狭い意味での刑罰の枠組みから外れる制度の導入にあたり、犯罪の種類や罪質、被害結果、犯行の動機や計画性、犯行態

---

2) 鈴木茂嗣「判決前調査制度」森下忠＝香川達夫編『刑事政策を学ぶ』所収（有斐閣、1978年）143頁。
3) 立法動向の詳細については、特に内藤文質「刑事事件における判決前調査について」東洋法学2巻1号（1958年）1頁、鈴木茂嗣「判決前調査」宮澤浩一他編『刑事政策講座 第1巻 総論』所収（成文堂、1971年）357頁を参照。
4) 江里口清雄「補導処分と判決前調査」法律のひろば11巻5号（1958年）9頁、同「判決前調査制度について」自由と正義10巻12号（1959年）2頁、正田満三郎「プロベーション」法律時報30巻2号（1958年）22頁、同「判決前調査制度の真意義」判例時報（1961年）8334頁、西村法「刑の量定の手続について」刑法雑誌12巻2・3・4号（1962年）300頁。
5) 江里口・前掲註4) 論文（1959) 3頁。

様といった狭義の犯情（犯罪行為にかかわる事実）だけで処分の決定を行うことは不合理であること、他方で、狭義の犯情にとどまらない一般情状や刑罰の枠組みの外にある処分を決めるにあたり、必要となる調査が対象者の自由を侵害しうることから犯罪事実の認定が必要であること、そのため調査は刑事裁判所に事件が係属した後に行われるべきこと、その調査も人間行動諸科学の高い専門性をもつ必要があること、したがって調査機構も公正さを旨とする裁判所に所属させるべきことにあった。

　1948年制定の新しい少年法で家庭裁判所調査官制度が創設された直後でもあり、当時、調査により得られる成果に疑問を呈する向きもあった。また、新しい刑事訴訟法が採用した当事者主義の射程がまだ手探りであったことや、手続二分がとられなかったこととの関係で、この制度の許容性に疑念が示されもした[6]。しかし、判決前調査制度は「警察国家的な刑事司法から、福祉国家的な刑事司法への移りゆきを示すもの」であり、「この制度……は、今の刑事訴訟になったとき、同時に採用されなければならなかったはずのものである」[7]との指摘にみられるように、この制度構想は、学理にも比較的好意的に迎えられた。

　裁判所による構想に対抗したのは、むしろ、「判決前調査制度」の必要性自体は認めながら、この概念に別の事項を盛り込もうとする動きであった。それは、「判決前調査」を起訴後に限定する必要がないことや、調査結果を裁判所だけが用いることは不合理であること、したがって調査機構を裁判所に所属させる必要性がないことを骨子とした[8]。検察官を中心とする法務省関係者によりなされたこの主張の核心は、「この刑事政策上の要請は、なにも裁判の面にのみ求められるべきものではなく、検察の面においても亦一層強く要望されるべきもの」[9]であることにあった。「中立的判

---

[6]　「判決前調査に関する日弁連委員会の意見書（案）」自由と正義10巻12号（1959年）25頁を特に参照。
[7]　平野龍一「科学的刑事司法への一歩」読売新聞「時評」（1958年3月9日付・朝刊）3頁。
[8]　代表的なものとして、泉政憲「売春防止法改正に伴う「判決前調査制度」設置問題」ジュリスト152号（1958年）57頁、長島敦「判決前調査制度の問題点について」刑法雑誌12巻2・3・4号（1962年）319頁を参照。
[9]　岩松茂「判決前調査に関する一考察」刑政71巻11号（1970年）10〜11頁。

決前調査制度」の構想[10]における「中立」の意味合いも、調査機構を裁判所に所属させる必要はないことに重心を置いた。

　しかし、起訴後の調査とは対照的に、学理は、起訴前の調査に対して強い批判の目を向けた[11]。「現行の法制下では、法と正義の番人である裁判所との関連を切り離しては、その組織を論ずることはできない」[12]との視座は、学理に共有されていたといえる。

　こうした動きは、現行制度下での最大限の運用として、1960年代初頭少年や若年成人に対する刑事裁判で刑事裁判所が家庭裁判所調査官や少年鑑別所の鑑別技官などに対して情状鑑定を命じるという実務上の試みにも結びついた[13][14]。

(3) 第二期
① 刑法改正論議

　情状に関する調査（機構）のあり方が、二方向での立法論として展開し

---

10) 安倍治夫「判決前調査はどうあるべきか」刑政72巻3号（1961年）12頁、同『刑事訴訟法における均衡と調和』（一粒社、1963年）239頁を特に参照。
11) 平野龍一『犯罪者処遇法の諸問題［増補版］』（有斐閣、1982年）62～65頁［初出：1962年］を特に参照。鈴木・前掲註(3)論文357頁も参照。
12) 鴨良弼「判決前調査について」自由と正義10巻12号（1959年）23頁。事後的な整理であるものの、鈴木・前掲註(3)論文357頁も参照。
13) 当時の調査のあり方については、上野正吉ほか編著『刑事鑑定の理論と実務』（成文堂、1977年）〔佐々木雅之〕269頁を特に参照。実例の紹介については、裁判所時報314号（1960年）5頁、319号（1960年）6頁、320号（1961年）13頁、最高裁判所事務総局刑事局『判決前調査関係資料（二）』（刑事裁判資料146号、1960年）171頁以下、最高裁判所事務総局刑事局『判決前調査関係資料（三）』（刑事裁判資料155号、1962年）171頁を特に参照。ここでも、念頭に置かれていたのは執行猶予が問題となる事例であったことには、注意を要する。
14) 萩原太郎「情状鑑定について」日本法学60巻3号（1994年）202頁は、1969年頃に家庭裁判所調査官に依頼する形で情状鑑定が行われていたものの、その後多忙な家庭裁判所調査官の本務に支障が生じるおそれが生じこの形態での情状鑑定が行われなくなり、1985年頃になって再び家庭裁判所調査官退職者を担い手として再度情状鑑定が実施される機運が広がったことを指摘している。守屋克彦「情状鑑定について」季刊刑事弁護30号（2002年）41頁も参照。

たのが第二期である。ひとつは、刑法改正論議における宣告猶予制度の導入をめぐる動きであり、もうひとつは、少年法改正論議における独立総合調査機構と判決前調査と制度の構想である。これは、1965年あたりから1970年頃にかけての動きである。

　戦後における刑法の全面改正作業は、1963年の法制審議会刑事法特別部会における審議開始により期を画される。特別部会と5つの小委員会における議論は、1961年の改正刑法準備草案を下敷きにして、刑罰の枠内で不定期刑、その枠外で保安処分、そして猶予制度として宣告猶予制度を新たに構想した。不定期刑や保安処分は犯罪行為者へ着目するものであるから、不可避的に調査制度を求めるものであったといえる。第一期から裁判所関係者によっても判決前調査制度の必要性を説く文脈で刑法改正に言及がなされたのは、そのためである[15]。

　第一期との議論の連続性を確認する意味で重要なのは、宣告猶予をめぐる議論である。この制度は、法制審議会刑事法特別部会の案まで含まれていたものの、法制審議会総会の場において削除された[16]。刑の宣告猶予ではなく判決の宣告猶予として構想されたことで、「二つの異なった立場から新設に反対する見解、すなわち、執行猶予や起訴猶予などの現行諸制度の活用で足りるとする見解と、不当な起訴に対する救済は公訴棄却等の形式裁判で規制すべきであり、裁判を受ける権利の保障という点で手続上の疑問が多いとする見解」[17]からの反対に直面したことがその原因であった。前者は検察官の委員、後者は弁護士会推薦委員から主張されたものである。「ことに若年犯罪者に対する刑の宣告猶予の制度は、処遇の多様化と共に保護観察の試験観察的運用の余地を拓き」[18]うることを考えれば、この制度は調査の制度を必要とし、また機能としてそれを兼ねうる面をもつ。宣

15）例えば、「〔座談会〕判決前調査をめぐって（上）」法律のひろば11巻5号（1958年）33頁〔正田満三郎発言〕。
16）罰金の価額を除けば、部会案が唯一修正されたのが、この判決の宣告猶予制度の削除であった。
17）法務省刑事局『刑法全面改正の検討結果とその解説 附改正刑法草案・刑法対照条文』（大蔵省印刷局、1976年）75頁。
18）平場安治「改正刑法草案に対する若干の批判」ジュリスト570号（1974年）45頁。

告猶予の対象範囲が起訴猶予として処理される事件の範囲と重なることや、少年法上の試験観察も最高裁判所と法務省との間に意見の対立が第一期から存在したこと[19]を考えれば、法制審議会総会の場で検察官の委員から指摘されたとされる「すでにかなりの検察庁で保護観察所との協力により起訴猶予者の一部を事実上保護観察に付しそれなりの効果をあげているので、これを法制化し拡大整備すれば宣告猶予の必要性はない」[20]との主張は、この制度の採否が判決前調査をめぐる第一期からの議論と密接に関連していることを示唆するものとなる。

宣告猶予と執行猶予の対象範囲の重なりからも明らかなように、この期に念頭に置かれた調査も、猶予が問題となるような比較的軽微な犯罪類型で、一般情状に関連づけられたものであった。そして、起訴猶予制度が戦前期より検察権限の中枢を占めており、まさにこの時期の検察運営においてその枠組みを用いた刑事政策的配慮の重要性が指摘されていたことを考えれば[21]、宣告猶予をめぐる議論の顛末は、調査が許される手続段階の問題と連動していたとみることができる。

② 少年法改正論議

こうした議論と重なり合っていたのが、少年法改正論議における独立総合調査機構をめぐる議論である。1966年に法務省が公表した少年法改正構想に盛り込まれたこの構想は、「裁判所、検察官、弁護士、執行機関等の依頼に応じて、少年及び青年の資質環境に関し、総合的調査を行う独立の機関を設ける（家庭裁判所の調査機構及び少年鑑別所の鑑別に関する機構は、右の機関に統合する）」[22]というものであった。これは、①「調査が

---

19) 正田・前掲註3)論文50頁註（３）。
20) 三井誠「判決の宣告猶予」『改正刑法草案の総合的検討』（法律時報臨時増刊［法律時報47巻5号］、日本評論社、1975年）88〜89頁。本人の同意に基づき起訴猶予者に保護観察を付すいわゆる「横浜方式」は、1961年から開始されており、法制審議会刑事法特別部会の小委員会における議論でも法制化の主張はなされていたものの、強い反対により早期に挫折したものであった。
21) 三井誠「戦後の検察」ジュリスト700号（1979年）218頁。
22) 「少年法改正に関する構想」には、「青少年法」の構想と「別案」とが存在した。

有機的、総合的に行われるとともに重複的に行われないようにすること」と②「調査の客観性を担保する必要があること」という観点から、家庭裁判所調査官による社会調査と少年鑑別所による鑑別という2系統の調査機構を再編して1つにまとめ、なおかつその調査機構を裁判所からも検察庁からも独立させようというものであり[23]、第一期の「中立的判決前調査制度」の構想を彷彿とさせるものであった。

1970年に法務省が公にした少年法改正要綱は、これを直接継承せず、「判決前調査」制度を構想した。「家庭裁判所は、検察官若しくは弁護人の請求により、又は職権で、青少年鑑別所に対して少年又は青年の被告人の資質の鑑別を求め、又は家庭裁判所調査官その他適当と認める者に対して少年又は青年の被告人の身上に関して調査を命ずることができるものとすること」などがその骨子である。しかし、その解説は、「身上調査の担当者は、現在と同様家庭裁判所調査官が予定されるが、将来地方裁判所にも情状調査のための調査官が置かれることも考えられ、また将来関係諸機関の協力体制が整備されれば、家庭裁判所調査官とその他の適格者、たとえば保護観察官等とが協力して調査にあたるということも考えられるので、これを家庭裁判所調査官のみには限定していない」[24]と述べる。改正構想から論調が弱まったとはいえ、この要綱もなお、第一期から常に問題とされてきた調査機構の組織のあり方を問題としていた。

独立総合調査機構の構想は、このどちらにも含まれていた。
23) 法務省『少年法改正に関する構想説明書』(1966年)142頁。この構想に対する批判が、ちょうど第一期とは逆に、裁判所関係者からなされたのは、そのためである。佐藤千速「判決前調査について」家庭裁判月報21巻6号(1969年)24頁。これが捜査機関の事件不送致や処遇の権限を獲得する動きと一体化していたことについては、守屋克彦「軽微な少年非行と処遇機関の問題」法律時報42巻13号(1970年)75頁を特に参照。
24) 法務省「少年法改正要綱」宮澤浩一編『少年法改正』(慶応通信、1972年)278頁。この時期、少年鑑別所を「鑑別センター」に拡大すべきとの少年鑑別所関係者による主張もみられたことについては、武内謙治「少年矯正法の系譜と新法の課題」德田靖之他編『刑事法と歴史的価値とその交錯』所収(法律文化社、2016年)555頁を参照のこと。

(4) 第三期

　第三期は、2000 年代、殊に 2009 年の裁判員裁判開始後から今日までの時期である。この時期、刑事制裁のあり方が大きくは 3 つの領域で問われており、それとの関連で情状面の調査や鑑定の必要性が指摘されている。

　第一は、裁判員裁判である。これに関しては、2 つの角度から情状鑑定や判決前調査の必要性が指摘されている。ひとつは、一般人が参加することで裁判所の量刑判断のあり方が問題となったことである。重大事件を対象とするこの制度は、執行猶予の要否だけでなく死刑回避の可能性などにも、一般市民を直面させる。また、この制度が「見て、聞いて、分かる」裁判を標榜することで、従来刑事裁判でも活用されてきた社会「記録」を用いることに抵抗が生じる中、特に少年や若年成人の事件で、犯罪行為の背景事情に焦点をあてる情状鑑定や専門家証人の実践が積み重ねられてきている[25]。もうひとつは、裁判員が犯罪事実の認定のみならず量刑にまで関与するために、両者の手続を分けることへの関心が高まりつつあることである[26]。従前判決前調査制度導入の障壁とみられていた手続構造の問題は、裁判員裁判により、別角度から見直しの契機を得ている[27]。

　第二は、入口支援や刑の一部執行猶予といった新たな刑事政策措置との関連である。前者は、高齢犯罪行為者やいわゆる累犯障がい者の問題に焦点をあてる形での検察段階での福祉的支援であり、2013 年には、検察改革の流れの中で、検察庁においても起訴猶予を積極的に運用していく方針

---

[25] 少年事件の裁判員裁判における実践例に関しては、武内謙治編著『少年事件の裁判員裁判』(現代人文社、2014 年)所収の各論稿、松田和哲「逆送裁判員裁判の裁判例の分析」季刊刑事弁護 88 号 (2016 年) 36 頁を参照。その他、情状鑑定の実践を伝える論稿として、須藤明「裁判員制度における経験科学の役割」駒沢女子大学研究紀要 18 巻 (2011 年) 151 〜 159 頁、湯原悦子「介護殺人事件の裁判における社会福祉専門職の関与に関する研究」社会福祉学 56 巻 1 号 (2015 年) 116 頁、青少年問題 647 号 (特集「裁判員裁判時代の情状鑑定」) 掲載の各論稿、橋本和明編著『犯罪心理鑑定の技術』(金剛出版、2016 年) 所収の各論稿を特に参照。

[26] 運用による手続二分の試みについては、杉田宗久『裁判員裁判の理論と実践 [補訂版]』(成文堂、2013 年) 193 頁。

[27] 例えば、上田國廣「裁判員裁判と手続二分論」季刊刑事弁護 44 号 (2005 年) 34 頁、渕野貴生「手続二分論」法と心理 15 巻 1 号 (2015 年) 21 頁。

が示された。後者は、2013年に「刑法等の一部を改正する法律」および「薬物使用等の罪を犯した者に対する刑の一部の執行猶予に関する法律」により創設された。この制度は、元々、刑事施設被収容人員が増加をみせる中、その「適正化」を図るための方策として導入された。これとの関連で、判決前調査制度については、法制審議会の被収容者適正化方策に関する部会において、有用性が指摘されながらも、手続面での難しさのために慎重な検討が必要であると指摘されている[28]。しかし、学理では、これらの刑事政策措置との関連でも判決前調査の導入を強く主張するものが出てきている[29]。

第三は、少年法適用年齢問題である。選挙権年齢や民法上の成年年齢の引下げを受け、少年法適用年齢の引下げが問題とされている。仮に18歳以上の者を刑事訴訟手続で扱うとなると、社会調査や鑑別が行われなくなる可能性が生じる。その陥穽を塞ぐ方途が重大な課題となっている。

(5) 問題の構図

以上の概観から、問題の構図として次の事項を確認しておきたい。

まず、判決前調査制度、宣告猶予制度、総合調査機構の構想と、時代により形の変遷があるものの、刑事司法制度の中で調査を行う必要性は、戦後一貫して指摘されている。しかし、その制度化はなおなされていない。その大きな原因は、特に調査を行うべき手続段階と調査機構に関して鋭い対立が存在していることにある。

現在情状鑑定が実務運用上必要となっているのは、調査制度が刑事司法手続において実現していないからであるといえる。しかしながら、現在の問題の構図は、これまでと異なっている。従前、情状鑑定や調査制度をめぐる議論が念頭に置いていたのは、刑罰の枠外にある処分や各種猶予であ

---

[28] 被収容人員適正化方策に関する部会第13回会議議事録（2008年3月28日）5～14頁を特に参照。なお、第179回国会参議院法務委員会議録4号（2011年11月24日）15頁も参照。
[29] 丸山泰弘「刑の一部執行猶予と判決前調査」更生保護学研究7号（2015年）110頁。

り、犯罪としては比較的軽微なものであった[30]。この類型への関心は、入口支援や刑の一部執行猶予との関係で、なお継承されているとみることができる。その一方で、特に情状鑑定の必要性が語られる際には、どちらかといえば罪責が重大な犯罪類型の念頭に置かれている。

3 情状鑑定の今日的課題

(1) 刑事裁判の課題

　情状に関する調査や鑑定がもつ意義は、その目的にかかっている。従前、判決前調査制度は、執行猶予者保護観察や売春防止法上の補導措置、不定期刑、保安処分、宣告猶予といった制度と関連して議論されてきた。また、第二期まで、情状鑑定は、主として執行猶予を付すべきか否かが問題となる事例で用いられてきたのであった。その意味で、これらの調査や鑑定の意義は、従前、特別予防（特別抑止）と関連づけられてきたといえる。反対からいえば、視点を過去の犯罪行為に固定して、刑罰をそれに対する報い（応報）であると考えた上で刑事責任を問う局面で情状の調査や鑑定は何ら意義をもたないのかが、問題になる。

　この文脈で特に問題になるのは、量刑において狭義の犯情を重視するアプローチ（犯情主義）と情状鑑定との関係である。特に裁判員裁判の開始以降、量刑を行う際、犯罪の種類や罪質、被害結果、犯行の動機や計画性、犯行態様といった狭義の犯情（犯罪行為にかかわる事実）から大枠を決定した後、生育歴や被害弁償の有無、犯罪予防効果といった一般情状を考慮するアプローチが強まっている[31]。そこには、一般市民が参加する裁判員裁判による判断の幅を一定範囲内に収めたいという狙いも窺われる。この犯情主義を前提とした場合、被告人の「社会的プロフィール」の扱われ方

---

30) もっとも、第二期から第三期の中間にあたる時期においてみられた、若年成人の事件について社会記録を用いる刑事裁判実務上の試みは、別段犯罪類型を限定していなかったようである。仲家暢彦「若年被告人の刑事裁判における量刑手続『刑事裁判の理論と実務』所収（成文堂、1998年）329頁を参照。

31) 司法研修所編『裁判員裁判における量刑評議の在り方について』（法曹会、2012年）6頁。同『難解な法律概念と裁判員裁判』（法曹会、2009年）59頁も参照。

が問題になる。

　犯罪行為とその結果、それに密接に関連する事実を量刑判断の主軸とする考えは、形式的な公平性を担保しやすく、観念上は国家の介入も限界づけやすい。他方、この考えでは、狭義の犯情に関係しないのであれば、個別事情を重くみることが難しくなる。別言すれば、犯情主義において狭義の犯情に直結しない事実は量刑にとって決定的に重要とまではいえないことになる。その意味で、この考えは、硬直した判断となりやすい。「この制度（情状鑑定——引用者）に関しては、積極的にこれを活用する裁判官と全く利用しない裁判官との差が激しかった」[32]との指摘は、応報刑論に支えられた刑罰と執行猶予制度のみを「出口」とする刑事制裁制度の体系を前提として、生育歴などにつき「知識経験の不足の補給」が必要であると裁判官があまり考えてこなかったことを窺わせている。

(2) 問題状況の変化

　しかし、現在、2つの角度から人間行動諸科学を刑事司法分野で活かすことへ期待が高まっており、こうした状況を問い直す契機が存在する。先の概観を少しく掘り下げてみる。

　1つ目は、刑事司法のあり方を含めて、刑事政策や司法政策の見方自体が変化をみせている可能性があることである。累犯障がい者や高齢者犯罪の問題、薬物依存への対応の問題は、形式的に刑罰を言い渡すことへの疑問を提起しており、再犯予防への関心の高まりの中で、いわゆる入口支援の実務や刑の一部執行猶予の制度化につながっている。この間行われた行刑や更生保護の領域における法制度改革でも、再犯予防を目的とする処遇のあり方が関心を呼んでいる。少なくとも刑事裁判所への起訴前の「入口」と判決後の「出口」では犯罪行為への応報で十分であるとは考えられない状況となっている。裁判所段階のみ、個別的な対応を可能にするための行為者の生活環境やパーソナリティに踏み込む調査が不要となる事態は考えられず、先にみた歴史を振り返っても、調査に伴う自由権保障を考えれば、

---

32) 杉田・前掲註26) 書382頁。本庄武「日本の量刑の特色と判決前調査制度を導入することの意義」龍谷大学矯正・保護総合センター研究年報3号（2013年）31頁も参照。

裁判所段階においてこそ調査制度を構築する必要性は高い。

　２つ目は、刑事裁判のあり方として、犯情主義の枠組みでは判断が難しく「割り切れない」問題が存在することが、特に裁判員裁判を通して明らかになりつつあるということである。例えば、死刑か無期刑かが問われる重大事件では、更生可能性に関する判断が不可欠となる。また、少年事件では、行為の背後にある環境や生育歴などの事情が問題になる。介護殺人などについても、背景事情が問題となるであろう。

　第２の点は、犯情主義の本質にかかわる可能性がある。そこで、以下においてさらに検討を行う。

(3) 裁判員裁判におけるニーズ

　犯情中心主義で量刑を行うにしても、市民が裁判に関与する裁判員裁判では、一般に、「知識経験の不足を供給する」必要性が高く、犯情を支える事情に対しても強い関心が向けられているといえる。「裁判員等経験者に対するアンケート調査結果報告書」[33]では、量刑を決めることの重さが心に強く残った（H.28）、初めから結論がほぼ決まっていてそれに誘導されているような印象をもった（H.27）、裁判員がせまい経験や知識体験の中から量刑に参加するのは無理（H.26）、実は最初からだいたいの量刑は決まっており、それに合わせるような形で評議が進行し、まとまっていっているような錯覚を覚えた(H.23)、結果的に、裁判官の経験に従う形になった印象を受けた（H.22）、裁判例で量刑がほぼ決まってしまう（H.21）などの意見がみられる。その一方で、量刑分布のバックデータはもう少しサンプル数を増やした方がよい（H.27）、最終の量刑を決める際何を基準に決めていいのか迷った（H.27）、被告人が犯行に及んだ動機の説明がなく量刑を決める際の判断に困った（H.27）、量刑を決める際参考となる資料等がもう少しあってもよい（H.22）、素人は経験がないので、量刑を相対的な見方で判断できない。被告人の人となりが余り話されていなかった（H.21）、量刑の参考となる資料をもっと提示して欲しかった（H.21）、と

---

33)「裁判員等経験者に対するアンケート調査結果報告書」［http://www.saibanin.courts.go.jp/topics/09_12_05-10jissi_jyoukyou.html］（2017年9月30日閲覧）。

の意見もみられる。

　ここには、量刑に関与することの「気の重さ」とでもいうべき意見の他、犯情主義の量刑実務に直面して一般市民が戸惑いを抱いていることを示している意見もみられる。しかし、同時に、「被告人の人となり」をはじめとする参考資料に対するニーズが強いことも窺われる。「見て、聞いて、分かる」裁判を標榜する裁判員裁判でこのニーズに真摯に応えようとすれば、情状鑑定や専門家証人の活用に寄せられる期待は必然的に高くなるであろう。

(4)　犯情主義と情状鑑定

　問題は、こうしたニーズがあるとして、犯情主義と折り合いがつくか否かである。

　情状鑑定の実践例として、「死刑求刑が予想された事件」として、動機がわかりにくく、被告人が若年であるものの家裁係属歴がないため社会記録がなかった事例や、女性を殺害した前科がある被告人が再び女性を殺害し、動機や性格の特異性が認められた事例がある。また、それ以外にも、少年・若年成人（知能の問題、劣悪な家庭環境の影響、特異な性格の影響のため予後の不安が大きい）、火に対する強い執着をもつ被告人の再犯予測と処遇意見、虐待による子殺し事件における精神的な切迫、ごく普通の主婦が常習累犯窃盗として万引きを繰り返した事案が紹介されている[34]。情状鑑定の効果として、死刑や無期懲役の判決を言い渡す前提として動機や資質の理解を深めることができたことや、特異な犯罪傾向に対する社会内の処遇方法が提示され、量刑選択の参考になったこと、少年事件の社会調査と同等の効果が得られることなどが指摘されており、量刑に影響はないとしても処遇決定および行刑段階の資料になるために情状鑑定が有益であると主張されている。

　裁判員裁判においてはどうであろうか。慎重な態度をとる見解もみられ

---

34)　いずれも、米山正明「被告人の属性と量刑」大阪刑事実務研究会『量刑実務大系3』所収（判例タイムズ社、2011年）160頁による。同論文157〜159頁には、情状鑑定を実施した裁判例も掲載されている。なお、これは、裁判員裁判に限定されていない。

る中[35]、「責任能力に問題がないと思われる事案で、動機や態様に異常な要素があり、被告人の性格などを含む原因やその犯行への影響度などを解明しないと、非難可能性の判断や処遇決定が的確に行えないと考える場合」[36]や、「専門家（心理学・社会学・精神医学等々）の助力を得なければ、事件の全体像や重要な量刑事実を的確に把握することが困難な場合も残る」[37]ような場合には、裁判員裁判であっても情状鑑定を厭うべきではないとの見解もみられる。

実際の裁判例（裁判員裁判）として、情状鑑定の結果を量刑に反映させた例がいくつかみられる。そのひとつである静岡地判平24・10・10（殺人、懲役15年）では、情状鑑定の結果に基づき「被告人の生い立ち及び犯行に至る経緯」が詳細に検討されており、被告人の不遇な生い立ちとそれを一因とする反社会性パーソナリティ障害が本件犯行の間接的な原因になったと認定されている[38]。

狭義の犯情であっても、証拠に基づき認定しなければならないことはいうまでもない。特に重大事件の犯罪の動機や計画性には不可解なことも多いことや、それを外形的事実のみで認定してしまえば結果責任を負わせることと紙一重となる事態も考えられることを考えれば、犯情中心主義の量刑であっても、情状鑑定を活用する余地は小さくないというべきであろう。

4 むすびにかえて——判決前調査制度の必要性？

刑事政策・司法政策の中で人間行動諸科学の専門的知見の活用を図る潮流の中で起訴後の手続が空白地帯となることは却って不自然になりつつあ

---

35) 例えば、河本雅也「情状の性質と鑑定の意義から」青少年問題647号（2012年）11頁。
36) 米山・前掲註34）論文154頁。
37) 杉田・前掲註26）書383頁。
38) 他方、情状鑑定の結果を量刑判断に反映させなかった例として、大阪地堺支判平26・3・10（強盗殺人など、死刑）がある。この裁判例では、情状鑑定の結果から、被告人の性格傾向に家庭環境が影響を与えたことが認定されたものの、成育環境自体が本件各犯行の動機と直接関連せず、責任非難の程度に影響を与える事情とは認められないものとされている。

る。裁判員裁判でも同様であり、情状鑑定の実践例にも積み上げがみられる。私的鑑定による場合、拘置施設における面会時間が短かったりアクリル板の仕切り越しに面接を行わなければならなかったりするという情状鑑定の実践を通して明らかになってきた問題を考えても、判決前調査を制度として導入することが望ましく、そのあり方を具体的に検討すべき機は熟しつつある。

　判決前調査制度を具体化するにあたり、第一期から問題とされてきた訴訟構造の問題は、現在高いハードルとはならないように思われる。当事者主義の成熟と裁判員裁判への直面により、手続二分の必要性が却って指摘される状況にあるからである。より大きな問題は、犯情主義との関係と調査機構のあり方であろう。

　前者は、応報刑のみを「出口」とする司法のメンタリティや文化ともかかわる。1950年代の終わり、裁判所の思考を「旧家の家風なりしきたり」に、プロベーション制度や判決前調査制度、ケースワークを「町場で育った養子なり嫁」に喩え、「理解が高まり、切実なる要望があるというようなことを甘く受取ると、このよめさんは大変苦労する」[39]との指摘があった。「旧家の家風なりしきたり」が犯情主義と共通の基盤をもつとすれば、60年経った現在でも、この指摘はなお妥当する。

　この指摘は、「地方裁判所に仮に調査官といつたものを考えないとうまく成長しないのではないか」[40]と続けている。「旧家の家風なりしきたり」を変える意味でも、後者の調査機構のあり方が一層重要な検討課題となる。これが、起訴前と後のどこまでを「判決前調査」と呼ぶべきかとも関連し、戦後一貫して重要な問題となってきたことは、本稿でみた通りである。国家による調査活動が権利侵害の問題と無縁でないとすれば、それは起訴後の有罪認定後に初めて許されると考えるのが最も明快である。裏を返せば、司法機関を関与させた十全な自由権保障なしに起訴前の手続段階で国家機関の調査を認めることは困難である。自由権保障の仕組みなく制裁の個別化のために必要かつ十分な調査が可能かにも疑問がある。この点で、やは

---

39) 前掲註15) 座談会23頁［森田宗一発言］。
40) 前掲註15) 座談会23頁［森田宗一発言］。

り1950年代終わりになされた次の指摘は、今日なお傾聴に値する。「起訴猶予がこのままでは刑事政策が伸びない。刑事政策を伸ばすにはジュディシャヤハ、チェフー（司法によるチェック——引用者）が必要だ」[41]。前者と後者の問題を総合して考えれば、例えば、宣告猶予のような制度の導入は、真剣に導入を検討するに値しよう。

---

41) 前掲註15)座談会31頁［平野龍一発言］。平野・前掲註11)書22〜23頁も参照。

第2章 情状鑑定

◎第2章　情状鑑定

1　情状鑑定とは何か

本庄　武 Takeshi Honjo
（一橋大学）

1　情状鑑定の意義と担い手

　情状鑑定とは、「訴因事実以外の情状を対象とし、裁判所が刑の量定、すなわち被告人に対する処遇方法を決定するために必要な智識の提供を目的とする鑑定である[1]」とされる。従来、情状鑑定の主たる担い手は元家庭裁判所調査官であったが、近時、精神鑑定を担ってきた精神科医のなかで情状鑑定の重要性を強調する主張がされるようになってきている。さらに、知的障がい者や高齢者等の事件に関して、福祉関係者が「更生支援計画書」を作成する取組みも活発化し、裾野が広がっている。

2　情状鑑定の種類

　情状鑑定には、裁判所からの命令に基づいて行われる正式鑑定（刑訴法165条）と当事者（主として弁護人）からの依頼に基づいて行われる私的

---

[1]　上野正吉「刑の量定と鑑定——情状鑑定の法理」同ほか編『刑事鑑定の理論と実務』所収（成文堂、1977年）114頁。

鑑定とがある[2]。最高裁判所は鑑定について、「裁判所が裁判上必要な実験則等に関する知識経験の不足を補給する目的でその指示する事項につき第三者をして新たに調査をなさしめて法則そのもの又はこれを適用して得た具体的事実判断等を報告せしめるものである」と説明している[3]。この説明から分かるように、本来、鑑定とは、裁判官が自らの知識経験だけでは適切な判断を下すうえで不足があると考えた場合に行われるものであり、前者を指している。鑑定人は裁判官の補助者と位置づけられている[4]。適切な裁判を行ううえで不可欠と判断された鑑定であるため、その実施に必要であれば、裁判所は病院その他の相当な場所に被告人を留置できるし（刑訴法167条1項）、鑑定人には裁判所の許可を受けて人の住居などへの立入り、身体検査、死体解剖などを行う権限が認められる（刑訴法168条1項）。被告人が拘置所に勾留されている場合、勾留はそもそも裁判所の命令に基づいてなされていることから、拘置所は、裁判所が命令した鑑定の実施に必要な協力を行う場合が多い。鑑定が適正に行われるように、検察官や弁護人は鑑定の実施に立ち会うことができる（刑訴法170条）。

　それに対して、私的鑑定の場合は、裁判所が鑑定を必要と判断しなかった場合や裁判所が必要性を判断する前に実施される。当事者の訴訟準備の一環として行われるに過ぎないため、鑑定人のような鑑定を実施するうえでの特別な権限は与えられていない。裁判所が便宜を図る必要はない、ということであろう。拘置所で被告人の検査を行う場合も一般面会の形で実

2）　この他に、検察官が起訴するかどうかを見極めるために鑑定が必要だと考える場合に、起訴前に実施される嘱託鑑定があるが、従来は情状鑑定が起訴前に実施されることは考え難かった。しかし、入口支援が充実してくるにつれて、執行猶予中の再犯の場合などで起訴すると確実に実刑となる事案などについて、実刑回避の必要性を見極めるために検察官が専門的知見を必要とするケースが増加してくる。現状では、任意捜査として被疑者の同意を得て、少年鑑別所職員が心理テストを実施するなどにとどまっていると思われるが、今後、検察官が本格的な調査が必要だと判断する場合、嘱託鑑定という形式をとって専門家の協力を得る場合も出てくるかもしれない。この動向については、本庄武「判決前調査制度を導入するに当たっての課題」（本書所収）も参照。
3）　最判1953（昭28）・2・19刑集7巻2号305頁。
4）　以下、鑑定の制度については、本庄武「刑事手続における科学鑑定の現状と課題」一橋法学16巻1号（2017年）1頁以下も参照。

施しなければならないことが多い[5]。また相手方当事者の鑑定実施への立会権もない。私的鑑定を実施した者は単なる調査者などと呼ばれ、裁判所で鑑定結果を報告する際も、鑑定人ではなく鑑定証人と呼ばれる（刑訴法174条）。あくまでも証人としての立場で証言を行うという位置づけになる。

　正式鑑定と私的鑑定を比較した場合、正式鑑定の方が裁判所に信用されやすい。鑑定人の選任プロセスにおいて両当事者の意見を踏まえた選定がなされ[6]、また裁判所が認定した事実に依拠した鑑定となるためである。私的鑑定の場合、鑑定人の選定プロセスに複数の視点が入らないほか、裁判所が認定する事実とは異なる事実を前提とした鑑定となってしまい、鑑定内容がどれだけ優れていても判決に影響を及ぼさないことになるおそれがある。しかし、裁判所が鑑定の必要性を認めない場合、当事者としては私的鑑定を実施するしかない。とりわけ情状鑑定の必要性はなかなか裁判所に認められない現状にある。他方で、私的鑑定であれば、当事者は鑑定実施者と密接な連携を図りながら鑑定作業を実施してもらえる。どちらの形式を採るべきかは、当事者が訴訟戦略上の観点から決定すべき事柄である。

3　情状鑑定と犯罪心理鑑定の異同

　ところで、情状鑑定に類似する概念として、犯罪心理鑑定という用語も用いられている[7]。情状鑑定のうち、精神鑑定の一種として、精神科医が行

---

[5]　しかしこの点については、正式鑑定並みの扱いとすべきであろう。本庄武「裁判員制度下における精神鑑定の課題」法律時報84巻9号（2012年）27頁、金岡繁裕「刑事施設における弁護側専門家の面会等について」後藤昭ほか（編）『実務体系現代の刑事弁護第2巻・刑事弁護の現代的課題』所収（第一法規出版、2013年）37頁、中園江里人「刑事施設における私的鑑定人面談」近畿大学法科大学院論集12号（2016年）41頁参照。
[6]　もちろん、にもかかわらず適格性に疑義のある鑑定人が選任される場合があることは別論である。
[7]　犯罪心理鑑定という用語は、加藤幸雄「犯罪心理鑑定の意義と方法」」同『非行臨床と司法福祉』所収（ミネルヴァ書房、2003年）18頁の提唱にかかるものだと思われる。後に加藤は、社会的背景の調査を強調する趣旨で、犯罪心理・「社会」鑑定という用語も用いていた。山田麻紗子ほか「司法福祉の方法論──判決前調査の意義と効果、活用の仕方」司法福祉学研究14号（2014年）222頁〔加藤幸雄〕。

うが責任能力の鑑定を行わず専ら情状についてのみ鑑定を実施する場合と区別し、元家庭裁判所調査官などの対人援助職が担う鑑定が、主として臨床心理学の知見を活用していることを示す意味で、このように称することには、もちろん何の問題もない[8]。しかし、情状鑑定という用語には問題があるという理由で、犯罪心理鑑定という用語を用いる論者がいる。

　例えば、情状鑑定とは、刑法66条の「犯罪の情状に酌量すべきものがあるときは、その刑を減軽することができる。」の適用を目指した鑑定であると理解する立場がある[9]。しかし、この規定は法定刑の下限を適用してもなお当該事案に適用する刑として重すぎる場合に、法定刑の下限を下回る刑を科すという特殊な事情が存在するときのための規定である。日本の刑法では窃盗罪、傷害罪など多くの犯罪については、自由刑の法定刑は「〇年以下の懲役」といった形で上限のみを定めており、そもそも66条を適用する場面はない。しかしそうした犯罪類型について、情状鑑定を実施する場合も十分に考えられるだろう。

　また情状鑑定とは、刑を軽くするための鑑定を意味するが[10]、犯罪心理鑑定は必ずしも刑を軽くすることを目的としておらず、犯行動機などを経験科学的に解明することを目指しているのであるから、情状鑑定という用語は適切でない、との立場もある。たしかに、情状という用語は、刑法66条にもあるように情状酌量という意味で使われることが多い。そうすると、裁判官や裁判員の同情を買うような事情を指摘することが情状鑑定の役割であるという理解[11]にもつながる。しかしながら、刑法26条の2

---

[8]　さらに、犯罪心理鑑定は、心理学的立場から動機と犯意の形成過程に焦点を当て犯罪の真相に迫ることを目的とするが、情状鑑定はもう少し広義に情状全般について、社会心理学的方法を用い、社会学、社会福祉学、教育学、事案によっては遺伝学、脳科学等の知見も援用するもの、という理解もある。北潟谷仁「精神鑑定・情状鑑定・犯罪心理鑑定（下）」季刊刑事弁護91号（2017年）110頁。
[9]　澤井俊穂「専門家証人からみた裁判員裁判の課題」武内謙治編『少年事件の裁判員裁判』所収（現代人文社、2014年）405頁。
[10]　橋本和明「犯罪心理鑑定の意義と技術」同編『犯罪心理鑑定の技術』所収（金剛出版、2016年）24頁は、一般の人はそう誤解しがちである、とする。
[11]　井原裕「裁判員制度時代の精神鑑定」橋本編・前掲注10）74頁。

第2号が、刑の執行猶予の裁量的取消事由として、保護観察の遵守事項を遵守せず、その「情状が重いとき」を規定しているように、情状という用語自体は対象者に利益な方向でも不利益な方向でも用いられるニュートラルな用語である[12]。このように価値中立的な情状を専門的知見を活用して評価するのであるから、その内容は当然に被告人に有利にも不利にも働き得るものである。弁護人が依頼した私的鑑定の場合、鑑定内容が被告人に不利であれば証拠として請求しなければよいだけである。それに対して裁判所が命じた正式鑑定においては、被告人に不利な結果が出ることもあり得る。このことを理由に情状鑑定の請求に消極的な弁護人も存在する。

　情状鑑定という用語を用いることには何の問題もない、ということを確認しておきたい。

4　情状鑑定の内容

　情状鑑定の鑑定事項は、①人格調査（被告人の知能、性格、素質、気質、行動傾向、精神病質の有無等）、②環境調査（被告人の家庭環境、生育歴等の被告人の人格形成ないし本件犯行に影響を及ぼしたと思われる諸要因）、③犯行動機（本件犯行の動機・原因等の心理学的・社会学的解明、あるいは心理学、社会学等の観点から見た本件犯行の動機・原因、または本件犯行前後の心理（精神）状態）、④再犯予測ないし予後判定（被告人の社会的予後、再犯危険性、更生の意欲、社会復帰の適応性、職場復帰の可能性、受入れ環境、保護観察への適応性、短期収容の影響等）、⑤処遇意見（処遇上留意すべき事項。施設内処遇を相当とするか、社会内処遇を相当とするか、その場合の処遇のあり方についての勧告の内容等、あるいは、施設内処遇を相当とする場合における刑務所に対する処遇勧告の内容、社会内処遇を相当とする場合における保護観察所に対する処遇勧告の内容等）の5項目に分類されるが、実際には、ⓐ被告人の知能、性格などの資質、ⓑ犯行の動機、原因に関する心理学的あるいは社会学的な分析、ⓒ処

---

[12] 河本雅也「情状の性質と鑑定の意義から」青少年問題647号（2012年）9頁は、「情状とは、刑事裁判の刑の量定に必要とされる事情のことをいう」と述べる。

遇上参考とすべき事項の3つが鑑定事項とされることが多いとされる[13]。

本稿冒頭の定義にもあるように、情状とは、訴因事実すなわち犯罪が成立するかどうかに関わる事実以外の犯罪に関わる事情のことである。最近では情状事実のうち、犯行の動機や態様、計画性や意図の強さなど犯罪自体の重大性評価に関わる情状を「犯情」、被告人の年齢、社会的地位、更生に資する環境など犯罪自体の評価に関わらない事情を「一般情状」と呼ぶことが一般化している[14]。犯情事実は、犯罪の重大性を評価するうえで考慮すべき事実であり、一般情状事実は基本的には被告人の更生可能性を評価するうえで考慮すべき事実であるが、被告人の親族が被害者に弁償を行った場合など更生可能性に包摂しきれるか疑問であるものの、被害者救済といった政策的な観点から量刑上評価されている場合もあるとされる。その場合も、犯罪事実以外の事実であるから一般情状事実である。

この分類にいう犯情に関して、しばしば犯罪の結果や態様などの客観的な事情のみを指すと誤解されるが、そうではなく、犯行時にどの程度本人に主体的な意思決定の余地が残されていたのかという主観的な事情も犯情に属している。刑法は、責任主義を採用しているが、責任主義は犯罪の成否の場面だけでなく量刑の場面でも機能する。そのため処罰は、行為者の非難可能性の程度に見合ったものでなければならない。犯情を評価するうえでは、犯行時の行為者の主観面にも目を向けなければならないのである[15]。それに対して一般情状の場合は、犯行に影響を及ぼしていない犯行前および犯行後の事情に目を向けている。一般情状事実は客観的な事情も多いものの、究極的には、行為者の属性を明らかにし、その人がどのような人物であるのかを評価しようとするものである。その意味で、犯行に直

---

13) 守屋克彦「情状鑑定について」季刊刑事弁護30号（2002年）42頁。ただし、実際の鑑定事項には非常に多くのバリエーションがある。佐藤學「情状立証と情状鑑定」日本弁護士連合会（編）『現代法律実務の諸問題・平成14年版』所収（第一法規出版、2003年）97頁には、17種類の鑑定事項が掲げられている。
14) かつては、一般情状のことを狭義の情状といい、犯情を含めた情状事実全体のことを広義の情状と呼ぶ用語例が一般的であった。
15) 司法研修所編『裁判員裁判における量刑評議の在り方について』（法曹会、2012年）7頁。

接現れたもの以外の主観的な事情である、という言い方もできる。

　さらに、犯情と一般情状という分類に関しても注意が必要である。ある情状事実が犯情と一般情状のどちらに分類されるかは、一義的には決まらない。上述した実際の鑑定事項のうち、④⑤ないし©は純粋な一般情状に関わるものである。①②ないし@は、基本的には一般情状に属する事項であると考えられるものの、それらが犯行に至る意思決定に影響を及ぼしている場合には、犯情の評価に影響を与える事実でもある。③ないし⑥は基本的に犯情に属する事実だと考えられるものの、それを通じて被告人の更生可能性が推認されることもあり、その場合は一般情状事実でもあるということになろう[16]。

　同情を買うことが目的であれば、情状鑑定の対象は一般情状だけであるということになるだろう。しかし実際の鑑定事項を見ても、そのようには考えられておらず、犯情の評価に関わる事情も情状鑑定の対象になっていることが分かる。

5　情状鑑定の目的

　情状鑑定の対象事件については、論者により様々に説明されるものの、概ね、犯罪の原因、動機あるいは犯罪行為そのものが理解不能、若しくは困難な場合、被告人の知能や性格、心理状態若しくは精神状態、あるいはそれをとりまく環境またはそれへの適応の可能性の有無などが不明確な場合、被告人の社会的危険性の程度、再犯危険性の有無すなわち社会的予後等の診断、把握が不能若しくは困難な場合、被告人に対する処遇の種別、方法、期間等が不明確で何れとも決め難いとき、という説明[17]で包摂可能だと思われる。

　重要なのは、何のために情状鑑定を実施するのかという点である。この点について、元家庭裁判所調査官の論者からは、少年事件での社会調査と特に区別せずに、情状鑑定の必要性が論じられることがある[18]。しかしな

---

16)　司法研修所編・前掲注15) 6頁脚注1)。
17)　上野・前掲注1) 122頁。
18)　山田麻紗子「犯罪心理鑑定（情状鑑定）の調査技術に関する一考察」日本福祉大学子ども発達学論集5号(2013年)76頁、同「被告人の変容と更生に資する情状鑑定の意義」

がら、少年司法と刑事司法は究極の目的を異にしており、必要となる専門的知見も自ずと異なってくる。少年事件では少年の健全育成という法の理念を具現化するために、少年の要保護性を明らかにするのが社会調査の役割である。しかし刑事事件では、罪を犯した者を適正に処罰することが目的である。情状鑑定は、適正な処罰に資すると判断される限りで実施され、判決に盛り込まれる。何が適正な処罰であるかについては、大きく見解が対立する問題であるが、現在の裁判所は、応報刑論の見地から、行為責任の重さに見合った処罰が適正であると考えている。しかし行為責任以外の観点が量刑に反映されないわけではなく、被告人の更生可能性の程度などの観点も、犯罪に見合った刑罰であるという性質を失わない限りで考慮されるとされている。これを前述した量刑事情の観点から言い換えると、基本的には犯情に見合った量刑が行われるべきであるが、それには幅があるので、その幅の内部で一般情状を加味したうえで最終的に言い渡す刑を決めるべき、ということになる。

　犯情に見合う刑の幅がどの程度であるかは、はっきりしていない。裁判員裁判が開始される以前は、裁判官が類似事件における過去の量刑相場を参考に量刑を決めてきたため、幅は比較的狭いとされてきた。裁判員裁判においては、裁判員の主体的判断を尊重するという見地から、過去の類似事件での量刑相場はあくまでも参考であるとされ、相場という拘束力があると受け取られかねない用語ではなく、量刑傾向と言い換えられるようになった。実際に裁判員裁判では、殺人既遂事件であっても介護殺人など、裁判員の同情や共感を呼びやすく、再犯のおそれも類型的に小さいと考えられる類型では保護観察付執行猶予が選択されることが珍しくないなど、犯情に見合う量刑の幅は広がったように見える。しかし他方で、性犯罪を中心として裁判員の同情や共感を呼びづらい事件については従来よりも量刑傾向が重い方向にシフトしており、重い刑を言い渡す方向では犯情重視の傾向が強まっているようにみえる[19]。概して、裁判員裁判は犯情の大小

橋本編・前掲注10) 162頁は、そのような立場のように解しうる。
19) 裁判官に大きな影響力のある裁判所内部での研究の成果報告書である司法研究報告書は、裁判員裁判では、量刑の本質は被告人の犯罪行為に相応しい刑事責任を明らかに

が刑の軽重に大きな影響を及ぼす犯情重視の傾向にあるように見える。他方で、裁判員裁判の対象とならない相対的に軽微な事件は従来通り裁判官裁判で扱われるが、そこでは、従来はまず実刑となっていた窃盗の執行猶予中の再犯事件について、被告人の治療プログラムへの参加を中断させないという理由で再度の執行猶予が選択されたり[20]、さらには初回に保護観察付執行猶予が選択されており、制度上自由刑には再度の執行猶予を付し得ない場合に（刑法25条2項但書）、拘禁回避のため罰金刑が選択される例が出てくるなど[21]、一般情状が従来よりも重視される場合が出てきているように見える。比較的軽微な事件で見られるこの動向は、入口支援の充実強化の動きに呼応しており、今後ますます強まっていくものと思われる。

このような動向をどう評価するかは、意見が分かれ得るもののように思われるが、少なくとも、現実の裁判に影響を与えることを目指す情状鑑定は、この動向を踏まえたうえで行われるべきである。極めて重い事件で、被告人の更生可能性が高いことを情状鑑定で明らかにしても、判決にはあまり影響しない可能性がある。例えば犯情からすれば無期懲役相当の事件について、更生可能性が高いという理由で長期の有期懲役を選択したとしても、いずれにしても被告人が出所するのはかなり長期の期間が経過した後であり、被告人を取り巻く環境は大きく変化する可能性がある。出所時点で円滑に社会に再統合される保障はないと言わざるを得ない。そうなると、重大事件の量刑で更生可能性があまり重視されないとしても、一概に不合理とは言えないであろう。更生可能性に重点をおいて情状鑑定を請求しても、裁判所は鑑定の必要性を認めないということになる。

重大事件で量刑に影響を及ぼすためには、犯情の評価を見直させるような鑑定である必要がある。裁判官を含む経験科学の素人は、結果の重大性

することにあるとして、犯罪行為それ自体に関わる事情（犯情）が刑量を決めるにあたっての基本となり、同じような犯罪を予防する目的や被告人を更生させて社会復帰を図るという目的は、犯情による決められる責任の枠を基本として刑量を調整する要素として位置づけている（司法研修所編・前掲注15）6頁）。
20) 村上彩子「依存症治療の必要が認められて得た再度の執行猶予」季刊刑事弁護87号（2016年）23頁、林大悟「クレプトマニア（窃盗癖）の刑事弁護」同66頁。
21) 毎日新聞2017年8月25日付。

や犯行態様の悪質性に目を奪われて、犯情を重く評価する傾向があるように思われる。そこで経験科学の専門家が、一見無関係なものも含めて犯行時の意思決定に関わる事情を幅広く考慮して、犯行動機を評価すれば、被告人の犯行についての非難可能性の評価が変わってくる場合がある。例えば被告人が未成熟であるがゆえに、犯行が重大になってしまったことが説得的に説明できれば、被告人の主観的悪性は、客観的悪性に比例していないという評価が下され、その分だけ刑事責任（非難可能性）の程度が減少する。犯情評価の見直しを行わせることに成功すれば、量刑には相応の影響を及ぼすであろう。重大事件では、犯情に影響を及ぼすような情状鑑定が求められる[22]。他方で、軽微事件では一般情状に力点を置いた鑑定、とりわけ施設収容を回避することが被告人の更生可能性に対して持つ意味についての専門的分析がなされるべきであろう。

犯情に焦点を当てた鑑定は、特に元家庭裁判所調査官のような対人援助職にとってはあまり経験のないものであろう。しかし例えば、鑑定が動機を詳細に解明していても、それが犯情についての法的評価に結びつかないような内容であれば、裁判所としてはどう評価してよいか分からず、判決への影響力を持たないことになりかねない[23]。この問題は、今後とも法律家と対人援助職が共同研究などの形で議論を積み重ねて認識の共有を図っていくことで解決していくべきものであると思われる[24]。

---

[22] このことは、少年の刑事裁判、とりわけ裁判員裁判で家庭裁判所への移送（少年法55条）が問題になる場合にも妥当する。55条移送を決定する場合、現状では大前提として保護処分の許容性が肯定されなければならない。その中心的要素は犯情なのであるから、情状鑑定が55条移送の主張をサポートしようとすれば、犯情に焦点が当たらなければならない。それに加えて、55条移送のためには保護処分の有効性が肯定されなければならない。そのため、要保護性ないし改善更生の可能性についての解明は、量刑において一般情状を立証する場合に比べて重視されなければならない。犯情評価を見直させることができれば、55条移送が否定された場合にも、量刑判断に影響を及ぼすことが可能になる。

[23] 河本・前掲注12）10頁は、鑑定が「刑の量定に不可欠な事情に関するものなのか」の検討の必要性を強調する。

[24] 例えば、調査官OBが実施した鑑定を担当弁護人が報告したレポートがある（宮尾耕二「情状鑑定」季刊刑事弁護6号（1996年）116頁）。この事件では、逮捕監禁致傷、

以上とは異なり、情状鑑定の目的が、実刑になった場合の刑事施設内での処遇指針の提供や、被告人の納得を得ることに求められることもある[25]。しかし、鑑定は裁判実施前で時間も限られ、しばしば拘置所という検査にとって良くない環境下において実施されるものである。処遇指針を提供するためであれば、時間を気にせず刑事施設内で実施した方がより充実した知見が得られると思われるし、少年手続と異なり、刑事手続では鑑定内容が処遇施設にそのまま引き継がれる体制にもなっていない。また被告人の納得を得るためだけに、費用を投じて鑑定を実施することが正当化されるとは思われない。これらは副次効果として位置づけ、情状鑑定はあくまでも量刑に影響を及ぼすことを目的とすべきだと思われる[26]。

6　情状鑑定における精神鑑定と犯罪心理鑑定の異同

　情状鑑定としては、前述のように、精神科医による精神鑑定と家庭裁判

強盗致傷、強盗強姦などを短期間で連続した被告人の犯行動機が、東京に住む元同棲相手に会いに行くため、という不可解なものであることから情状鑑定が行われた。鑑定は、被告人の悲惨な家庭環境の静で家庭に強い憧れを抱いていたため、元同棲相手に執着し、東京に行く費用を捻出するために犯行を計画したと分析した（詳細は、原典を当たっていただきたい）。検察官は懲役15年を求刑したのに対し、裁判所は懲役13年を言い渡し、判決確定後、裁判官の1人が、鑑定内容をどう量刑に反映していいか難しかった、と述べたという。率直に言って、筆者も、この鑑定内容から、被告人の犯行時の意思決定の自由度がどの程度であったかという犯情に関する評価を引き出すことは難しいように感じる。情状鑑定は、動機を解明すること自体が目的なのではない。それが犯情にいかなる影響を及ぼすのか、を意識して実施される必要があると思われる。

25）山田ほか・前掲注7）223頁〔加藤幸雄〕は、「被告人の個別性に着目し、属人的理解からどのような処遇が求められ、またどんな更生のためのサポートが必要か明確にすることを、量刑以上に重視しなければならない」と述べる。

26）ただし、多田元「情状鑑定論」上野ほか編・前掲注1）309頁による、「情状鑑定は、被告人を人間として理解することを意図するもの」であり、「量刑に当って、被告人を一個の人格として尊重し、その境遇や生活状況の実態の中での被告人を理解しようと努力することは、峻厳な刑事裁判を多少なりとも人間的な血の通ったものにする」という指摘は重要である。こうした努力は、犯情の評価を通じて、量刑にも影響を及ぼすのではないだろうか。

所調査官OB等による犯罪心理鑑定、福祉専門職による鑑定という選択肢がある。このうち、福祉専門職による鑑定は、被告人が障害を抱えていたりして福祉的支援を要する場合に行われるもので、目的も比較的明確だと思われる。ここでは、法学研究者である筆者の目から見た精神鑑定と犯罪心理鑑定の異同について、論じておきたい。

結論からいうと、両者は事案の特性に応じて、的確な使い分けないし併用がされなければならない。

精神鑑定の場合は、医学的に確立した精神障害の類型に該当するかが判断される。そのための診断項目はあらかじめ決まっており、また当該精神障害に罹患していた場合に犯行時の能力にいかなる影響が及ぶかについては、経験的に確立した判断に基づいて行われる[27]。その分だけ、裁判所の判断に影響を及ぼす程度も高くなることが期待されるが、あくまでも犯行時の精神状態に問題があると感じられる事案でなければ、犯情に有意な影響を及ぼしえないことになりかねない。また、特に少年事件での精神鑑定は、子どもに特有の問題性に明るい精神科医により実施される必要がある。発達の視点を取り入れた児童精神医学の知見を活用するのでなければ、いたずらに異常性が強調されるだけに終わりかねない。反面で、精神鑑定の場合は、犯行時の責任能力についての鑑定の経験が豊富な精神科医師が担当することが多く、必然的に犯行時の精神状態という犯情に焦点を当てた鑑定となりやすい。ただし責任能力鑑定として鑑定が依頼された場合、責任能力の有無に関わらないが、情状にとって意味のある事情について鑑定がなされないこともある。とりわけ捜査段階で責任能力鑑定がなされている場合については、改めて情状鑑定が必要かどうか吟味が必要である。情状について言及するには、厳密な意味で精神科医として専門性を超えた領域に属する知見を活用しなければならないこともあり、鑑定人によってはそもそも責任能力鑑定は引き受けても情状鑑定は引き受けない、というポ

---

[27] 北潟谷・前掲注8) 111頁は、「司法精神医学の基本的立場は診断学で、生育歴などの調査も現在症の診断のための補助的ないし前提的調査の位置を占め、診断は静点見地でなされることが一般である」と述べる。

リシーを有する場合がある[28]。

　元家庭裁判所調査官を典型とする対人援助職による犯罪心理鑑定の場合は、特定の精神障害が疑われなくても、有意義な知見を提供できる可能性がある、という意味で汎用性がある。ただし心理鑑定には決まった型がなく、ケースごとに仮説を立てながら、鑑定が実施されることになるため、複数の仮説が両立する場合が多いと思われる[29]。そのため精神鑑定ほどの信用性が得られない可能性もある。またその知見は、心理的ダイナミズムに関するものであり、裁判官が証拠に基づいて行う事実認定の作用と類似しているため、裁判官に不足する専門的知見を補給するという鑑定の前提条件を満たさないとして、請求が却下される場合も考えられる。しかし、対人援助職が司法にもたらしうるのは、法律家という経験科学の素人であれば見落としてしまう、ある事情とある事情との関連性を発見し、犯行に至る経緯を立体的に解明することである[30]。それがなければ平板な犯行理解にとどまってしまい、裁判員に不全感を残すことにもなる。経験科学の参照価値について、強く訴えていかなければならない。犯罪心理鑑定を依頼する場合はとりわけ鑑定事項が重要となる。特に重大事件について鑑定を依頼する際は、被告人の更生可能性についてだけでなく、犯行時の意思決定の自由度という犯情の解明に主眼が置かれなければならない。

　重大事件において、被告人に精神障害や知的障害、発達障害が疑われる場合やそうでなくても記憶の欠損等により情動行為が疑われる場合には、精神鑑定を実施することが検討されるべきであろう。犯罪心理鑑定は、被

---

28) 中谷陽二ほか「座談会・裁判員裁判下の刑事精神鑑定はどうあるべきか」精神医療（第4次）66号（2012年）23頁において、岡田幸之は、気の毒というのは精神科医の分野なのか、と述べ、中谷陽二は、精神科医としてどうかかわるかイメージが持てない、と述べる一方、中島直は、精神医学とは直接関係なくても、精神科の医療を通じて知りえた知見は活用してよいのではないか、と述べている。

29) 北潟谷・前掲注8) 111頁は、情状鑑定や犯罪心理鑑定は「現時点からの静的観察ではなく、生育の各時点に（時間的にも）遡行し、被鑑定人の内面にそって心理力動を発展的に再現」すると述べる。

30) 橋本・前掲注10) 39頁は、裁判官や裁判員にとって、なかなか結びつきにくかった事実の集まりにすぎないものに、鑑定結果がつながりをつけ、時には因果関係や背景事情を明らかにしていくことが、犯罪心理鑑定の大きな役割である、とする。

告人の主観を了解的に受けとめ、その意味づけを行っていくものであるから[31]、精神異常が特段疑われない場合でも、動機が不可解であったり、犯行から想定される犯人像と被告人から受ける印象にギャップがある場合、さらには少年事件については実施が検討されるべきである[32]。もちろん、両者は交錯し、とりわけ精神鑑定に重ねて犯罪心理鑑定を実施することに意味がある場合もあると思われる。

7　情状鑑定の評価のあり方

上述のように、情状鑑定といっても精神鑑定の場合と犯罪心理鑑定の場合では、事実上裁判官が信用する度合いに差があることが想定される。しかしそれはあくまでも異なる仮説が成立する可能性についての評価の差だと考えるべきであろう。

最高裁判所の判例は、責任能力鑑定に関して、「生物学的要素である精神障害の有無及び程度並びにこれが心理学的要素に与えた影響の有無及び程度については、その診断が臨床精神医学の本分であることにかんがみれば、専門家たる精神医学者の意見が鑑定等として証拠となっている場合には、鑑定人の公正さや能力に疑いが生じたり、鑑定の前提条件に問題があったりするなど、これを採用し得ない合理的な事情が認められるのでない限り、その意見を十分に尊重して認定すべきものというべきである。」と判示している[33]。この判示は責任能力判断の枠組みに即して行われているが、「その診断が臨床精神医学の本分である」場合には、という箇所は、情状に関する精神鑑定にも妥当すると思われるし、さらには犯罪心理鑑定にも妥当する

---

31) 加藤・前掲注7) 183頁。
32) 藤原正範「量刑判断に対人援助専門職は寄与できるか」罪と罰50巻4号（2013年）109頁は、「対人援助専門職が関与するのは、少年や知能、精神に障害のある支援の必要な被告人に限られるべきである。しかも、関与する部分は、被告人の全人生などではなく、犯罪事実と深く関係する本人と環境との不調和である。」と述べる。しかしこの見解は、対人援助職の役割をソーシャルワークに引きつけ過ぎているのではないだろうか。
33) 最判2008（平20）・4・25刑集62巻5号1559頁。

といってよいと思われる[34]。というのも、「精神障害の有無及び程度」という厳密な意味での精神医学上の判断だけでなく、それが「心理学的要素」と称される「是非善悪を判断する能力や、それに従って行動する能力（これは、責任能力判断に直結し、明らかに裁判所が判断すべき事柄である）」に与えた影響の有無および程度という専門的推論を伴う領域の判断についても、臨床精神医学という経験科学の本分であるとしているからである。

　情状の判断の場合、犯行時の意思決定の自由度がどの程度あったかや、今後の被告人の更生可能性がどの程度あると見込まれるかの判断自体は、究極的には裁判官・裁判員に委ねられている。しかし、被告人が犯行時や裁判時において、いかなる精神状態を有しているか、それが犯行時の意思決定の自由度や更生可能性に及ぼす影響の有無および程度に関する判断は、精神医学や臨床心理学の「本分」といってよいであろう。これらの事項は、通常の事件では鑑定なしに、裁判官・裁判員が一般的な経験則を活用して判断しているものである。しかし裁判所が鑑定を実施すると決定したということは、裁判官や裁判員の素人的判断では十分な解明や適切な判断ができないおそれがあると認められたことを意味するため、鑑定意見を尊重すべきという要請が生じることになる。このことは責任能力鑑定の場合と同じである。それに対して、私的鑑定の場合は、裁判所は、鑑定が必要であるという判断を行っておらず、依然として自らの一般経験則を活用することにより適切な評価を行えると考えていることになる。しかし裁判所が専門家の意見に耳を傾けてみようと思えば、鑑定の証拠調べが行われる。その場合、鑑定意見が裁判所自身の見解と異なっていたとしても、裁判所は安易に鑑定意見を退け、自らの見解を優先することはできないはずである。裁判所の一般経験則が鑑定人の専門的知見を駆使して行う判断よりも優れている、と考える理由はないためである。

　裁判所としては、「鑑定人の公正さや能力に疑いが生じたり、鑑定の前提条件に問題があったりするなど、これを採用し得ない合理的な事情が認

---

34) 本庄武「判批」新・判例解説Watch17号（2015年）194頁。城下裕二「窃盗症・摂食障害と刑事責任」『浅田和茂先生古稀祝賀論文集（上巻）』所収（成文堂、2016年）316頁も参照。

められる」かどうかの判断を先行させ、それが認められなければ、鑑定意見を十分に尊重すべきことになる[35]。ただしこのことは、裁判所が鑑定意見に盲目的に従わなければならないことを意味しない。裁判所が鑑定意見の結論を承服できない場合には、別の専門家の意見を聴取すべく、再鑑定を実施すべきである。

なお、被告人の犯行時の意思決定の自由度や将来の更生可能性の程度についての判断は、究極的には裁判官・裁判員に委ねられた事柄であるため、鑑定人の意見と異なる結論が下されることもあり得る。ただし当然ながら、裁判官・裁判員の判断は恣意的に行われてはならないのであるから、鑑定意見に従わないことの合理的な根拠が示される必要がある。

8　結びに代えて

本稿では、現時点で情状鑑定を活用していくことを考える際に留意すべきと筆者が考える諸点について述べてきた。情状鑑定については、まだまだ論じるべきことがあるが、本稿で論じきれなかったことについては、さしあたり、筆者の旧稿[36]を参照していただきたい。

---

[35] この関係で問題になるのは、裁判員制度開始後まもなくの事件で死刑が言い渡され、確定したいわゆる奥本事件（宮崎家族3人殺害事件）の控訴審判決（福岡高宮崎支判2012（平24）・3・22高裁刑速（平24）236頁）である。弁護側からは、元家庭裁判所調査官の「調査報告意見」が提出され、取り調べられた。調査報告意見は、「義母から逃れたい」というのが唯一の動機であり、妻や長男を殺害する動機はなかった、と評価した。これに対し、裁判所は、調査者の資格、経験、調査方法の適切性、内容の合理性、聴取内容の証拠との整合性などから、調査には「相応の説得力がある」と述べつつ、動機について、調査者2人の意見が一致しなかったため調査報告書に採用されなかった意見があると証言されたことから、他の解釈を入れる余地があるとして、「消極的な意味で現状を清算して自由になりたかった」、「いろいろなことが複合して本件に至った」という結論に至っている。しかしこの結論では、結局のところ、義母との関係性が決定的動機であるとする調査報告意見の評価を十分に尊重したとは言えないように思われる。この事件については、黒原智宏「宮崎家族3人殺害事件」季刊刑事弁護91号（2017年）143頁参照。

[36] 本庄武「情状鑑定の活用」同『少年に対する刑事処分』所収（現代人文社、2014年）49頁（初出、武内編・前掲注9）325頁）。

◎第 2 章　情状鑑定

2　弁護士から見た情状鑑定
――重大な少年事件の裁判員裁判事例の検討から

山﨑健一 Kenichi Yamasaki

（弁護士）

1　はじめに

　筆者は、弁護士として約 25 年間、比較的多くの少年事件を担当してきたほか、日本弁護士連合会子どもの権利委員会に所属し、少年事件の弁護人・付添人活動に関する調査・研究等に関与してきた。そしてその中で、重大な少年事件が裁判員裁判で審理された事案における情状鑑定[1]あるいは専門家証人尋問の実施例について、担当弁護士からの報告に数多く接し、また実際に法廷で審理を傍聴してきた。
　そのような活動を通じて感じられるのは、裁判所は近時、重大少年事件の裁判員裁判での情状鑑定の採用につき次第に積極的になってきているのではないか、ということである。さらに最近では、実施された情状鑑定等の結果が裁判所の量刑判断に相当程度影響を与えた事例も見られるように

---

[1]　一般に「情状鑑定」とは「訴因以外の情状を対象とし、裁判所が刑の量定、すなわち被告人に対する処遇方法を決定するために必要な智識の提供を目的とする鑑定」などと定義されるが、元家裁調査官の橋本和明「犯罪心理鑑定の意義と技術」同編著『犯罪心理鑑定の技術』所収（金剛出版、2016 年）24 頁は「情状鑑定」でなく「犯罪心理鑑定」との用語を使用するのが適切とする。これらも踏まえ、本庄武「情状鑑定の活用」同著『少年に対する刑事処分』所収（現代人文社、2014 年）80 頁は「重大事件で実施される情状鑑定には精神科医による精神鑑定と元家裁調査官等による犯罪心理鑑定がある」と整理しているところ、本稿でもそのような整理の上で「情状鑑定」の用語を用いる。

なっている。そして、その背景には、裁判員裁判の審理における少年事件特有の課題があり、それらの課題や裁判所の量刑評議の在り方を踏まえた弁護実践の進展があるのではないか、と考えられる。

本稿では、このような観点から、重大少年事件の裁判員裁判における近時の裁判例を検討しつつ、弁護士から見た情状鑑定について論じてみたい。

2　少年事件の手続と弁護士から見た鑑定等の必要性

まず前提として、少年による重大事件が発生した場合、どのような手続がとられ、その中で鑑定等がどのように位置付けられるのか。少年事件の手続と弁護士から見た鑑定等の必要性について、簡単に確認しておきたい。

(1)　事件の捜査段階

少年による重大事件が発生した場合、刑事責任を問われうる14歳以上の少年は、ほぼ例外なく逮捕・勾留されるといってよい。

このような少年の弁護人になろうとする弁護士は、警察署の留置場で少年と初めて接見し、被疑事実やその経緯等について把握するため、接見室のアクリル板越しに少年から話を聴くことになる。

一般に少年は、表現能力に乏しいうえ、身体拘束のショック等により十分な供述ができない場合も少なくないが、特に、重大な少年事件を担当した弁護士の報告では、「少年の話す態度や内容に強い違和感を覚えた」という感想が少なくない。「凄惨な犯行直後なのに、あまりに淡々と無表情なのは何故か…」「少年が話す動機だけでこれだけの事件を起こすか、全く不可解」「思考の過程や論理に飛躍がありすぎる…」などといった「違和感」である。

このような場合、少年の弁護人としては、家族や関係者からも事情を聴くなどして違和感の解明に努めるが、それでも不足な場合には、捜査への対応等と並行して、少年の精神・心理状態を理解するため精神科医や臨床心理士などの専門家に助力を求めることも必要となる。嫌疑が認められた少年事件は家庭裁判所に送致され（少年法41条、42条1項）、その後も

限られた期間で少年審判が進むため、上記のような事件を担当する弁護士としては、捜査の初期段階から、家裁送致後の少年審判での審理を見越して、精神鑑定の申請等をも念頭においた準備活動が必要とされる。また、捜査機関から裁判所に嘱託鑑定（刑事訴訟法223条）が申請される場合もあるので、これに対する準備と対応も必要となる。

(2) 家庭裁判所における少年審判

事件が家庭裁判所に送致されると、弁護士は付添人（少年法10条1項）として事件記録を閲覧・謄写し、特に重大事件の場合には、早期に裁判所との間で審理の進行について協議をするのが通常である。

事件の結果が重大である以上、審判では「刑事処分相当」として検察官送致決定（少年法20条）となる可能性がある。そのため付添人としては、捜査段階で得られた少年の資質や生育歴等に関する情報を提出するなどして、裁判所に対し、事件の重大性を理由に安易に検察官送致とすることのないよう、少年の資質等が事件に及ぼした影響や更生可能性等を解明するための充実した調査と慎重な審理を求めることが必要になる。

さらに付添人は、精神科医等の専門的智識が必要と考えられる場合には、裁判所に対して鑑定（少年法14条）の実施を求めることになる。

特に、①死刑または無期の懲役・禁錮に当たる罪に係る事件、②法定合議事件であって故意の犯罪行為により被害者を死亡させた罪に係るものについては、少年事件であっても、審判で検察官送致となれば、起訴後は裁判員裁判で審理されるため（裁判員法2条）、審判段階でもより慎重な対応が求められる。このような事件では、少年の責任能力それ自体には問題がないと見られる場合であっても、処遇決定を慎重かつ適正に行う観点から、犯行当時の精神状態、生育歴及び人格傾向・特性、精神疾患あるいは発達障害の有無・程度、それらが犯行の動機形成や行為態様に影響を及ぼした程度、必要な処遇又は治療、将来の再犯可能性等について、児童精神科医等の専門家に意見を求める必要性は高い。

(3) 地方裁判所における刑事裁判

　少年審判で検察官送致決定が下され、検察官による起訴がされると（少年法45条5項）、裁判員裁判の対象事件は公判前整理手続に付される（裁判員法49条）。

　少年に対する刑事裁判では、少年の行状、環境等について、医学、心理学その他の専門的智識を活用することが求められており（少年法50条、9条）、家庭裁判所の取り調べた証拠は、つとめてこれを取り調べるようにしなければならないとされている（刑事訴訟規則277条）。そして、審理の結果、少年の被告人を保護処分に付するのが相当であると認めるときは、裁判所は、決定をもつて事件を家庭裁判所に移送しなければならない（少年法55条）。

　これらの規定を踏まえ、裁判員裁判制度発足以前の刑事裁判では、少年審判段階で作成された鑑別結果通知書や少年調査票等の「社会記録」を家庭裁判所から取り寄せ、その全部を証拠とする方法が採られていた。しかし、裁判員裁判では直接主義・口頭主義の徹底がはかられ、「見て聞いて分かる裁判」が追求される中、分量が多く内容も専門的な社会記録を一般市民である裁判員が読み込んで理解することは現実的でないとされている。そこで当初の裁判員裁判では、公判で鑑別結果通知書及び少年調査票の結論部分のみを証拠採用し、法廷で朗読するだけという例も数多く見られたところである[2]。

　しかし、これだけでは社会記録の内容も十分に活用されず、法の求める科学的な審理は実際には実現困難である。さらに、「原則逆送」規定（少年法20条2項）が設けられて以降、少年調査票の簡略化・形骸化が指摘される中[3]、弁護人からみると社会調査の内容が極めて不十分というケースも少なくなく、少年の資質や生育歴等が犯行に及ぼした影響等に関する立

---

[2] 司法研修所編『難解な法律概念と裁判員裁判』（法曹会、2009年）64頁以下も、「原則逆送」事件の家裁移送判断においては、基本的に少年調査票の「調査官の意見」のみを証拠にすれば足りるとの立場を示している。

[3] 岡田行雄「社会調査実務の変化」武内謙治編著『少年事件の裁判員裁判』所収（現代人文社、2014年）など。

証には大きな限界が生じているといわざるを得ない。

　このため、重大少年事件の裁判員裁判を担当する弁護人としては、公判前整理手続において、捜査段階での嘱託鑑定や審判での鑑定が行われていない事案であっても、またそれらが行われた事案でもさらに必要があるとして、裁判所に鑑定を申請し、あるいはすでに行われた鑑定の鑑定人について証人尋問の採用を求めることが少なくない。そして、裁判所が鑑定を実施しない場合でも、弁護人が精神科医や臨床心理士等の専門家に直接依頼し、「私的鑑定」を実施する例がある。

　そのうえで弁護人は、裁判員も加わった公判審理において、鑑定書の取調べとともに、鑑定人や専門家の証人尋問を行うことにより、少年の資質や生育歴等が犯行に及ぼした影響や更生可能性等について、専門的な知見に基づいて明らかにし、少年法55条に基づく家庭裁判所への移送決定を含む適切な量刑判断を裁判所に求めることになるのである[4]。

(4) 重大な少年事件における鑑定の必要性

　以上に見てきたとおり、重大な少年事件を担当する弁護士としては、手続の全段階を通じ、精神科医や臨床心理士等の専門家による助言を求め、その専門的知見を必要とする場面が数多く存在する。

　そもそも少年は、精神的に未成熟であり、表現能力に乏しいことに加えて、精神疾患や発達障害等の有無に関しても、未だ成長過程にあることから確定診断が困難とされている。したがって弁護士としては、少年の精神状態や供述内容をどのように理解したらよいか判断が困難な場合は少なくない。また、少年の資質面や生育歴が犯行にどのように影響したのか、当該少年にとって相応しい処遇はどのようなものなのかなど、担当弁護士としては少年事件特有の悩みに直面することも多々あるところである。

　加えて、前述したとおり、裁判員裁判の手続においても、成人の場合と

---

4)　武内謙治「少年法50条の法意」前掲注3)書322頁以下は、重大少年事件の裁判員裁判の現状からすれば、対人援助専門職にある者等による情状鑑定の実施が少年法50条の要請するところであるとし、本庄・前掲注1)書53頁も、少年の裁判員事件については「異常な」事件に限らず、全事件を対象として情状鑑定の実施を検討すべきとする。

は異なり、少年事件には特有の立証上の課題も存する。

　したがって、重大な少年事件を担当する弁護士からすれば、精神科医や臨床心理士等の専門家による情状鑑定を必要と考える事案は、成人の事件以上に多いのではないかと思われる。これらをあえて類型化するならば、①犯行の結果が重大であるにもかかわらず、少年の供述する動機が理解困難である事案、②少年に知的障害や発達障害が疑われ、あるいは精神的未熟さが顕著であり、それが犯行と結びついている可能性がある事案、③被虐待歴や不適切養育、あるいはいじめられ体験など、少年の生育歴が犯行に影響している可能性がある事案、④集団リンチなど、共犯者間の集団力学等が犯行に影響している可能性がある事案、などに分類することが可能であろう（勿論、これらの類型に重複して該当する事案も存在する）[5]。

3　重大少年事件の裁判員裁判と鑑定

(1)　従来の裁判例

　平成21年5月の裁判員裁判制度開始からしばらく、裁判所は社会記録の結論部分のみを証拠採用し、弁護人による鑑定や専門家証人の尋問には消極的な姿勢を示すことが少なくなかったように思われる。

　しかしその後、弁護人らによる熱心な取組みもあり、これらが採用される例も相当数見られるようになった。例えば、強盗致死被告事件の公判前整理手続で弁護側申請の情状鑑定が申請され精神科医による正式鑑定が実施された例、殺人被告事件の公判前整理手続で弁護側が精神科医による私的鑑定を実施し公判で証人尋問を実施した例、強盗致傷、強盗強姦等被告事件の公判前整理手続で元家庭裁判所調査官による私的鑑定を実施し公判で証人を実施した例などが報告されている[6]。

(2)　近時の裁判例

　さらにその後も、重大な少年事件の裁判員裁判で情状鑑定等が実施され

---

[5]　橋本前掲注1)書30頁参照。
[6]　武内前掲注3)書「ケーススタディ」編参照。

る例は少なくなく、その中では、鑑定等の結果が裁判所の判断に相当程度影響を与えた判決・決定も見られる。そのような裁判例で注目されるものには、以下のようなものがある。

① 少年法55条に基づき家庭裁判所移送の決定を下した事案
ア 殺人未遂等被告事件（さいたま地裁平成25年3月12日決定）[7]
【事案】
・当時15～16歳の男子少年が、通りがかりの女子を刃物で刺す（2件）などした（殺人未遂2件、銃刀法違反3件、器物損壊5件、非現住建造物等放火1件、動物愛護法違反2件）。
【鑑定】
・捜査段階で嘱託鑑定、少年審判で鑑定人の証人尋問。
・公判前整理段階で弁護側が精神科医と臨床心理士の私的鑑定。
【公判】
・鑑定人の精神科医2名と臨床心理士の証人尋問を実施。
・検察官は懲役5年以上10年以下の不定期刑を求刑。
【決定】
・家庭裁判所移送
「…そのような経緯により、被告人は、残虐な行動によって性的欲求の充足を含む快楽を得ようとする歪んだ思考や価値観が形成、深化され、本件一連の犯行に及んだのであって、生まれつきの広汎性発達障害や生育環境が動機に直結している。そうすると、そのような事情は被告人の責めに帰することのできないものであるから、被告人が犯行時16歳であったことも併せ考えれば、動機の悪質性を被告人に不利に考慮するのは相当でない。被告人は内省を深めようとする姿勢が全く認められないものの、この点も、広汎性発達障害により顕著に共感性が乏しいという被告人の資質特性と関連している可能性が十分にあるから、やはり被告人に不利に扱うのは相当でない。」

---

7) 武内前掲注3)書110頁以下（「埼玉事件」）。

「(鑑定人の両医師)の指摘する治療を行うためには被告人との個別的で綿密な関わりが必要不可欠であることに照らせば、再犯防止という観点からは、被告人を少年刑務所に収容し集団で処遇するよりも、医療少年院に収容して精神科医等による治療を含めた個別処遇を施すことが有効であることは明らかである。そうすると、被告人を医療少年院に相当長期間にわたり収容して個別的な治療や矯正教育を施すとともに、被告人の両親の監護態度を保護観察所に家庭環境の調整を行わせることこそが再犯防止のための最良の手段というべきである。」

　「付言すると、このような処遇選択は、現状のままでは可能性が高いといわざるを得ない被告人の再犯防止という社会の要請に適うものでもある。」

イ　殺人被告事件（横浜地裁平成28年6月23日決定）[8]
【事案】
・当時15歳8か月の男子少年が、実母と祖母を包丁で刺殺した。
【鑑定】
・少年審判で精神鑑定(情状鑑定)。
・公判前整理段階で責任能力には争いがないとの前提で精神鑑定。
【公判】
・鑑定人の精神科医の証人尋問を実施。
・検察官は懲役10年以上15年以下の不定期刑を求刑。
【決定】
・家庭裁判所移送
　「…被告人の精神鑑定を行った医師は、被告人は情緒が未成熟、未発達であり、自分の感情を十分理解できておらず、言語化して表現することが困難である点などを指摘している。さらに、同医師は、被告人について、特定の精神障害は認められないが、他者とのコミュニケーションをとることに困難があり、社会的コミュニケーション症そのものではないものの、

---
8)　LEX/DB 25543486。

その診断基準の一部を満たすとしている。そして、被告人は、思考、感情、行動様式が年齢に比しても全般的に未成熟、未発達であって、自己愛や万能感が強く、肥大した自己像を有する一方、強い劣等感、人としての不全感、生きていることの虚無感など、脆弱な自己像をも抱え、そのような自己像のアンバランスさの中で、混沌とした不安や苛立ちを鬱積させていたと指摘する。そして、本件各犯行については、被告人自身、言葉では言い表せないエネルギーのかたまりのようなものが何らかのきっかけでコントロールを失って噴出した結果であると説明する。また、同医師は、被告人の上記のような精神面の問題性は、生来的な要素や情緒的な関わりの少ない家庭に育ったという生育環境のいずれもが影響を与えたと考えられる旨説明する。そして、被告人に対しては安定した保護的な生活環境の中で、対人関係の構築や共感性を育成する働き掛けが必要であり、被告人の特性に配慮した適切な援助によって改善更生を図ることは可能であるとする。専門家である医師が十分な回数の面接や心理検査等を踏まえて行った上記の鑑定結果については特に合理性を疑う事情は認められず、採用することができる。」

「…被告人は、当公判廷において、自分が変わる必要はない、現状維持で良い旨などを述べているが、鑑定人である医師や少年鑑別所の職員との交流の中で被告人の態度にそれぞれ良い変化が見られたということや、当公判廷においても、時折、本件各犯行に関連して感情を高ぶらせる様子を見せたことなどからもうかがわれるように、被告人には可塑性があると認められる。」

「…本件各犯行の原因は前記のとおりであって、背景となった被告人の未熟さやコミュニケーション上の問題性には生育歴等が影響を与えたといえるのであるから、本件各犯行について、被告人一人のみにその全ての責任を負わせることが正しいとはいえない。…被告人を本件各犯行に向き合わせ、改善更生をさせて二度と再犯に至らせないことは、被害感情を和らげ、社会の不安を鎮めるためにも重要なことと考えられる。そうすると、保護処分の有効性が認められることを前提とし、被告人の改善更生を図って再犯を防止するため、被告人に対して刑罰を与えるのではなく保護処分

を選択するということは、社会的にみても十分に許容されると考えることができる。」

② 量刑において刑の減軽を認めた事案
ウ 殺人等被告事件（横浜地裁平成28年2月10日判決）[9]
【事案】
・当時18歳の男子少年が、共犯少年2名と共に中学1年生男子少年をカッターで切り付けるなどの暴行により死亡させた。
【鑑定】
・少年審判で鑑定は実施されず。
・公判前整理段階で弁護側が大学教授（元家裁調査官）の私的鑑定を実施。
【公判】
・私的鑑定人の証人尋問を実施。
・検察官は懲役10年以上15年以下を求刑。
【判決】
・懲役9年以上13年以下（未決勾留180日算入）

「事件の動機、経緯についてみると、その発端は、被害者が告げ口をしたものと邪推して怒りを募らせたというものであるが、これ自体逆恨みである上に、被告人自身が被害者の頬を切り付けたことから、今度は報復や逮捕等を恐れて被害者を殺害するほかないと突発的に考えたというのは、通常では到底考え難いほどに、極めて自己中心的、短絡的な発想であって、強い非難に値する。ただし、このような極端な発想は、被告人の共感性の欠如、問題解決力の脆弱さ、暴力容認の価値観に根差した年齢不相応な未成熟さの表れとしか理解できず、その原因としては、被告人の父母による生育環境が相当に大きな影響を与えているといえる。この点は犯行当時18歳5か月（裁判時は19歳5か月）の少年であった被告人にとって、責任非難を減少させる事情である。」

「少年である被告人の刑事責任は、…行為態様の際立った残虐性や被告

---
9) LLI/DB L07150087。

人の役割等に照らすと、相当に重い部類に属するといえるが、本件が怒りや自己保身を動機とする計画性を欠いた突発的な犯行であることや、その殺意の形成に生育環境に由来した未熟さが影響していることからすると、被告人が保護観察中であったことを考慮しても、有期懲役刑（不定期刑）を選択すべき事案であり、その中で上限そのものに位置するとまではいえない。」

エ　殺人・死体損壊等被告事件（横浜地裁平成26年9月11日判決）[10]
【事案】
・当時19歳（判決時20歳）の男子少年が、クロスボウとサバイバルナイフで実母を殺害したうえ、死体を切断・遺棄した。
【鑑定】
・捜査段階で嘱託鑑定、少年審判でも精神鑑定を実施。
【公判】
・鑑定人の精神科医2名の証人尋問を実施。
・検察官は懲役18年を求刑（少年は検察官送致後に成人）。
【判決】
・懲役12年（未決220日算入）

「被告人は、被害者である母Aの下に生まれたが、4歳の時に両親が離婚し、以後、Aとの母子家庭で育った。被告人には元々閉鎖的で感情に乏しいという性格の偏りがあったが、Aの養育態度も幼少期から被告人が屋外で遊ぶことを許さないなど保護的な傾向が強かったため周囲との交流が乏しく、この性格の偏りが正されないままでも、被告人の周囲に対する適応が特に問題となることはなかった。」

「ところが被告人は、中学生になると、次第にAには向上心がないとして軽蔑心を抱くようになり、高校に進学して以降は、このようなAの世話にならなければ生きてゆけない自身への苛立ちを募らせていった。それにもかかわらず、被告人は上記性格から、他者との交流やAとの衝突によっ

---

10) LEX/DB 25504838。

てこの苛立ちを自分自身で解決することができず、周囲との不適応が明確となり、高校２年から３年にかけて家出や自殺未遂を繰り返した。しかし、Ａが、このような被告人の行動に対し、被告人からその本心を聞くことなく、腫れ物に触るようにして対応したため、被告人は、Ａへの失望感を一層強め、自分はＡによる檻に閉じ込められており、この檻から脱するためにはＡを殺すしかないと漠然と考えるようになっていった。」

「本件の動機形成に至る特徴として挙げられるのは、被告人の性格の偏りと養育環境である。…本件は、被告人の偏った性格とこれを理解し、正してあげることができなかった養育環境の不幸な組み合わせの結果というべきであって、少年犯罪的な特色の強い犯行ということができる。そうすると、現段階において、被告人が成人に達しているとしても、被告人に一般の成人と同様の責任非難を加えることはできない。本件において、（医師らは）本件当時の被告人の精神状態についてそれぞれ異なる診断名を付しているが、その背景となるエピソードも犯行に至る動機形成過程もほぼ同様の分析をしており、両医師の診断名が異なることが上記判断を妨げるものではない。」

「そうすると、本件犯行は、上記のとおり、誠に残忍極まりない犯行であるということができるものの、被告人に対する責任非難は相当程度減じられると考えるべきである。」

「…被告人が今日に至るまで鑑別技官や弁護人など様々な人たちと対話を重ねることによって、自身の性格の偏りを理解し、犯行当時の心理状態を分析するとともに、他者の心の痛みについても被告人なりに分かろうと努力し始めていること、被告人がまだ20歳であり十分に変わっていく可能性を有していると考えられることなどの事情を考慮すると、被告人に対しては主文記載の刑に処するのが相当との判断に至った。」

(3) 考察

これら各裁判例の判示するところからすれば、それぞれ鑑定等の結果が裁判所の判断に相当程度の影響を与えたことは明らかであろう。

① 裁判所が鑑定結果に基づき家庭裁判所移送を決定した2事案

まず、前記ア事件では、少年の発達障害や生育環境が犯行動機に「直結」したと評価されており、個別的・医療的な処遇が再犯防止に有効であるという点と併せ、保護処分の許容性も認められるとの判断が示されている。

また、前記イ事件では、少年に特定の精神障害は認められないとしつつも、事件に結びついた少年の精神的問題性は生来的な要素とともに生育環境も影響を与えており、安定した保護的な生活環境の中での働きかけが必要かつ改善更生は可能であるし、再犯防止のため保護処分を選択することは社会的にも許容されるとしている。

いずれも、少年の精神状態や資質特性、生育環境の影響や更生可能性等に関する精神医学等の専門的知見が、保護処分の有効性・許容性に関する裁判所の判断に大きな影響を与えたものといえる。

② 裁判所が鑑定結果に基づき刑の量定をした2事案

前記ウ事件は、少年が突発的に殺意を抱いたという犯行動機に見られる極端な発想は、共感性の欠如、問題解決能力の脆弱さ、暴力容認の価値観に根ざした年齢不相応な未成熟さの表れであり、それには両親による生育環境が相当に大きな影響を与えたことを認め、これらが少年の責任非難を減少させる事情であると判断している。

また、前記エ事件では、動機形成に至る特徴として少年の性格の偏りと養育環境が挙げられるとして、「被告人の偏った性格とこれを理解し、正してあげることが出来なかった養育環境の不幸な組み合わせの結果」であり「少年犯罪的な特色の強い犯行ということができ」「責任非難は相当程度減じられる」として、求刑（懲役18年）を大幅に下回る量刑（懲役12年）を選択している。

両事件とも社会的に大きく注目を集めた事件であったが、精神科医や大学教授（元調査官）の鑑定により、少年の資質特性や生育環境が犯行動機の形成に影響を与えたとの専門的知見が示され、それが単なる一般情状にとどまらない「犯情」のレベルで考慮された結果、刑の量定に大きな影響を与えたということができよう。

4 情状鑑定の現状と課題

(1) 情状鑑定の現状——背景としての弁護実践の進展

　前述したとおり、重大な少年事件については、少年の特性や事件の性質、裁判員裁判における立証上の課題等の理由から、精神科医や臨床心理士等の専門的知見が必要とされる場合が少なくない。これら専門家による情状鑑定は、法の求める科学主義に基づく審理を可能とするものであり、事案の解明や適切な処遇選択にとって極めて重要である[11]。

　かかる認識は、近時裁判所にも共有されつつあるように思われるが、さらに、情状鑑定の結果が裁判所の判断に影響を与えたと見られる事案が出てきた背景として、事件を担当する弁護士らの弁護実践の進展を指摘することができると思われる。

　すなわち、重大な少年事件の裁判員裁判において鑑定や専門家証人の尋問が次第に採用されるようになってからもなお、弁護士らの中では、それら鑑定等の結果が裁判所の判断にはあまり影響を与えていないのではないか、という声が聞かれた。そして、この点を克服するため、少年事件についても裁判員裁判での量刑評議に関する司法研究[12]の内容を意識した弁護活動の重要性が次第に自覚されるようになっていった。

　その中では、単に少年である被告人の資質や生育環境を明らかにするだけでは、いわゆる「一般情状」として位置づけられ、量刑判断における「調整要素」の範囲にとどまるのに対し、それら資質や生育環境が当該犯行の動機形成や犯行態様等にどのような影響を与えたのか[13]、すなわち「犯情」との結びつきを解明することにより、「犯情」を中核とした量刑判断により大きな影響を与えうる可能性が意識され、そのような解明に向けた鑑定

---

11) 橋本前掲注1)書27頁以下も、近年、犯罪心理鑑定を積極的に活用させようとする動きが高まっているとして、その理由に、①裁判員裁判における犯罪や被告人についての理解の要請、②少年事件の質的変化、③処遇に着目した量刑の傾向、を挙げている。
12) 司法研修所編『裁判員裁判における量刑評議の在り方について』(法曹会、2012年)。
13) 司法研修所編前掲注12)書70頁。

事項の設定や鑑定人の選定が重要である、との認識が弁護士の間で共有されるようになってきたのである[14]。

そして例えば、少年法20条2項該当の「原則逆送」事案について、①狭義の犯情に関する事情及び評価——悪質性・残虐性・結果の重大性の程度等、②狭義の犯情に関する事情と、それ以外の事情との関連性の有無・程度——要保護性に関する事情が、犯罪行為の意思決定等に密接に関連することによって影響を与え、責任非難を減少させたといえるか否か、③狭義の犯情以外の事情（要保護性に関する事情）に関する事情および評価と、逆送後の変化の有無およびその内容、④保護処分の場合に予想される収容期間と刑事処分の場合の量刑の比較、といった点に着眼したうえで「ケース・セオリー」を構築することが提唱され[15]、これらの点を意識した鑑定や専門家証人の尋問が行われるようになってきたのである。

先に挙げた裁判例の事案についても、まさにこのような自覚的な弁護実践が報告されている。専門家との協力体制に基づく、裁判員裁判の量刑評議の在り方等を踏まえた的確な弁護活動が、裁判所に鑑定の必要性を理解させ、量刑判断において十分考慮されうる鑑定を実現してきたものと評価することができる[16]。

(2) 今後の課題
① 立証課題の明確化

重大な少年事件で情状鑑定が今後も十分な意義を発揮していくためには、弁護士が、専門家の助力も得ながら、少年と事案とを科学的な見地から正確に分析・理解したうえで、弁護人として求める結論に向けた説得的なケース・セオリーの構築が必要とされるのであり、その主張を裏付けるための立証課題を整理し、明確にする必要がある。

---

14) 本庄前掲注1)書59頁以下も、司法研究の立場からすれば、少年事件の裁判員裁判では積極的に情状鑑定が行われなければならないとする。
15) 村中貴之「『原則』逆送事例をもとにしたケースセオリーの検討」「季刊刑事弁護第88号」49頁以下。
16) 近時の裁判員裁判における弁護実践については、前掲注15)書に詳しい。

そして、その立証課題を達成するために、どのような意味で鑑定等が必要かつ有効か、鑑定事項を如何に設定すべきか[17]、を吟味したうえ、さらに、どの分野の専門家に鑑定を依頼すべきか（精神科医か臨床心理士か等）といった点について[18]、事案に応じて十分に検討することが求められるといえよう。

② 鑑定の条件整備

また、制度的な課題としては、情状鑑定の担い手の確保と鑑定の質のさらなる向上という点も指摘せねばなるまい。

少年事件を数多く担当する弁護士の中には、児童精神医学や臨床心理、児童福祉の専門家と繋がりのある者もいるが、一般的には、助言を求めたり鑑定等を依頼することのできる専門家を見つけること自体が困難である。また、鑑定が実施されたある事案で、鑑定人が鑑定実施の前提条件（判断の基礎としうる情報の範囲など）について理解が不十分であったことで混乱が生じたという事例や、法廷での鑑定結果の説明方法に課題があった事例なども報告されている。

今後は、鑑定の担い手を全国的に確保するとともに、裁判における証拠法則等の理解やプレゼンテーションの能力を高める研修や経験交流を継続的に行うなど、鑑定のさらなる質的向上に向けた取り組みも必要とされるであろう[19]。この点では、元家裁調査官や社会福祉士などによる「裁判員裁判のための対人援助専門職ネットワーク」の活動が非常に注目される[20]。

なお、裁判所が鑑定を採用しない場合の、いわゆる「私的鑑定」におい

---

17) 具体的な鑑定事項を挙げるものとして、佐藤學「情状立証と情状鑑定」日本弁護士連合会編『現代法律実務の諸問題〔平成14年版〕』（第一法規出版、2003年）97頁、高岡健「児童精神科医からみた裁判員裁判の課題」武内前掲注3)書433頁など。
18) 本庄前掲注1)書80頁も、事案や解明すべき内容によって精神鑑定と犯罪心理鑑定のいずれ（あるいは双方）を実施するか検討すべきとする。
19) 橋本前掲注1)書34頁など。
20) 藤原正範「『裁判員裁判のための対人援助専門職ネットワーク』の活動と意義」橋本前掲注1)書229頁。

ては、鑑定人と被告人との面会条件（時間や方法）や鑑定費用の負担などの点で大きな障害があるのが実情である。これらの点についても、公的な条件整備が急務であろう[21]。

5　最後に

さて、本稿を閉じるにあたり、情状鑑定と関連する2つの点について、最後に述べておきたい。

(1) 少年審判の充実

先に紹介した家庭裁判所移送決定例（ア事件とイ事件）では、少年審判までに鑑定が実施されており、さらに、少年鑑別所の鑑別結果通知書も少年調査票における調査官意見も、いずれも「保護処分相当」であった。それにもかかわらず、裁判所は「刑事処分相当」として検察官送致決定を下している。

その後、弁護士の懸命な努力もあって、裁判員裁判で家庭裁判所移送決定が下され、最終的には少年は保護処分となったわけであるが、果たして家庭裁判所での少年審判は妥当なものであったか、疑問が残る。

担当弁護士からの報告によれば、両事件とも、検察官送致決定の理由の中で審判廷での少年の供述態度が挙げられ、少年の内省が不十分との判断がされたようである。しかし、鑑定結果（およびこれを踏まえた家庭裁判所移送決定）からすれば、少年のそのような態度も資質上の問題の現れと評価されるべきであったのではないかと考えられる。

言うまでもなく、検察官送致後の裁判員裁判の手続は、未成熟な少年にとって、極めて負担が大きいものである。如何に結果が重大な事件であっても、少年審判における慎重かつ充実した審理が求められることを、改めて指摘しておきたい。

---

21) 橋本前掲注1)書34頁。

(2) 少年法の適用基準時の問題

　さらにもう一つは、鑑定等に関する時間的制約の問題である。

　少年法が定める不定期刑（52条）および家庭裁判所移送（55条）の規定は、処分決定時が適用基準時とされており、その時点で成人してしまっていると、これら規定の適用を受けられない。

　このため、少年事件を担当する弁護士としては、何とか少年が成人する前に結論を得る必要があり、これが弁護活動の大きな制約となっている。特に重大事件の場合、検察官送致後の刑事裁判で結論を得るまでには相当な期間を要することから、鑑定等に時間をかけることが必要な事案では、かかる時間的制約は極めて深刻なものとなる。実際、前出のエ事件では、検察官送致後に少年は成人してしまい、裁判員裁判では家庭裁判所への移送や不定期刑の適用をも求めることができなくなってしまったのである。

　本稿執筆時点では、少年法の適用年齢を18歳未満に引き下げるべきか否かが議論されているが、仮に引き下げられた場合、影響はより深刻である。18、19歳の少年による事件だけでなく、17歳や16歳による事件、場合によってはそれ以下の年齢の少年による事件についても、慎重な判断のため鑑定等に時間をかけていると少年法の適用を受けられなくなってしまう、といった事態が生じうることになる。少年法の適用年齢引き下げを議論するうえで、この点も決して忘れられてはならない。

◎第2章　情状鑑定

3　鑑定事例――
3.1　本鑑定（裁判所依頼の鑑定）の事例

岡本吉生 Yoshio Okamoto

（日本女子大学）

1　はじめに

　ここでは、本鑑定、つまり刑事裁判所（以下、「裁判所」という。）からの依頼を受けて鑑定を実施した事例を紹介し、本鑑定における情状鑑定の特徴と要点を整理する。本鑑定は、刑の減軽に大きな影響を及ぼす可能性があることから、形式的には弁護人の請求をきっかけとして裁判所で協議が始まることが多い。しかし、裁判所が被告人の犯行の背景や適切な処遇についての意見を専門家から求めたい等の理由から、裁判所が主体となって鑑定手続を主導することも少なくない。また、ごくまれに検察官からの請求もないわけではない。いずれにしても、裁判をつかさどる、いわゆる法曹三者の合意を基に裁判所が鑑定命令を発し、鑑定が中立的な立場で行われやすいことに心理臨床面での構造上の特徴がある。

　その際、情状鑑定を行うことのできる専門性についても法曹三者での理解に合意が必要である。刑事裁判における情状鑑定の専門性は、鑑定結果を報告する際の証拠能力とも関係する。裁判所が情状鑑定に何を求めるかによって必要とされる専門性も異なるが、一般的には、被告人が起訴事実に関連すると思われる様々な信頼できる資料を収集できる専門技術と、その資料に対して人間行動科学の知見を適切に活用できる専門知識とを有していることであると考えられる。情状鑑定において明らかにされるべき事

柄は鑑定項目として裁判所から示される。

その中核となる部分が犯行動機といえるが、犯行動機は被告人の人格や行動傾向はもちろんのこと、これまで暮らしてきた生活歴や周囲の人間関係といった複合要素から成り立っており、犯情によってのみ犯罪行為を説明するのは限界があるだけでなく、時として誤った理解や結論を導く恐れがある、と筆者は考える。本鑑定では、たとえ犯行動機を解明するにしても、それにまつわる総合的な調査が期待され、それに呼応する鑑定事項が提示されることが多い。以下に、ひとつの事例を通して鑑定活動の実際を紹介しながら、本鑑定における心理臨床の特徴を説明する。なお、提示する事例は複数の事例を組み合わせるなど加工・修正をしているが、本鑑定としての本質を損なわないよう配慮している。

2　起訴事実の概要

被告人（35歳、男性）は、仕事を終え買い物をしようとしてたまたまコンビニに入ったとき、包装用のテーブルに置いてあった財布を見つけ、とっさにその財布を盗み店外に出たが、そのすぐ後に財布の持ち主が財布を盗まれたことに気づき、被告人がその財布を盗んだことを知るや、店外にいた被告人を見つけ追いかけた。被告人は被害者に犯行が気づかれたことを知って繁華街まで逃走するものの、近くにいた通行人が被告人を取り押さえ、被害者も加勢して被告人を捕まえた。その後今度は、被告人が反撃し、追いかけてきた被害者に足蹴りや手拳での暴力を振るい、骨折を含め全治2か月の重傷を負わせたという強盗致傷事件である。

3　鑑定命令に至るまでの経緯

この事件は裁判員裁判となった。そのため、公判前整理手続として裁判官、弁護人、検察官の三者が事件をどのように進行すべきかをすでに協議していた。起訴事実には書かれていないが、被告人には知的障がいがあり、高校卒業まで特別支援学校に通っていた。弁護人は、被告人の判断能力が

乏しいことから、被告人の立ち直りを考えて、福祉機関による指導や援助の可能性を探ってほしいと主張した。検察官は、こっそり財布を盗み足早に小道を駆け抜けるなど俊敏で知恵が働く人物であり、知的障がいは犯行に影響していないと主張した。しかも、被害者は大きなけがを負っており、情状の余地はないと主張した。裁判所は、やはり被告人の知的障がいの程度を知る必要があり、前科もなく、弁護人が中心となって被害者に謝罪等の適切な措置を取っており、これまで福祉的な支援がどれだけ機能しているかを知りたいこと等の理由から、弁護人の申請を受け入れることにした。検察官も被告人の知的能力は量刑に影響があると理解し、情状鑑定の実施に同意した。裁判所は、非行少年の社会調査や成人事件の情状鑑定の経験がある筆者らに鑑定を依頼した。

4　宣誓と鑑定事項

　鑑定人となるには、法廷やそれに代わる場で、裁判官、弁護人、検察官立会いのもとに、「誠実な鑑定を行い、虚偽の証言を行わない」とする宣誓をしなければならない。鑑定人になると、弁護人と検察官が合意し裁判所が認定した捜査記録や法廷での記録を閲覧するなどできる。鑑定活動の実際については鑑定人に任されるが、弁護人も検察官も鑑定活動がスムーズにいくよう協力的なことが多い。特に、被告人が拘置所に収監されている場合は、検察官の協力が不可欠である。鑑定期間中は弁護人や検察官が鑑定の内容や方法について意見を挟むことはない。このように、あらかじめ必要な情報が得られ、中立的な立場で円滑な鑑定活動が遂行できるのは、本鑑定の機能上の特徴といえる。

　金銭的な被害が回復し、逃走の恐れがないことから、被告人はすでに保釈されていた。そのため、被告人との面接は、被告人が再就職のために通っていた職業訓練所で行うことになった。被告人は本件によって職場を解雇されていたのだった。面接の実施方法や意図、面接の場所については、法廷に出頭した被告人のほか傍聴に来ていた母親に簡単に説明し、打ち合わせ等をした。弁護人も被告人や母親にその旨を重ねて説明した。

本事例の鑑定事項は、裁判官との協議によって、①被告人の資質、性格、②犯行に至る心理過程、③その他処遇上参考となる事項、となった。鑑定事項は裁判官が量刑を決めるうえで何を知りたいのかを反映するものであるが、鑑定人も鑑定事項を了解するにあたって裁判官の要求する内容を十分に理解しなければならない。と同時に、鑑定事項が鑑定人の専門の範囲や鑑定しうる能力と齟齬が生じないようにしなければならない。

　依田（2012）は、裁判所等からの鑑定依頼の相談窓口ともなっている家庭問題情報センターにおいて、これまでに鑑定を受けた170件のケースを整理した。その結果、鑑定事項の特徴は、被告人の資質、犯行時の被告人の動機などの推察・内的状況、処遇関係の3つの柱からなっていると指摘し、殺人事件では家庭などの環境状況についても裁判官の関心は強いとの印象をそれに付け加えている。この鑑定事項を犯行に関わる直接性という観点から分けてみると、犯行動機、再犯予測、処遇上の留意点といった犯罪に密着した事項と、性格や能力、生い立ち、暮らしぶり、家族との関係といった被告人の人となりや生活状況といった周辺事項の2つの領域に、便宜上、分けることができる。しかし、この2つの領域は非常に密接にかかわっていることがほとんどである。

　なお、この段階で、調査終了後の報告や証人尋問の方法に対しても打ち合わせるのが通例である。本事例の場合、公判前に鑑定結果の概要を書面をもとに弁護士と検察官に示し、法廷での証人尋問においてはさらに、スライド等の視聴覚機材を使って裁判員にも分かりやすいプレゼンテーションを行うことが求められた。

5　鑑定活動の経過に関して

　鑑定期間は約3か月であった。その間、被告人との面接を10回程度行い、面接の合間には心理テストもいくつか行った。また、家族との面接は5回におよび、そのうち1回は被告人を交えての家族合同面接となった。さらに、参考人として、福祉関係者や特別支援学校時代の担任教師とも面接した。

(1) 被告人との面接

　被告人は、30歳半ばにしては幼い顔立ちをしていた。最初は、鑑定人に対して余計なことはしゃべるまいとする警戒心が強かった。面接が終わると逃げるようにして帰宅したが、次に会う約束の期日はきちんと守った。面接の場として設定した職業訓練校では、そこの職員が、被告人が裁判中の身であることや、その中で情状鑑定を行っていることに理解を示し、面接の場の提供に協力してくれた。被告人の面接日の約束履行は、このような周囲の関係人の協力に負うところが大きかった。

　情状鑑定において、被告人との面接は最も中心となる作業である。そして、被告人との面接で最も重要で基本的な課題は、被告人との信頼関係の成立である。信頼関係の成立には、カウンセリングの基礎的な技術が適切に活用できなければならない。刻々に変化する被告人の心理状態をキャッチしながらそれにチューニングを合わせて応答することで、被告人自身が自然に内面を語れるように整える。自然な語りは安定した供述となる。本事例のように、鑑定人に対して警戒心をもつ被告人は少なくないが、このようなとき、短絡的に被告人の性格や障がいに原因を求めようとすると大きな間違いを犯すことがある。警戒心の強さは刑事被告人に共通の心理であるが、それは、過去の生活の中で人から裏切られたり人を裏切ったりという経験をもち、他者を信用できなくなっている者が多いためである。過酷な取調べを受けた影響もあろう。そのような背景を理解しつつ、被告人に接近することになる。被告人との面接のなかでも、事件についての話題は、被告人から最も抵抗に遭う事柄であると同時に、被告人の最も語りたい関心事でもある。それだけに、聞き手である鑑定人が被告人の語りを正確に理解できるだけの関係を作っておかなければならない。関係づくりの違いが被告人の語りの深さと直結している。このようにして、被告人の生活や心理を丸ごと理解していくのであるが、そのような全体としての被告人を理解することが、実は、被告人が事件について正しく語ることにもつながる。

　被告人は、鑑定人との面接を重ねるうちに、少しずつではあるが、徐々

に犯行の動機に触れられるようになった。被告人は特別支援学校を卒業後も、その時に知り合ったわずかばかりの仲間と細々と付き合いを続けていた。そのなかで好意を寄せていた女性がいたことがわかった。その女性の母親が病気になり、家族の家計が苦しくなったことを、女性が被告人に相談していたのだった。被告人は何とか彼女を助けたいと悩んでいたところに、今回の事件が起こったのだった。事件の動機はその女性を助けるための咄嗟の行動だったという訳である。財布を盗むだけなら窃盗事件で済んだのであろうが、その後、追ってきた被害者に暴力を振るい大けがを負わせてしまったので、検察官は被告人の暴力性を疑った。

　本事例の場合、犯行動機だけを知るのだったらさほど難しくはなかったかもしれないが、暴力傾向を知るには行動科学の知見が必要になる。過去のエピソードを調査し、複雑な攻撃性の心理メカニズムをアセスメントし、それを公判の場で説明できなければならない。公判という極めて公的な場面において、専門家ではない裁判員に理解できるよう説明することは、裁判員裁判では必須業務であり、刑事裁判における鑑定人の専門性の一部をなしている。

　被告人に対して、いくつかの心理テストも実施した。ストレスのかかる投映法も行った。その都度、被告人は気が進まない様子を見せたが、拒否することなくすべてやり終えた。個別式の知能テストも実施した。心理テストは標準化されているものを用いることが多いため、第三者に説明する時には比較的納得されやすい。鑑定人にとっても、心理テストは、面接や社会調査による理解やアセスメントの裏づけとなる。

　テストの結果、被告人に暴力性は認められないどころか、むしろ情緒的には安定していて、性格的には温順で受動的、母親的な思いやりややさしさがあるという内容となった。これは、被告人が「やさしい。人にやさしい。気を遣う。困った人がいたら助ける。泣いていたらほめる」と口数少ないながらも、自身について語った自己評価ときれいに一致していた。また、個別式知能検査では、IQ=60という結果になり、「特に低い」レベルと判定されたが、生活の乱れはほとんどなく、逮捕時までは仕事にもきちんと通うなど、日常生活の様子からすると、IQの結果以上の生活能力が

あると認められた。心理テストの結果を被告人に一つずつ丁寧に話すと、被告人は関心をもって聞いていた。

　心理テストは情状鑑定に有力な資料を提供する。心理テストを適切に実施、解釈できることは、心理鑑定の専門性を支える重要な部分であるが、鑑定によって得られる情報の多次元性からすると、あくまでも補助道具としての位置づけに留まる。また、心理臨床の現場ではテストの結果を本人に知らせることが多いが、情状鑑定においてもできるだけ被告人本人に知らせたほうがよいと考える。それは、被告人が自身の心理テストの結果を知ることで、自身の内面理解に役立ち、面接を深めることに役立つからである。そのやりとりを通して、被告人の自然な自己開示を促し、それを面接の素材とすることで、被告人の語りがさらに深まる。被告人の心理の言語化と語りの安定性は、情状鑑定における被告人との面接の成果を検証する上で非常に重要である。法廷では、証拠はすべて言語情報によるため、言葉にならないことは証拠にならない。また、話す内容が時と場合によってころころ変わる不安定なものならば、証拠としての価値や信ぴょう性を失う。これらの理由から、被告人の安定した言語化に付き合っていくことは情状鑑定特有の臨床活動ともいえる。

(2) 家族との面接

　被告人にとって家族は最も重要な存在である。家族は、被告人の性格形成の基盤であると同時に、被告人の心理的安定性に決定的な影響力をもつ。家族はストレスの源であると同時に、ストレスを解消してくれる存在であるという二重の役割がある。被告人にとって家族はどのような存在なのか、家族にとって被告人はどのような存在なのかの相互性の理解は、被告人の性格形成の背景だけでなく、将来の予測を考えるうえで不可欠である。

　本事例の家族は、父母と兄と被告人の4人家族であった。父は、いわゆる実直勤勉なタイプで公務員として定年を迎えた後、関連する会社に勤務していた。母は事務員として働いていたが、父との結婚を機に退職し、主婦として家のきりもりを任された。兄は高校卒業後、電器店に勤めたが、職場での人間関係に馴染めず、現在は自宅にひきこもりがちとなっている。

鑑定人が家庭訪問をすると、母は庭先にいて鑑定人が来るのを待っていてくれた。自宅は小さな一軒家だったが、室内はきれいに片づけられ、掃除も行き届いていた。兄はこの日はどこかへ出かけていて留守だった。父は、法廷にも姿を現れたことがなく、福祉関係者の間でも風変わりな人物として評判だった。鑑定人が面接を始めると、父はほとんどしゃべることなく黙ってメモを取り始め、時折、厳しい目つきをこちらに向けるだけだった。それでも、ふだんの被告人の様子や幼いころの思い出を聞くと、ポツリポツリと口を開いた。几帳面な性格に思え、職場でもそのような役回りの仕事をしているのかと想像した。母は、父と鑑定人のいる部屋に入らず隣室から遠慮がちにチラチラとこちらに顔を向け、鑑定人と目が合うと愛想笑いを見せた。情緒的交流の盛んな夫婦ではないが、バランスは保たれているように見受けられた。

　家族面接では、まずは問題とされる人物（被告人のこと）についての話から聴くのが自然である。そして、家族にある風土になじみ（これを家族療法ではジョイニングという）、少しずつ家族が自発的に語れるよう話題を展開していく。家族が何に関心をもっているのか、家族の関係性はどうか、家族員同士の中で被告人はどのような存在かといったことを把握する。被告人に対する心配ごとや生活歴を聴きながら、家族員間の相互性を把握する。特に、家族の凝集性や適応性といったアセスメント（Olson, Sprenkle, & Russel, 1979）は家族の健康度を知るために重要である。家族アセスメントは、家族の過去から現在までの出来事を聴いたり、目の前の家族員間の言語的・非言語的コミュニケーションを観察しながら行っていく。

　何度目かの家族面接の時、野球の練習を終えて帰ってきた被告人が家族面接に加わった。被告人は鑑定人の前では小さくなっていることが多かったが、この日は帰るなりニコニコして父の横へ座り、話に加わった。鑑定人が軽く挨拶すると、被告人は父とその日の野球の様子について語り始め、父もそれにつれて表情が和らいだ。鑑定人が黙って2人の会話を聞いていると、被告人と父はどんどん野球談議に花が咲いた。鑑定人は、これほどまでに意気揚々とした被告人の姿を見たことがなく、本当に驚いた。それ

ばかりか、父も被告人の話にうまく合わせて、応答性のよさは見事だった。母は出る幕がなく、台所のほうへ引っ込んでいった。すると、被告人は母の料理批判をし始め、「おいしくない」などと笑って文句を言っていた。しばらくして被告人が席を外すと、父は、「本当に心配だったのは兄のほうで、むしろ被告人はしっかりしているので、大丈夫だと思っていたのに…」と本音を語りだした。

家族面接を通して、被告人が普段の家族生活の中でどれだけ安定した心情でいるかも理解された。また、頑固で難しい人物と言われていた父が、息子の前ではあれだけやさしそうな表情に変わることも観察された。これらの印象を家族に伝えると、翻って家族の鑑定人への印象も大きく変わったようで、父は、「本当は子どもたちとどういう具合に接していいかわからないんです」と率直に気持ちを語りだし、「今後、地域の福祉センターへ出向いてみます」とも語った。実際、父母はその後、地域の福祉センターへ相談に行くようになり、地域とのつながりが始まった。これらの情報は、リラックスした環境の中でこそ得られる、質が高く、また信頼性の高い情報となった。

(3) 参考人との面接

鑑定人は、被告人や家族との面接の合間に、福祉関係の専門家とも会って、被告人や家族がこれまで福祉機関とどのような接触があったのかを確認した。福祉関係の専門家は被告人の家族のことをよく知っていたが、「接触の難しい父がいて円滑な支援ができなかったものの、最近、父母と被告人がやってきて、被告人や兄とどのように接すればよいのかを相談した」と語り、被告人の家族が地域とのつながりをもち始めたことが確認できた。そして、福祉の専門家はこの家族面接をきっかけに、被告人の家族を地域でも支えていくことを約束した。

情状鑑定で家族支援をすることは想定されていないかもしれないが、家族が被告人をどう守り、家族が地域でどのような存在となるのかは、被告人の再犯の可能性の程度を大きく左右する。再犯防止に役立つ要因を保護要因（protective factor）と呼ぶが、再犯防止には被告人だけの努力では

限界で、家族や地域がどれだけ保護要因として作用するのかを的確にアセスメントしなければならない。

6 法廷での証言と判決

　鑑定結果は、予め、裁判所を通して弁護人と検察官に報告・伝達された。その後、弁護人と検察官を交えて裁判員裁判の法廷で裁判員に提示すべき資料が精査された。提示資料は時間的制約等を考慮しながら取捨選択される。予見を排するために、この時の打ち合わせには裁判所は加わらないことが多いようである。鑑定人は裁判員裁判の法廷ではできるだけわかりやすい資料を作成し、公判廷での鑑定人証言に臨む。

　裁判員裁判は、限られた日数で集中的に行われるため、いわゆる冒頭陳述から判決までの予定が詳細に組まれる。そのなかでも、鑑定人尋問は中心部分を占め、裁判員に与える印象は大きい。

　本事例では、パワーポイントによるスライド約25枚を提示し、鑑定事項に沿って結果を説明した。そのなかで、被告人に知的障がいがあることや、交友範囲の狭さゆえの仲間意識の強さであることや、その友達を助けたいという気持ちが背景にあることなどを、具体的なエピソードを交えながら指摘した。被告人の言語表現に限りがあるので、できるだけ被告人の心理や生活状況が実感としてわかるような説明を心がけた。犯行に至る心理過程や再犯予測は、専門家としての重要な意見であるため、事実の積み重ねによる説得力あるものでなければならない。また、家族が被告人を支え、自らも支援を受けながら努力することを誓っている、と報告した。

　判決は、鑑定結果を大幅に採用したもので、執行猶予つきの実刑判決となった。情状鑑定によって、おそらく裁判員は事例の理解を深めたと想像される。

7 本鑑定の特徴のまとめ

　本鑑定は、いわゆる裁判所、弁護人、および検察官の合意があって開始

されることから、公判において証拠採用される確率が高く、それだけに結果に重みがある。鑑定事項は情状の概念を具体化し裁判官の量刑判断の枠組みを示すものであると同時に、鑑定人の専門性の範囲と呼応するものでなければならない。

　本鑑定は、裁判所、弁護人、検察官の合意があるため、構造面でも機能面でも中立性が保たれやすい。鑑定作業を行ううえでの期間もある程度確保され、心理テストの活用を含めた科学的な鑑定に没頭することができるなど、鑑定の環境としては理想に近い。その最も中心的な活動は被告人との面接である。被告人との面接では疑心暗鬼となっている被告人との信頼関係の構築が最優先され、その関係を土台にどこまで安定した供述が得られるかが鑑定結果の信頼性に影響する。また、家族面接は、被告人面接に次いで重要であり、被告人の生活の背景や実像を知ることができるだけでなく、保護要因として作用する場合は再犯予測のための有力な手掛かりともなる。福祉的な措置が必要な場合は、地域といった拡大システムのアセスメントも必要になる。

《文献》

Olson, D. H., Sprenkle, D. H., & Russel, C. (1979). Circumplex model of marital and family systems: 1 Cohesion and adaptability demensions, family types and clinical applications. Family Process, 18, 3-28.

依田久子（2012）:「情状鑑定命令時の実情と課題」（青少年問題59）12〜17頁．

◎第2章　情状鑑定
3　鑑定事例 ──
3.2　私的鑑定（弁護人依頼の鑑定）の事例

須藤　明 Akira Sudo
（駒沢女子大学）

　弁護人からの依頼で行う私的鑑定は、どのような場合に行われるのであろうか。裁判所に鑑定請求をしたが認められなかったためにやむなくという場合、信頼できる鑑定人に依頼したいがためという場合、など様々であろう。いずれにしても私的鑑定となるのは、弁護人側が今後公判に臨むに当って、心理学などの人間行動科学の知見が不可欠であると強く考えているところが大きい。また、私的鑑定では、法廷で専門家証人として証言するに至らないコンサルテーション限りで終了する場合もある。筆者は、これまでコンサルテーションで終了した事例も含めて情状鑑定を15件程度担当したが、そのうち裁判所からの鑑定命令による本鑑定が3分の2、私的鑑定が3分の1であった。
　判決前調査制度を持たないわが国において、情状鑑定はその代替的な役割を果たしているが、仮に同制度が導入されたにしても、刑事裁判の対審構造を念頭に置くと、私的鑑定も十分活用できる制度や仕組みを作っておくことが不可欠だと考えている。そこに至るまでの課題は多いが、現状の枠組みの中で様々な工夫や実践が行われてもおり、弁護士の立場からは、寺田・岩本（2014）、三木（2014）、金子・松田（2014）、前田・鈴木（2014）が、対人援助専門職の立場から藤原（2014）、澤井（2014）がそれぞれ情状鑑定の実践報告をしている。
　本稿では、鑑定人の視点から、筆者がかかわった事例を素材にして、弁護人へのコンサルテーション、鑑定そして専門家証人に至るまでのプロセ

スを素描し、私的鑑定の課題や今後の方向性について検討する。

1　私的鑑定の流れ

　私的鑑定は、「コンサルテーション」、「鑑定面接」、「鑑定結果に基づく弁護人とのカンファレンス」、「公判での専門家証言」といった4段階に分けられ、以下、それぞれの段階に沿って述べる。

(1)　コンサルテーション
　弁護人がコンサルテーションを求めてくる目的は、①情状鑑定の依頼を前提にした相談、②情状鑑定に馴染む事案なのか否か等、事例の見立てに関する相談、③その他（裁判所への鑑定請求に関する参考意見等）に大別されよう。このようなニーズがあった場合、多くの弁護人は、どの専門家に相談すればよいのかという問題に直面しているのが現実であり、個人的なつながりや「裁判員裁判のための対人援助専門職ネットワーク」[1]を通じて紹介を受けることが多いようである。

　コンサルテーションでは、被告人に関する資料[2]の提供を受け、そこから読み取れる見立てを伝えるが、必要に応じて被告人への面会も行う。その場合、通常の面会枠では20〜30分程度と限られてしまうので、弁護人から被告人が収容されている拘置所へ特別面会の申し出をしてもらうことが必要である。時間枠に関しては、各施設によって対応はまちまちであるが、多くは1時間程度認められている。後述する事例Aは、鑑定までは至らなかったが、被告人に複数回会ったうえで、被告人の特性と本件犯行の関連などについて書面を作成し、それを基にして筆者の研究室で弁護人とカンファレンスを行って終了した。その他、コンサルテーションを経て裁判所に鑑定請求をした結果、本鑑定が認められたという事例もある。こ

---
1)　元家庭裁判所調査官の藤原正範氏が2009年に立ち上げた弁護人と対人援助専門職をつなぐ組織。
2)　起訴事実、供述調書等に加え、少年の刑事事件であれば社会記録の抜粋メモも含まれる。

のような実践例はまだまだ少ないが、複雑化する事件が増え、単に刑の減軽だけではなく、被告人の立ち直りや支援という観点からも、初期段階でのコンサルテーションはとても重要な意義を持っていると考える。ただし、弁護人が"人間行動科学の視点からの検討"というアンテナを持っていないとコンサルテーションに至らないのも事実である。筆者は縁あって日弁連の事例検討会に年数回参加させていただいているが、このような学際的な検討の場が増えていくことが望ましいと感じている。

(2) 鑑定面接

　弁護人から鑑定を引き受けるに当たっては、いくつかの留意点がある。ひとつは、争点事実の確認である。情状鑑定の前提となる事実の中で争いがあるのか曖昧にしたまま鑑定を進めていくと、後々に鑑定の信頼性という点で問題が生じる。例えば、検察官からは「Aという事実を前提に鑑定結果を導きだされているが、Aの事実が否定された場合に鑑定結果に影響を及ぼすか？」という類の質問はよく出てくる。また、鑑定を開始するに当たっては、予め弁護人の弁護方針や鑑定の意図を聞いているが、鑑定結果は鑑定する専門家の専門性に基づくものであり、弁護人側の方針等に合わせていくものではないということである。当たり前のことではあるが、鑑定事項の明確化とともに重要と考えており、私的鑑定が結果的に弁護人の弁護活動を支援することになるにしても、鑑定結果の信頼性、妥当性、説得力という点では、本質的に本鑑定と変わりはないはずという基本認識を持っている。この点は、米国の Mitigation Specialist が弁護士事務所のスタッフとして被告人の減軽や支援を最優先に考えるという立場を明確にしているのとは、大きな違いである（須藤ほか, 2015）。

　私的鑑定の面接は、本鑑定と異なりアクリル板で仕切られた一般の面会室で行う。これは、1時間程度という時間の制限を受ける以上に鑑定を進めていくうえでの障害となってくる。というのは、実施できる心理テストが限られるからである。心理テストは、面接の補助ツールとして有効であり、その施行方法も含めて信頼性・妥当性が保障されなければならない。そのため、知能検査や心理テストの多くがアクリル板越しでは実施できず、

自記入式の質問紙や描画テストなど、差し入れして実施できるものに限られてくる[3]。また、拘置所で差し入れできるものは限定されているので、描画テスト用に画用紙を差し入れしようとしてもうまくいかない。そのため、面接時に心理テスト実施の同意を被告人から得たうえで、弁護人を通じて差し入れし、後日、宅下げして、それをもとにして面接するという方法が一般的である。

なお、鑑定では被告人本人だけではなく家族と面接する場合もある。被告人が少年もしくは若年成人の場合、被告人の生育歴、家族歴を聴取するとともに、今後の立ち直り支援の社会的資源という観点から面接することが多い。筆者の場合、面接場所は弁護人の事務所、筆者の研究室などであった。

(3) 鑑定結果に基づく弁護人とのカンファレンス

鑑定結果は、鑑定書にして弁護人を通じ裁判所、検察官に提出されることになる。鑑定書の作成に当たっては、一度完成した段階で弁護人とカンファレンスを行うようにしている。その理由としては、分かりやすい記述という観点からの検討と、弁護人に対する鑑定書の補足的説明のためである。また、現状の刑事裁判では、「犯情」と「一般情状」が量刑判断におけるとキーワードとなっており、そのような法的な枠組みを鑑定人も十分理解しておく必要がある。特に、犯行に至る心理過程、動機、犯行態様などの犯情に関して、被告人の生育歴やパーソナリティ特性その他の背景事情との関連性について公判で証言するためにも、人間行動科学、法律の両面から検討をしておくことが有益と考えている。

一方、この段階でのカンファレンスは、弁護人にとっても重要な意味があると思われる。鑑定結果の適切な理解、それに基づく弁論の組み立ての観点から、ここでのカンファレンスを十分に行い、互いに共通理解を図っておくことが公判を迎えるうえでの準備にもなる。

---

[3] 無理して実施した例も耳にするが、それが正しいデータになり得るのかという問題があり、慎重に考えていきたいところである。

⑷　公判での専門家証言

　筆者が専門家証人として出廷する場合、裁判員裁判では 30 〜 40 分程度の時間を使って鑑定結果の説明をし、その後、弁護人、検察官、裁判所という順番で尋問を受けることが多く、この点は本鑑定とほぼ同じであった[4]。このような形式となるのは当然になるのではなく、公判前整理手続の段階で弁護人が裁判所および検察官と折衝した結果でもある。したがって、どのような証言方法が望ましいのか、鑑定人の立場から弁護人に伝えておいた方がよいということになるだろう。

　情状鑑定という点では、本鑑定も私的鑑定もその結果は本質的に変わらないが、弁護側の証人であることや弁護側の弁論が鑑定結果を踏まえた論理構成になっていることが多くなるため、結果として、鑑定人は弁護人の弁論を補強することになる。このため鑑定内容が恣意的ではなく、中立的かつ専門性に基づいたものであっても、対審構造においては、「被告人に有利な証言をするために法廷に立っている専門家」とみなされやすい。実際に検察官の質問からそのように感じることもあったが、鑑定結果を分かりやすく伝え、尋問には冷静な応答に徹することが肝要である。鑑定人は尋問に対してどのような姿勢で臨むのか、その詳細は別の機会に論じたいが、肝心なのは、問われたことに対して答えることに徹っすることであり、相手を納得させようと、様々な理屈を重ねないことである。以前傍聴した事件の中で、検察官が鑑定人の意見の妥当性に関する質問をした際に、やや興奮した鑑定人が「検察官は被告人が幼少時に受けた○○を認めないということなのか。」と応じ、検察官を納得させようと発言を重ねてしまい、裁判官に制止された例があった。その姿は、傍聴席から見ると、鑑定人が過度に被告人に肩入れしているように見えてしまい、結果として鑑定の信頼性を低下させてしまうのではないかと思われた。

　以上、私的鑑定の流れを説明したが、次に具体的な事例をあげて、その実際を紹介する。なお、事例の記述に当たっては、被告人や家族のプライバシーに配慮し、また、事例の本質を損なわない程度に一部変えているこ

---

[4]　裁判員裁判では、直接主義・口頭主義のために私的鑑定でもこのようなプレゼン方式がとられることが多いが、最初から尋問方式で行う場合もあり得る。

とをお断りしておきたい。

2　事例

(1)　事例A　コンサルテーションとしてかかわった事例（殺人）
1）［事例の概要等］

　19歳、男子。同居していた職場の同僚男性を刺殺したもの。信頼していたと思っていた被害者から避けられた、裏切られたという気持ちから、それを本人に確認している途中に激高し、かっとなって部屋にあった包丁で一突きにして殺害するに至った。少年法20条2項該当事件であり、家庭裁判所の審判を経て検察官送致となり、刑事裁判手続に付された。

2）［コンサルテーション］

　弁護人は、少年調査票や鑑別結果から、被告人が知的にやや低く、感情のコントロールが悪いことは分かっているが、何故にそこまで激高したのか、今ひとつ理解できないこと、被告人が事件そのものを十分受け止めきれていない点があり、今のままでは、公判の方針も立てにくい状況にあることから、筆者に対して、コンサルテーションを求めてきた。専門家証人として公判で証言してもらうまでは考えていないが、数回面会して専門家としての所見を聞きたいとのことであった。

　弁護人からは、少年調査票および鑑別結果通知書の抜粋メモの提供を受けたうえで、当該少年に拘置所で4回面接した。そのうえで、弁護士とのカンファレンス用の資料として、生育史上の特徴、家庭状況、パーソナリティ・行動傾向・資質、本件非行という項目を立てた書面を作成した。具体的には、以下のとおりである。

①生育歴や家庭環境に起因する見捨てられ感情があり、近しい人への依存を高める一方で、思うようにいかないと裏切られたとか見捨てられたという強い被害感が生じる。この点は本件非行にも関連している可能性がある。

②この傾向は弁護人との間でもすでに生じており、面会に来る回数が少ないなど様々な不平不満が出てきている。公判まで被告人との対応には十分留意する必要がある。

なお、弁護人とのカンファレンスの中で、公判における専門家証人の要請もあったが、当時の筆者は他の鑑定事例を抱えているなど時間的余裕がなかったこともあって、コンサルテーションのみでの終了となった。

3）［公判の結果］
　公判では、検察官が10年以上15年以下の懲役、弁護人が6年以上12年以下の懲役が相当として主張し、判決は7年以上12年以下の懲役刑となった。弁護人としては、弁護側の主張を十分取り入れられた判決と思われたという。

4）［コンサルテーションをふりかえって］
　判決後、今回のコンサルテーションについて、弁護人に感想等のコメントを求めたところ、以下の点が挙げられた。

○事件の見立てをする際のヒントを提供してもらうこと、その際に資料となる社会記録をかみ砕いて説明してもらうという利点があった。
○被告人とのコミュニケーションが難しい場合に、その難しい要因を見つけてもらい、違うアプローチで被告人との関係を作る契機したいというニーズもあった。
○本事例は、被告人の語る「裏切られた」から「包丁で被害者を一突きしほぼ即死状態」の間の飛躍を彼の生育史やパーソナリティからどう埋めることができるか、という点が弁護側の求めていたものだった。鑑定人に面接をしていただき、そのまとめを元に、弁論を組み立てることができた。
○鑑定や証言をいただかなくとも、主張の軸を心理臨床家の見立てに据え、その裏付けとなったエピソードを被告人や親族、友人から法廷で

何を引き出すかという立証を試みることによって、弁護人の主張を裁判員に受け入れられるレベルにまで高めることができたのではないかと感じている。

以上、本事例は、必ずしも専門家証人として法廷に立たなくても、十分貢献できる余地があることを示しているといえよう。

(2) 事例B　専門家証人として鑑定した事例（傷害・殺人）
1）［事例の概要等］
　犯行時18歳の少年が友人2人とともに中学2年生の男子を生意気だ、その他の理由からリンチと称する暴力を加え、死亡させるに至った事案である。少年法20条2項該当事件であったため、家庭裁判所の審判を経て刑事裁判手続に付された。

2）［コンサルテーションから鑑定へ］
　弁護人からは、少年がなぜ犯行をここまで犯行をエスカレートさせていったのかつかみ切れていないこと、生育史や家庭環境の影響があるのではと思うが、今ひとつ明確でない、少年にどのように公判に臨ませるのか、苦慮している、などの理由からコンサルテーションを求めてきた。弁護人は本鑑定も検討されたが、鑑定請求をして本鑑定となった場合、筆者以外の鑑定人が選任されるリスクを考え、弁護人依頼の私的鑑定となった。

　当該少年には9回面接したほか、家族面接（父母、同胞）も行った。面接のほかに心理テストを数種類実施した。鑑定結果の骨子は以下のとおりである。
　①パーソナリティ
　　父母からの厳しい体罰などの対応は、父母の意図とは異なって、何を言っても聞いてもらえないという被害感を強めている。これは、無力感やあきらめも伴っており、その結果、表面的には応じていても、心を許して本心を見せない対人態度が形成されていった。身近な親との絆（アタッチメント attachment）の形成基盤がぜい弱であるため、

安心感や安全感の獲得がなされていないことがうかがわれる。それゆえに、自己の弱小感や無力感を否認することによって自分を保とうとする自己愛的な世界があり、心理的な孤立感を抱きやすい。

また、物事を掘り下げて考えることや自分の気持ちや考えを適切に表現することは苦手であり、ストレスの発散や対処もその場しのぎ、若しくは刹那的な享楽に走ってしまう傾向がある。

②本件犯行との関連

被害者への逆恨み、制裁意識があった一方で、被害者の知り合いから執拗に狙われていたという追い詰められた心理と葛藤があった。さらには、生育歴に根差した暴力容認の価値観、コーピングスキルの脆弱さも相まって本件に至った。

③被告人の課題と更生に関する意見

本件は重大な結果を招いているが、自己の罪と向き合っていくためには、被告人の中に根差している被害意識者も十分取り扱っていく必要がある。さらには、社会性の発達を促進させるための教育的働き掛けも不可欠である。

3）［専門家証言］

公判では、鑑定結果の説明に40分の時間を与えられたので、犯行がエスカレートしたメカニズムを被告人のパーソナリティやトラウマ体験と関連させて説明することを中心に行った。この証言では、量刑の枠組みである「犯情」と「一般情状」についてより意識して説明を行った。

その後、弁護人、検察官、裁判所という順番で尋問を受けたが、裁判員からも積極的に質問を受けたのが印象的であった。

4）［公判の結果］

判決は、懲役9年〜13年であった（求刑は10年〜15年）。

判決文では、「…その原因としては、被告人の父母による生育環境が相当に大きな影響を与えているといえる。この点は犯行当時18歳5か月の少年であった被告人にとって、責任非難を減少させる事情である。」とし

たほか、殺意の形成に生育環境に由来した未熟さが影響しているとした。一般情状にとどまらず、犯情の評価にも鑑定結果が反映されたと思われた。

5）［鑑定をふりかえって］
担当の弁護人からは、以下のようなコメントをもらった。

○鑑定人とのカンファレンスや連絡を頻繁に行うことができたため、どのように鑑定内容を弁護方針に取り込めるかという視点で考えられた。
○尋問内容の事前打ち合わせも、本鑑定に比してきめ細かくできることが可能であり、弁護側の主尋問がしっかり組み立てられた。
○仮に本鑑定の鑑定請求をする場合でも、鑑定の必要性を裁判所に伝える必要性があり、前段階でも専門家に見立ててもらうことは重要と思う。
○課題としては、鑑定人の信用性である。本件ではその点で問題はなかったが、鑑定人の信用性がないと私的鑑定の場合にはなかなか鑑定内容を採用されにくい傾向がある。

以上を総括すると、弁護人とのカンファレンス行う中で、一般情状のみならず犯情面に関して十分な検討ができたため、弁護側の主張形成に寄与したとともに、筆者の鑑定結果も法的な思考に沿う中で人間行動科学の視点を提供できたと考えている。
なお、判決後の記者会見で裁判員の一人が「事件に対する印象が変わりました。残虐さだけではなく、被告人側の事情や少年法のことがあり、事件を全体的に見る必要があった。」と述べたとの新聞報道があった。筆者の鑑定が裁判員に対して一定の役割を果すことができたと思われた。

(3) **考察**
以上、コンサルテーションを含む2事例を紹介した。情状鑑定は、裁判所の量刑判断に際して専門的知見を提供するものであるが、私的鑑定は本

鑑定とは異なって、弁護人の弁護方針の枠組みの中で、専門的知見の提供という大きな柱は維持していくことになる。その一方、鑑定結果をより適切に弁護方針に役立ててもらうという点で、弁護人と協働・連携していく動きもでてくる。そんな微妙な立ち位置を事例から感じ取っていただければ幸いである。

さいごに、私的鑑定の効用、課題、今後の方向性について、日ごろ考えているところを列挙して本稿を閉じたい。

○私的鑑定の場合、弁護人が鑑定結果をどのように活用するのか、より柔軟である。鑑定に至らなくても、弁護人が弁護方針を立てることに寄与するといったコンサルテーション機能を果たすことができ、比較的早い段階での連携が重要になってくる。刑の減軽だけではなく、被告人の更生に向けた動機付けや自己理解といった副次的な効果も生じてくる（須藤, 2012；須藤, 2016；須藤, 2017）。

○私的鑑定であっても、証言する内容が専門的な妥当性のあるものであれば説得力をもち、量刑判断の資料として採用され得る。ただし、現在の量刑判断がどのような枠組みで行われているのかという法的な知識も持ち合わせている必要があり、法律的思考と人間行動科学の思考との橋渡しを意識しておかねばならない。

○公判で証言する場合に、証人尋問の基本的原則を知っておくことが必要である。私的鑑定の場合、時に検察官から厳しい質問を受けることがあるが、質問されたことに対して簡潔明瞭に応答するよう心掛けておきたい。

○弁護人が情状鑑定もしくはコンサルテーションを依頼するためのシステムづくりが必要である。そのためには、刑事司法を理解している心理臨床家の育成や鑑定費用の負担など解決すべき課題は多い。また、私的鑑定におけるアクリル板越しの面接、面接時間の制約といった点も改善が望まれる。

○米国では、公設弁護人事務所に所属する Mitigation Specialist が減軽のための社会調査を行い、また、必要に応じて心理学者ほかの専門

スタッフを加えたチーム作りを行っている。わが国においても、このようなシステムまでは難しいにしても、弁護人が必要に応じて多職種チームを形成して、弁護活動や支援ができる仕組みができるとよいのではないかと思われる。
〇一方、情状鑑定の担い手となる人間行動科学の専門家（臨床心理士、ソーシャルワーカーなど）が少ないという課題がある。情状鑑定の組織的な受け皿となっているのは、前述した「裁判員裁判のための対人援助専門職ネットワーク」と公益社団法人「家庭問題情報センター（FPIC）」などごくわずかである。ただし、FPIC は、もっぱら本鑑定を引き受けており、私的鑑定となると鑑定人の供給源が極端に少なくなってしまう。鑑定人の育成なども含めて、今後、学会レベルで取り組む必要がある。

謝辞
　本稿で取り上げた鑑定事例の考察にあたっては、弁護士の松田和哲先生、伊藤諭先生および石野百合子先生から貴重なご意見をいただいた。この場を借りて御礼申し上げます。

《文献》

藤原正範（2014）:「対人援助専門職による法廷証言」武内謙治編著『少年事件の裁判員裁判』所収（現代人文社）378 〜 400 頁。
藤原正範（2016）:「『裁判員裁判のための対人援助専門職ネットワーク』の活動と意義」橋本和明編著『犯罪心理鑑定の技術』（金剛出版）229 〜 247 頁。
金子重紀・松田和哲（2014）:「ケーススタディ⑧」武内謙治編著『少年事件の裁判員裁判』所収（現代人文社）156 〜 180 頁。
前田義博・鈴木弘子（2014）:「ケーススタディ⑨」武内謙治編著『少年事件の裁判員裁判』所収（現代人文社）181 〜 203 頁。
三木憲明（2014）:「ケーススタディ⑦富田林事件」武内謙治編著『少年事件

の裁判員裁判』所収（現代人文社）141 〜 155 頁。
澤井俊穂（2014）:「専門家証人からみた裁判員裁判の課題」武内謙治編著『少年事件の裁判員裁判』所収（現代人文社）401 〜 418 頁。
須藤　明（2012）:「犯罪・非行領域における臨床的面接の本質」（駒沢女子大学研究紀要第 19 号）207 〜 214 頁。
須藤　明（2016）:「心理鑑定における臨床面接の意義」橋本和明編著『犯罪心理鑑定の技術』所収（金剛出版）145 〜 161 頁。
須藤　明（2017）:「情状鑑定を通してみた弁護人と心理臨床家の協働・連携」（駒沢女子大学研究紀要第 23 号）143 〜 152 頁。
須藤　明・岡本吉生・村尾泰弘・丸山康弘（2015）:「米国シアトル市の刑事司法事情」（司法福祉学研究 15 号）84 〜 103 頁。
寺田有美子・岩本　朗（2014）:「ケーススタディ⑥大阪事件」武内謙治編著『少年事件の裁判員裁判』所収（現代人文社）125 〜 140 頁。

◎第2章　情状鑑定

3　鑑定事例──
3.3 情状鑑定における調整的関与と司法福祉の可能性

村尾泰弘 Yasuhiro Murao

（立正大学）

1　はじめに

　本稿では、情状鑑定（私的鑑定）注のプロセスの中で、親子の関係調整を試みた事例を紹介し、その意義を検討する。

　情状鑑定のプロセスの中で被告人の反省が深まることや社会への見方が肯定的に変化することは、実務上しばしば認められるところである。この変容について、例えば、須藤（2016）は次のように指摘している。

　「犯罪・非行臨床の面接は、『鑑定をする』『鑑定を受ける』という非対称の関係性を出発点としながら、より意味ある体験を通して両者の関係性が変容していく過程である。意味ある体験とは、鑑定面接を通じて改めて自分の人生をふりかえりつつ、新しい人生の物語を紡いでいく過程である。人生の一端を理解してもらえたという自己の体験の基盤があってこそ、被害者に与えた影響の大きさに気づき、後悔などの思いがはじまるといってよいだろう。」（須藤、2016）

　ここで紹介する事例は、性犯罪のケースであり、担当弁護人から情状鑑定（情状証人・専門家証人）の依頼を受けて活動に着手したものである。依頼当初の目的は、被告人の人格理解や本件・性犯罪の動機の理解を深めることであり、同時に被告人の今後の更生には何が必要であるかを検討することであった。第1回目の面接を行う中で、被告人が被害者の心情理解

を今ひとつ深めることができないのは、その根底に母子関係の問題が災いしているからだと理解され、担当弁護人（以下弁護士という）の了解を得て、母子関係を理解する面接プロセスの中で、母子関係の調整を試みることにした。むろん母子関係の理解を深めることがあくまでも第一義的な目的である。そこに母子関係の調整的な要素を加味したということである。ただし、本稿では、紙幅の関係で、関係調整的な面を大幅にクローズアップして記載することにした。この活動は弁護士との緊密な連携のもとに行われたので、その過程を記述し、筆者の臨床心理学的・司法福祉的立場からの本ケースの意義と法的な意義を検討した。

なお、本事例はプライバシー保護のために、氏名は仮名・イニシャルとし、本事例を特定できるような情報は省略し、しかも事例理解に影響が少ない部分は内容を変更するなど配慮を重ねたことをご理解いただきたい。

2 事例（強姦および強制わいせつ）

(1) Aケース（裁判員裁判事件）

被告人A（男性）：本件時、19歳。職業、アルバイト。

本件内容：強姦2件（犯行日、X年4月11日および18日、以下、X.4.11およびX.4.18という省略した表記をする）、強制わいせつ1件（犯行日 X.4.27）。
X.7.19　家庭裁判所審判結果：検察官送致決定。
（少年鑑別所の意見は少年院送致。家裁調査官の意見は検察官送致、その理由の要旨は、矯正教育を受け得る余地は残っているが年齢が成人に切迫しているためであった。審判時、Aの年齢は19歳9カ月）。

(2) 依頼の経緯

担当弁護士から直接、情状鑑定（情状証人・専門家証人）の依頼を受けた。まずは、担当弁護士から簡単な事案内容を聞き、とりあえず、拘置所で少年に会ってみることにした。面接した上で、情状鑑定の方針を検討し、情状鑑定を引き受けるかどうかを決めることにした。

(3) 情状鑑定の過程

① 面接前のカンファレンス——弁護士との事前の情報交換から理解されたこと

Aの家族構成

　実母（スナック自営）3回の離婚歴あり。異父弟（17歳、高2）。A以外の家族は東北地方在住である。

　Aは母親との関係が悪いとのこと。また、被害者に対する反省に深まりが欠ける。これらは少年鑑別所や家庭裁判所調査官の見立てである。また、動機が理解しにくい。例えば鑑別結果通知書には、動機に関して「誰かとつながりたかった」「高校2年生頃から女性と交際をすることで、自分の存在を確認してきた」といった記述がある。奇妙な動機であり、解明する必要性を感じた。

② 第1回被告人面接　X.10.07（拘置所において、B弁護士、C弁護士同席）

＜被告人の陳述要旨＞

1) 母親への不満

　　母の言動に対して、自分（被告人）はその場その場で我慢してきた。自分が一方的に我慢して喧嘩をおさめてきた。母は気分次第で態度が変わる。高2の12月に高校を中退した。学校生活については、ちゃらんぽらんにやっていた。進級が危ないと言われた。自分は高校を続けたかったが、母は、聞く耳を持たず、強引に退学させられた。修学旅行の前に、母から最近の態度を責められ、学校をやめてくれと言われた。家庭は経済的に貧しかった。母と喧嘩をし、その日のうちに母親は電話で先生に「学校をやめる」と話した。自分は高校をやめる前の2カ月間、不登校だった。しかし、その間は、家族らしく、家で生活していた。家事を手伝っていたし、家族と仲良く生活していた。学校に行かないことで、家が楽しくなった。家族みんなで笑って暮らせるかと思った。しかし、母にはわかってもらえなかった。母は、いつも「自分ががんばっているのは、子ども達のためなんだよ」と言う。仕事よりも、もう少し暮

らしやすい家庭を作ってほしい。

例えば、母は「みんなで旅行に行こう」と言う。しかし、旅行は、母、母の彼氏（恋人）、自分、弟、店の客と一緒だ。こういう旅行は楽しくない。家の中で家族と楽しく過ごしていたかった。

大震災の時のことだ。電気が止まった。その時が一番楽しかった。母、自分、弟でキャンプをしているみたいだった。トランプをやっていた。幼稚園以来のことだ。お母さんが家にいるのは久しぶりだった。

学校をやめてから母と喧嘩するようになった。それまでは、自分がいつも我慢して母と紛争になるのを収めてきたが、この時くらいから変化してきた（被告人は母への不満を述べる時、悔し涙を見せながら話をしていた）。

2) 被害者について

強姦の被害者は、夜間外に出られない、男性が怖いなど、心に傷をつくってしまう。そのことを（弁護人が差し入れしてくれた）本を読んでわかった。しかし、自分が以前つきあった女性のなかに強姦の被害にあった女性が2名いた。2人は普通に生活し、普通にセックスをしていた。そのことが頭にあるので時が経てばそのような被害体験は忘れるものだと考えていた。

しかし、自分は、被害者の家族を壊してしまった。これは大変なことだ（このように述べて、被告人は涙を流した）。

③ **面接後の弁護士とのカンファレンス**

面接後、二人の弁護人とカンファレンスを行った。

筆者は、被告人は母親に対して大きな不満を持っていることを話題に取り上げた。それが、被害女性の心情理解を妨げる要因の一つになっているのではないかと意見を述べた。母子関係を深く理解することが動機の理解につながるのではないか。また、被告人と母親との関係修復が、被告人の今後の更生の鍵となるのではないかと主張した。つまり、この事件は（性犯罪ということで）母親を非常に苦しめている。しかし、母子の関係が悪いので、その苦しみが伝わらない。母親と被告人の関係が修復されれば、

被告人は母親の苦しみを通して被害者の心情を深く理解できるのではないかと考えたのである。

　筆者は弁護士に情状鑑定の中で、母子関係を理解するプロセスを重視しつつ、可能であれば母子関係を改善する努力もしたい旨を述べた。そして、弁護人からその旨の了解を得、改めて今回の情状鑑定を引き受けることにした。

④　弁護人から送られてきた母からのメールの内容

　カンファレンスの後、B弁護士からメールが送られてきた。B弁護士は、筆者が被告人と母親の関係を修復することが重要であると考えていることを母親に伝えてくれていた。母親は筆者の意見を素直に受け入れ、（東北在住なので交通費がかかるが）裁判までできる限り面会を続ける決意を固めたという。

⑤　第1回母親面接　X.10.24（B弁護士の事務所において、B弁護士と同席面接）

＜母親の陳述要旨＞

1)　面会の様子について

　被告人とはにこやかに接見できている。しかし、ほとんどが世間話に終始している。

2)　被告人の生育状況

　被告人は、小学校の頃は内気な子だった。中学では野球部で活動していた。しかし、リーダーになるような子ではなかった。

　中学卒業後、入学した高校は甲子園を目指して野球に力を入れている高校だった。入学当初は野球の夢を語っていたが、高1の5月に野球部を辞めた。その後、ガールフレンドとのつき合いが増えた。高2はいわゆるさぼりの生活。弁当を持って家を出、ゲームセンターで遊んでいた（その当時はわからなかったが、後にそのことが判明した）。

　高2の12月頃に高校を中退した。翌年の3月、大震災があった。たしかに被告人は「母、弟と、キャンプしているみたいだ」と言っていた。

しかし、なぜ、俺はがんばるという発言にならないのか。そのことでも喧嘩になった。

　自分（母親）はバツ３（３回離婚）。いつも今度こそ、この人を最後にしようと思う。そのため親・きょうだい・家族には交際を内緒にしないでおこうという態度で家族に臨んでいた。ところが３番目の男性（Dさん）は暴力的だった。被告人はその頃の影響が災いしていると思う。
＜面接後、筆者から母親へ次のようなアドバイスを与えた＞
　今までに親から見えなかった子ども（被告人）の姿を一緒に理解していこう。そして、子どもが理解している母親の姿を一緒に理解していこう。子どもの変化を見守っていこう。今必要なのは、お母さんの力添えだ。こういう事件（性犯罪）はお母さんにとっては本当に辛いだろう。この辛さを被告人に言うべきだが、その時期は今ではない。双方の理解が深まった時に言うことにしよう。そうすれば、きっと被告人の内省が深まるに違いない。その辛さを述べる時期は慎重に考えていこう。今は、母親の意見を被告人に伝えるよりも、被告人が今まで母親に言えなかった辛い思いを母親として受けとめてほしい。

　B弁護人には、被告人に対し、母親に対する不満や辛かった思いを公判までに母親に語り、母親についての心情を全部はき出した状態で公判に臨もうと伝えてもらうことにした。

　次回は拘置所で母親と被告人の面会に筆者と弁護士が入ることにした。母親と被告人のやり取りを観察しつつ、被告人が母親への不満をできるかぎり述べてもらうことを計画した。母親にもその計画を話し、筆者がうまくやり取りを助けるので、母子が腹蔵なく感情の交流ができるようにしようとアドバイスした。

　筆者としては、この面接までに、被告人が母親に自分の不満を語り、母親はそれを受け止めるようにし、このようなお膳立てをしておいたうえで、この母子の対決を計画したのである。筆者としては、拘置所の接見室を家族療法のセッションの場にしてしまおうという大胆な計画を立てたのであった。

⑥　第2回被告人面接　X.12.5（拘置所において、B弁護士、母親と一緒に面接──母親とのジョイント面接）

　このジョイント面接の前に、弁護士事務所で母親と会って話をした。母親は、「自分は辛抱強く、被告人から自分（母親）への不満が出るのを待っているが、被告人からはそういう話は一切出ない」と言う。その点で、筆者はやや落胆した。筆者との第1回面接では、あれほど母親への不満を述べていたにもかかわらず、それが語られていないというのである。筆者は、今日のジョイント面接では、被告人が母親に不満を打ち明ける場面を作りたいと母親、弁護士に提案した。

　このジョイント面接では、筆者はまず、母親と被告人のやりとりを観察した。しかし、その内容は「差し入れのかりんとうを食べたが、口内炎のために、おいしくなかった（被告人）」等、日常のたわいもない話に終始した。しかし、次のような奇妙な発言があった。

　それは、母親から「お母さんが、スヌーピーの絵を欲しがっていた。スヌーピーってA（被告人）の赤ちゃんの時の顔にそっくりだよって言っていたよ」という話が出たことである。

　一方、（筆者や弁護士から母親への不満を吐き出すように被告人に求めていたにもかかわらず）被告人からは母親への不満は一切語られなかった。筆者が、被告人に、「君はお母さんに不満があるのではないか。せっかくだから今日は、それを打ち明けてみてはどうだろうか」と二、三度水を向けてみたが、照れくさそうな顔をするだけで、「それはもういい」と述べるだけだった。

　このジョイント面接終了後、筆者は母親に、「本人から不満の話は出ませんでしたね。それが出るまで、お母さんはあまり本人を叱るようなことは避けてみてください。時期が来たら、ぜひ、お母さんから本人へ自分の気持ちを話してもらいますから」と助言しておいた。

⑦　B弁護士、C弁護士とカンファレンス　X.12.19
　父親が弁償金〇〇万円を用意したという。たぶん家族には秘密にしているのではないかとのことである。

動機について両弁護士と意見交換をした。その要旨は次の通りである。

被告人は上京して後、母親に生活費を送って欲しい旨の要求をしたが、母親から突き放しの態度を受けていた。そもそも被告人は実父を頼って上京したが、父親との関わりは想像とは違っていた。父親からは厳しい対応を受けた。そのような状況の中で、被告人はお金の件で母親に突き放され、お金の件で友人に裏切られ、そのストレスを女性と関わって解消したのではないか。

このような中で女性とのかかわりを持ったことの意味は何か。被告人は母親に対してなぜもっと心を開けないのか。

被告人のいう「お母さん」とは、母親の姉だろうという。母親より6歳上で、母親自身、姉のことを「お母さん」と呼ぶ。母親は自分のことをママと呼ぶ。そして、被告人も同じである。

今後の被告人の心理面へのアプローチとして、次のような計画を立案した。

・1月7日に筆者は拘置所で被告人と面接する。

　面接の力点は、第1回面接時、母親に対する不満を筆者に語り、涙を流したのに、なぜ、被告人が母親にわかってほしいことを打ち明けないのか、その理解を深めること。

・2月下旬

　筆者、弁護士、立ち会いの下で、母子の対決を計画する。母親から、本件(性犯罪)がどのくらい女性にとって辛いものかを語ってもらう。一方、被告人は、自分が母親からわかってもらえなかったことがどのくらい辛いかを吐露すべきだ。その対決を計画したい。そして、その経過を経て公判に臨みたい。

⑧　第3回被告人面接　X+1.1.7（拘置所において、B弁護士、C弁護士と同席での面接）

1)　実父について

　父親は2回の離婚歴がある。母親と離婚後にできた子ども（異父弟）が一人いる。現在、この二番目の妻とも離婚し、職場の寮で生活してい

る。

2) 母親に対する不満について

　前回の面接でも、母親との面会で、母親へ言いたいことが言えなかったという。筆者は、「（筆者に）涙ながらに母親への不満を語ったではないか。ぜひ言うべきだ」とアドバイスした。しかし、被告人はそれに尻込みする姿勢を見せた。その弁解を次のように話した。

　「母は核心的なことを言われると、忘れないで引きずる。そして自分を責める。今は、弟も受験などで大事な時期。母を責めることを言うと、迷惑がかかる。これまで、自分（被告人）はその場、その場で我慢してきた。今さら、母に、これを直してほしいと言っても仕方がないし、難しい。母は、直ったとしても、すぐまた元通りになってしまう。（被告人）」

　つまり、被告人は母親を苦しめたくないと言いつつ、どうせ母親は変わらないとの姿勢を語った。要するに、現状を変えることに対する強い抵抗感を語ったともいえる。そして、被告人は、「自分がいつも我慢して母との喧嘩を収めてきた」と強調した。同じことがずっと繰り返されてきていると言う。しかし、そのことをどうしても母親に直接言えないのが現状だと理解された。筆者は、「被告人との最初の面接時、母親への不満で涙を流していたではないか」と、母親への不満の吐露をさらに促したが、やはり被告人の姿勢は同じであった。これは臨床心理学的な見地から言えば、筆者に向けたダブル・バインド的メッセージともいえる。他方、母親への不満を訴えることが被告人本人にとっていかに難しいことかが改めて理解された。幼少期からの母親との関係性が改めて浮き彫りになったといえる。ここまで母親の力が強力であるのかと筆者は驚かされた。

　被告人は「母は、『助けてほしいんだったら、私の言うことを聞きなさい』と、いつも言うのだ」と述べた。

3) 二人の「母」について

　「お母さんと呼んでいるのは、伯母（母親の姉）のこと。お母さん（あるいはEちゃん）は困ったとき、（母親と違って）見返りを求めない。自分（被告人）はEちゃんにいつも愚痴を聞いてもらっていた。（被告

人)」

4) 事件の背景について

「2月頃、父と喧嘩した。11月、母に現金を送ってほしいと頼んだが、送ってくれなかった。経済的にものすごく追いつめられていた」と事件の背景を語った。そして、「すごく困っていた。すごく女の子に甘えたかった。(被告人)」と語った。

被告人は「困ったとき、男友達には支えてもらわない。支えてもらったことは一度もない。非行グループに入っていたこともない」と述べた。「本件ではむりやりセックスしたが、当時はむりやりと思わなかった。その理由は、強姦の事後に、被害者と話をしたからだ。被害者は、自分が通っている大学のこと、バイトのことを話してくれた。本当にショックだったら、あんな話、できないと思った。(被告人)」

被告人は、このように語りながら、その一方で、「自分は被告人の家族を壊した。子どものことを親身に考えている家族を壊した。家庭を不幸にした。大変なことをした」と繰り返し強調した。被害者への罪悪感は今ひとつ深まらないこととは対照的な発言であり、筆者は驚かされた。

被告人は、さらに「被害者の家族。これが本当の家族だ。父母は、被害者のことをそういう目にあった子としてこれから接するだろう。この重い傷を父母が背負っていくのは辛いだろう」とも述べた。また、「(自分の)母は自分がしたことを重くて、受けとめきれないと思う。だから、自分はその話を切り出さないのだ」とも語った。母親に対して非常に複雑な思いを持っているといえる。また、被告人の語りには、「家族」というものが、非常に大きなテーマになっていることがうかがわれ、その「家族」というテーマにそって自分の家族のことをいろいろと思い返していることが見て取れた。このような家族への非常に複雑な思いがあるために、被告人は母親に自身の「不満」をぶつけることができないのだろうと理解された。被告人にとってみれば、今それだけ「家族」が大きなテーマになっているのだと筆者には実感された。

⑨　この面接後の母親と被告人のやりとり

　母親と被告人のジョイント面接の後、母親は被告人と面会を重ねたが、母親が言うには（弁護士から聞いたところでは）、被告人は母親への不満や辛かった思いは一切語らないという。筆者は、弁護士を通して、母親には被告人から不満が語られることをねばり強く待つようにアドバイスしてもらった。

⑩　第4回被告人面接　X+1.2.28（B弁護士、C弁護士と同席）

　被告人の髪型の変化に驚かされた。被告人は、丸坊主にしていた。ただ、被告人の表情は非常に良いことに驚かされた。

1) 被害者について

　「取り返しのつかないことをした。これから先も被害者は傷ついて生きていく。家族も同じように傷ついている。傷ついたまま過ごさないといけない。かわいそうだ。家族とは、こういうものだ。被害者の家族のように親が親身になって子どものことを考えている姿。これが本当の家族だ。ずっと自分の家族はこんな家族ではないと考えていた。しかし、その考えが変わってきた。母は、自分（被告人）のことを親身に心配してくれているのが（面会を通して）伝わってきた。こんなだめな自分のことを母は（出所するまで）家で待っていると言ってくれた。母の暖かい思いが伝わってきた。以前は、母は、今はちょっと（考え方が）変わっても、そのうちすぐに元に戻ってしまうと考えていた。その考え方が変わってきた。母の愛情がわかるようになってきた（被告人）」。

　（被告人は母親への不満を吐露することはできないが、母親の愛情を理解できるようになってきたことが筆者には伝わってきた。）

2) 事件の背景と経緯について。

　「事件を起こす直前、女性とかかわって、優しくしてもらいたかったが、今さら、知らない相手に、どう話しかけたら良いか、わからなかった。女性と会話することが怖かった。自分（被告人）は、やけを起こしやすい。思い通りに行かないと、どうでもいいやという気持ちになる。そんな気持ちで本件にかかわった（被告人）」と言う。

3) 二人の母について

「母も、Eちゃん（母親の姉）のことを『お母さん』と呼ぶ。母は自分のことはママと呼ぶ。幼稚園のころ、お母さんは二人いると思っていた。Eちゃん家族と一緒に住んでいた。お兄ちゃん（いとこ）もいた。おとうとは二人。ひとりはEちゃんの子。Eちゃんの長男は、自分（被告人）の弟と似ている。Eちゃんは話を聞くのがすごく上手い。おばあちゃん（母親の母親）は喧嘩早い。負けず嫌い。おばあちゃんと母は仲が悪かった。実は、正月の面会で、母は、6歳年下の男性から、結婚したいと告白されたと話してくれた。しかし、『断った』と言った。自分（被告人）は、『これはママにとって最後のチャンス、さっさと結婚したら』と言った。母が結婚前に僕の意見を聞くことなんて今までなかった。今回が初めてだ。今まで、母はすべて自分のことを優先してきた。今回は今までとは違った対応だった」と、被告人はしみじみ語った。
（筆者は、そのように語る被告人の表情が良いことをあらためて実感した。筆者は、被告人が自分の不満を母親に語ることを重視していたが、そのことは達成できなかったものの、母親を受け入れることは出来つつあると感じた。）

⑪ 第2回母親面接　X+1.3.10（B弁護士事務所において、B弁護士と同席での面接）

1) 被告人が事件について母に語ること

「あの子（被告人）は、怖くなって事件のことを自分（母親）にしゃべれなくなるといった。また、言いたくないとも話した。被告人はやりたいことをやるタイプではなく、逆に、自分を抑えるタイプ。被告人は、今まで、しなくてはいけないこと、肝心なこと、辛いことは、いつも直面しないで生きてきた。つまり、いつも逃げてきた子だ（母親）」。

2) 被告人に対する養育態度

母親は「私（母親）は、あの子（被告人）をほったらかしにした、それが本件の原因だと思う」ときっぱりと語った。母親は「被告人に『あなたはママの犠牲者だ』と言った」とも述べた。

母親は被告人に「私（母親）は被害者の女の子たちのことを思って、一生苦しんで生きていく。ママが被害者の母だったら、被告人のことを一生憎むと思う。被害者の親は、辛くて悲しみにくれていると思う」と語ったという。すると被告人は「(自分は)お母さんに辛い思いをさせた。本当はずっと前からそう思っていた」と語ったという（これを聞いて、筆者は、被告人は母親に不満を語ることはできなかったが、もうそれは問題にしなくても良いだろうと思った。違う形で、母子の気持ちの交流は非常に進んでいることを理解したからだ）。さらに母親は本件の背景について「実は、(本件時)父から、本人を甘やかすことになるから、全く連絡をとるなと言われていた」とも被告人に話したと言う。筆者は「母親から経済的な支えがなかったこと、母親から連絡がなかったことも被告人の生活の荒れの一因となっている（母親）」ことを確認した。

3) 家族関係について

母親から「おばあちゃん（母親の母親）は字が読めない。自分（母親）とおばあちゃんとは仲が悪かった」ことが語られた。母親は「自分が母親から優しくされなかったので、どのようにして、被告人に優しくすればよいかわからなかった。母親がどのような役割を果たすか、わからなかった」とも語った。被告人と母親の気持ちの背景が浮き彫りにされたように感じた。

4) 行動傾向と動機の関連について

「被告人は、酒が飲めない。一般の非行性や粗暴性はあまりない。非行グループとの関係もない。一方、女性へは支配的に振る舞う。被告人が自分の彼女を家に連れてきたこともあるが、親の前でも彼女とべたべたしていた（母親）」。

筆者が「被告人は本件時、ふるさとから遠く離れたこの地で、支えてもらうものもなく、女性に依存したかったと話した」と母親に伝えた。「依存したかったにもかかわらず、どう声を掛けて良いかわからず、こんな事件を起こした」と言っていたことも母親に話すと、母親は「私が男性に依存して生きてきたことと関係があるかもしれない」と述べた。筆者は、異性への依存という点においては、母親と被告人は全く共通し

ていることを改めて理解した。母親も被告人の弱さと自分の弱さの共通性を理解し、「自分（母親）の威勢の良さは、実は弱さの裏返しなのだ」と語ったのが印象的だった。

　筆者は、この面接終了時、被告人は母親への不満を母親にぶつけることができなかったが、それはそれで問わないことにした。母子の関係は良好に展開しているので、このまま公判に臨めばよいと考えた。

公判開始。

(4) 公判2日目　X+1.3.18
① 母親の証人尋問
　弁護士から（かつて母親の夫であった）Dさんのことを質問され、母親は、「Dさんから自分への暴力が何度もあったこと、被告人はその暴力を止めに入ったことが何度もあった。そのような心のダメージが本件の背景にある」ことを訴えていた。Dさんから、お前はダメな奴だとよく言われていた。「そのようないわゆるDVが生い立ちに暗い影を落としている」と語った。また、被告人との面会を通して、「僕は、帰る場所がある。ママは、僕のような人間でも受け入れてくれる。ママ、ありがとう、と言ってくれた」と母親は涙を流して訴えた。弁護士は、「母子関係は良好に改善され、被告人は刑務所を出所しても帰るところがあり、再犯の危険性は低い」ということを主張した。

② 筆者の証人尋問
　筆者（証人）の証言内容の要旨は以下の通りである。
　被告人は父親に厳しくされ、母親にも突き放され、本件時、経済的にも精神的にも追いつめられていた。被告人は、これまでの生活で困ったとき、母親に支えてもらうことで乗り越えてきたわけではない。男友達に支えられて乗り越えてきたわけでもない。女の子に支えられてなんとか乗り越えてきた。しかし、その手段が故郷から遠く離れたこの地では通用しなかった。それが本件の一因である。被告人は母親に不満を持ち続けてきた。母

親が子どものことより自分の生活を優先すること、配偶者やパートナーを変えること、パートナーから母親へ暴力的な言動があり、それを嫌がっていたこと等もわかった。このような被告人の生活にとって、何よりも必要だったのは、母親との関係修復である。母親の努力もあって、その関係が修復されてきたこと。また、その経過の中で、被告人は被害者の置かれた立場やその思いも深く理解するようになったこと等を主張した。

③ 被告人質問

筆者の証人尋問の後に、被告人質問があった。

予期しなかったことが展開した。被告人は終始泣き通しだったのだ。その姿に筆者は驚いた。被告人からは被害者に申し訳ないことをしたと深く考えていることが語られた。それは当初、被害者への内省が不足しているのではないかという思いを感じた頃とは、格段に違う印象であった。そして、「本件時、ひとりでいるのに耐えられなかった。それが本件の背景にある。自分（被告人）は人に必要とされない人間だとずっと思っていた」と述べた。そして、その上で「でも、今はひとりじゃない。母親の存在をありがたく思っている」と話したのである。筆者は、母親との関係が改善されたこと、それは形だけのものではなく、本質的な改善であることを理解し、胸が熱くなった。

④ 判決結果

検察官求刑懲役10年、弁護人意見懲役6年、判決は懲役8年6月であった。

3　考察

(1) 法的視点からの考察

本件裁判後、B弁護士とこのケースについて、検討する機会を持った。その時の指摘の要旨は次のようなものである。

専門家の意見を被告人に「有利に」活かそうとする弁護人は、その専門

家の意見が、刑を決める上で①「犯情」、②「一般情状」のどちらに、どのように影響するのかを考えなければならない。単に「知的能力が低い」「親子関係に問題がある」という事実を法廷で示しても、それが①や②にどのように影響したのかについて説得的に示すことができなければ、それを量刑に反映させることはできない。本件の場合、性犯罪では「なぜ事件を起こしたか」の説明が被告人に有利に働くことは稀である。性犯罪の動機は「性欲」ということで片づけられてしまう。その背景にどんな理由があれ身勝手であることに変わりがないため、殺人や傷害のような「動機」が様々にありうる事件とは違う。ここに性犯罪の特殊性がある。

　本件では、被告人が性犯罪に至った背景には幼いころからの養育環境や親子関係の問題があると考えられた。しかし弁護人としては「だから、このような事件を起こしたことを強く責められない」（①としての情状）と主張するのではなく、「しかし、事件後に親子関係が改善されたから、今後、彼が同じような事件を起こすことはない」（②としての情状）として主張する方針をとったという。

　そして、弁護人は「事件後の親子関係の改善」という情状事実が「生まれる」ように筆者に、A君と母親それぞれとの面接、両者との面接への立ち合い、母親のメールに対するアドバイス等をしてもらい、その結果を法廷で証言してもらうことにしたとのことである。

　筆者は臨床心理士として、母子関係の調整が、本件の内省を深めるうえで必要であり、また、将来の親子関係を考えるうえでも必要であるとの思いから、母子関係の調整を担当弁護士に申し出たが、担当弁護士は、母子関係の改善が一般情状を考えるうえで必要であると判断し、その方向でのかかわりを認めたということになろう。量刑を考えるうえでの方略として、主として、この方向をとったと理解できる。

　この点につき、筆者は臨床心理学的、司法福祉的な視点から、母子関係の調整を考えていたので、そのことも含め、考察していきたい。

(2) 臨床心理学的あるいは司法福祉的視点からの考察
① 家族療法的視点の導入

　本件情状鑑定では、臨床心理学、特に家族療法的視点を導入したことが特徴である。これは今までにない新しい試みと考えている。被告人の情状を理解するうえで、家族から話を聞くことは一般によく行われている。筆者も裁判所から依頼された、いわゆる本鑑定では、被告人本人面接のみならず、親や同胞から話を聞くことを常に行ってきた。また、筆者も所属する「家庭問題情報センター（FPIC）」の手法としても、被告人の家族から話を聞くことは一般に行われており、それは重要な意味を持つと考えられている。しかし、今回の試みの中で、ひとつの重要なポイントは拘置所の接見室において、筆者、母親、弁護士がアクリル板を通して、被告人と会い、接見室全体を家族療法のセッション室と見立てて、家族療法のセッションを展開したことである。

　具体的には、第2回被告人面接の際、母親も同席でセッションを行った。ここでは、第一義的には、母親と被告人との関係を観察することであるが、それに加えて、母親と被告人の関係を調整しようと意図したのである。筆者は母親に「もう少し、本音を話してください」と言葉を投げかけ、一方、被告人にも「言いたいことを言ってもいいんだよ」と言葉をかけ、弁護人にも話を引き出したりしながら、いわば家族療法の手法を駆使ながら、セッションを展開した。

　今まで、親と筆者が一緒に接見室で被告人と面会したことはあった。しかし、今回の面接の特徴は、このセッションを合同の家族面接として意識して面接を展開したことである。そして、この手法の可能性を実感することができた。

② 母親への不満の吐露と家族システムの揺さぶり

　筆者は被告人に母親についての不満を語るように求めたが、どうしても語ろうとしなかった。その意味では、筆者はある種の落胆を感じたが、その一方で、この家族の変容に向けて、違う変化が起こったことも述べておきたい。それは、まずは被告人の不満を受け止めてほしいと母親に求めた

ことによる効果である。説教（一方的に訓戒する）をしないでほしいと強く求めたのである。母親はある意味で正義感の強い女性であり、被告人の反省を深めさせなければならないとの思いも強かった。その意味で、面会が一方的な訓戒に終始することが懸念された。しかし、まずは被告人の気持ちを受け止めようとの筆者の求めを受けて、母親は支配的な姿勢を改めた。そしてその面会のプロセスの中で、母親は、被告人に「あなたは私の犠牲者だ」と述べたことの意義は大きい。これを受けて、被告人は「ママに辛い思いをさせた。本当はずっと前からそう思っていた」と語ったのである。このような流れの中で家族の関係は変容したのである。

③　二人の母親

このケースで興味深いのは、二人の母親が出てくることである。一人は文字通り被告人の母親である。被告人も母親も「ママ」と呼んでいる。もう一人は、母親の姉である。被告人も母親も「お母さん」と呼んでいる。被告人はこの人物の家族と小さい頃は同居していて、「うちには二人の母親がいる」と思っていたという。興味深いことである。被告人はこの伯母（「お母さん」）に愚痴をいつも聞いてもらっていたという。そして、母親とその母親（つまり祖母）との関係は悪く、ずっと反目しあっていたという。母親は「（自分の母親とは仲が悪かったので）母親がどのような役割を果たすか、わからなかった」とも述べている。これらの家族史を聞く中で、つまり、被告人や母親にすれば、これを語る中で、家族関係の変容が起こったともいえる。この情状鑑定面接の過程は、母親が本来の意味で母親へと成長する過程であったともいえるのではないだろうか。

(3) 裁判過程で家族関係を修復することの意義

筆者は家裁調査官時代、少年たちの家族の中には、少年鑑別所に入って身柄を拘束されて初めて、親子できちんと話ができるようになる家族をいくつも見てきた。つまり、平素、口も利かない親子が、子どもが少年鑑別所に入って初めて、親子が会話することができる状況になるという事実である。そんな場合、筆者は、少年鑑別所に入っている間に、親子の会話を

促進させ、親子関係の修復に向けての働きかけをすることも多かった。

　成人ではどうだろう。拘置所に入って初めてまともに親と会話する被告人もたくさんいるに違いない。この状況は、親子関係、家族関係を変えるにはまさに好機なのである。判決が出る前の緊張感が高い時期は、普段ではできない様々なことが可能になる。筆者はこの時期、すなわち裁判過程にあって、しかも判決の前だからこそ、母子関係の調整をすべきだと考えたのである。

(4) 情状鑑定と司法福祉の可能性

　判決が出る前の緊張感の高い特別な時期に、被告人にとって必要なことを調べ、必要な手当てをしていく、この重要性を強調したい。今回は情状鑑定という立場で必要な手当てや対応を考えた。むろん情状鑑定という立場でなくても構わない。被告人に弁護人がついた時から、あるいは犯罪で捕まった時から、被告人に必要な心理的、福祉的な手当てを検討していくことはきわめて意義のあることであろう。このことは今後、ますます重要なことになると考える。もちろん弁護士自身が福祉的な見地から必要な活動を展開することは願ってもないことである。しかし、そこに、心理や福祉の専門職が、手を携えあって、被告人に必要なことを調べ、福祉的な手当てを展開していくことは、これからの司法福祉の活動において、重要な活動になるだろうと考えている。まさにこれは司法福祉の中核に位置する活動と言えまいか。

　裁判員裁判が始まって、法曹三者の中だけで行われていた裁判に、裁判員という「しろうと」が参加する時代になった。ここで、さらに筆者は、法曹三者に心理や福祉の専門職が連携して、司法福祉を展開していく時代になることを望む。ここで示した事例は単に、情状鑑定に調整的要素を加えたものにすぎないかもしれない。しかし、本件は司法福祉の観点に立てば、それ以上の可能性を示唆するものではないだろうか。裁判という人間を変容させる力が強く作用するプロセスの中で、福祉活動を展開することはまさに有効で意義深い活動である。その可能性が非常に大きいことをわずかではあるが、本ケースで例証できたのではないかと考えている。筆者

は、裁判過程における司法福祉活動の有効性と可能性を強調して、本稿を締めくくることにする。

注）本稿では情状鑑定を二つに分け、裁判所から依頼されるものを本鑑定、弁護士から依頼されるものを私的鑑定と呼ぶことにする。一般的にそのように呼ばれることが多い。本ケースでいう私的鑑定とは、情状証人あるいは専門家証人としてかかわることであった。

《引用文献》

須藤　明（2016）：「心理鑑定における臨床面接の意義」橋本和明編著『犯罪心理鑑定の技術』所収（金剛出版）145〜161頁。

◎第2章　情状鑑定

4　情状鑑定の現状と課題

須藤　明 Akira Sudo
（駒沢女子大学）

1　裁判員裁判と情状鑑定

　2009年5月21日から始まった裁判員裁判制度は、国民の司法参加によって司法に対する理解と信頼を深め、司法の国民的基盤をより強固なものとするために導入された制度である。対象となる事件が、殺人罪、強盗致死傷罪などの重大事件であるため、裁判員の負担は大きい。また、一部の裁判で過度な厳罰化傾向が生じたため、2014年7月24日最高裁判決で「裁判員裁判は過去の量刑傾向に従うことは求められていないが、大まかな量刑傾向を出発点として評議を深めていくべきだ」という指摘がなされた。法曹三者の努力もあって定着してきているというのが大方の見方のようだが、主に弁護士側、例えば五十嵐（2016）のように裁判員裁判制度への批判的な見解もある。

　ところで、犯罪者の処遇に関して、「刑事収容施設及び被収容者等の処遇に関する法律」（2006年5月24日施行）および「更生保護法」（2008年6月1日施行）により、実効性の高い積極的な処遇ができるための法整備が行われた。特に受刑者処遇については、旧監獄法下においては刑務作業のみであったものが、新法下では、受刑者の矯正処遇として、作業のほかに、改善指導および教科指導も義務付けられた。改善指導に関しては、犯罪責任の自覚その他を柱とする一般改善指導と「性犯罪再犯防止指導」、「薬

物依存離脱指導」、「被害者の視点を取り入れた指導」、「交通安全指導」、「就労支援指導」および「暴力団離脱指導」といった柱で構成される特別改善指導がある。以前、ある少年刑務所で一般改善指導のひとつとして行われている窃盗防止のグループワークを見学する機会を得たが、多様な背景をもつ窃盗の受刑者に対する意欲的な取組みであった。

　また、矯正施設退所者の中には、高齢または障害により自立した生活を送ることが困難であるにもかかわらず、必要とする福祉的支援を受けられなかったために再犯を重ねているという実情があった。その反省を踏まえ、2012年度からは矯正施設退所後のフォローアップ、相談支援など、入所中から退所後まで一貫した相談支援を行う「地域生活定着促進事業」が実施されている。伝統的司法と福祉的援助をどのように融合させていくのかという新しい試みである。

　これらの動きは、伝統的な応報刑を維持しながらも、少しずつではあるが実効性のある処遇への転換が図られていることを物語っているといえよう。応報刑論は、基本的に刑罰賦課の帰結、つまり、再犯率などのデータをおよそ問題にしない立場であるが、犯罪者の処遇コスト、社会科学における evidence based practice の流れを踏まえれば、再犯抑止の効果という視点も取り入れていくのは必然の流れになるのでははないかと思う。

　一方、米国に目を向けると、刑罰を科しても同じ者が再犯を繰り返して裁判所に戻ってくる「回転ドア現象」(revolving-door phenomenon)や刑務所の定員超過に伴うコストの問題に対して、社会内処遇が模索されてきた。特にドラッグ・コートやメンタルヘルス・コートなどの問題解決型裁判所という新しい刑事司法モデルが実践されている（森村、2014）。これらは治療的法学（Therapeutic Jurisprudence）と呼ばれる理論に基礎づけられており、行動科学を道具に、デュー・プロセス等の法的な諸価値を侵すことなく法の治療的機能を向上させようとする新たな考え方である（Winick, 2002；Winick & Wexler, 2003）。Winick (2002) は、治療的法学理論が必要となった背景として、昨今の裁判の対象となる事件には、事実の認定という狭い視点だけではなく、被告人が抱える心理的・社会的次元に関わる多様な問題そのものを解決する試みが必要であるためと述べて

いる。この指摘は、わが国においても同様で、特に裁判員裁判の対象となる重大な事件では、被告人の生育歴や家庭環境とパーソナリティの形成の関連性、犯罪の動機・犯行態様に与えた影響などの解明が必要と思われる。その点で、情状鑑定は、一定の役割を果たしているが、活用状況は必ずしも十分ではなく、刑事裁判に寄与する鑑定の在り方、鑑定できる専門家の育成などの課題も多い。情状鑑定は、法と人間行動科学の双方にまたがる学際的実践の場であり、また、学際的な研究対象でもある。本稿では、情状鑑定を担当する人間行動科学の立場から、情状鑑定の現状と課題、さらには今後の方向性について考えていく。

2 情状鑑定に関する弁護士へのアンケート調査結果

　情状鑑定は、あまり馴染みのない言葉かもしれない。むしろ、一般の方には「心理鑑定」という言葉の方が「心理学的に事件を解明するのだな。」などと想像していただけると思う。また、心理鑑定と情状鑑定をほぼ同義で使われる場合もあるが、「情状」は法律用語であり、厳密には区別して用いるべきであろう。白取（2013）は、刑事事件において、心理鑑定を情状鑑定に限らず、人的証拠に関する適正な証拠評価のために心理学の知見を活用するべきと主張しており、「供述の信用性」、「虚偽自白の可能性」など、裁判官の事実認定にかかわる領域まで含めて心理鑑定を想定している。したがって、心理鑑定の方が幅広い概念で情状鑑定はその一領域と位置付けることができる。

　刑事事件でどの程度情状鑑定が活用されているのか、統計データが公表されていないため分からないが、「裁判員裁判以降、増える傾向にあるのではないか。」という話を司法関係者から聞くことが多い。一方、情状鑑定が刑事司法において十分浸透していないという意見もある。そこで、2013年に弁護士に対して情状鑑定に関するアンケート調査を実施したので、その結果を紹介したい。

　Ｓ県弁護士会と藤原正範氏が設立した「裁判員裁判のための対人援助専

門職ネットワーク」[1]を通して情状鑑定に関するアンケート調査を行った。回答数は 25 と少なかったので、結果の解釈は慎重にするべきだが、弁護士の情状鑑定に対する意識を知るうえで貴重な資料になると思われた。以下、結果の概要である。

[回答者の弁護士経験など]

5 年未満が 5 名、5 年以上 15 年未満が 10 名、15 年以上が 10 名であった。情状鑑定の認知度に関しては、「知らない人がいる」もしくは「知らない人のほうが多い」と回答したのは 22 名であり、情状鑑定が弁護士に十分浸透していない現状がうかがわれた。

[鑑定請求および鑑定の経験]

情状鑑定の請求経験がある弁護士は 11 名と半数以下であった。鑑定を請求した理由としては、「動機の分かりにくさ」、「更生への期待」、「減軽への期待」、「性格の偏りとの関連性」、「再犯防止の有効策」の順で多かった。

[情状鑑定の有効性など]

鑑定経験のある 13 名中、12 名が有効と回答し、また、経験のない弁護士も含めて全員が、今後必要性があれば、情状鑑定の請求をしたいとの意向であった。

[情状鑑定に対する考え]

多くの弁護士が「より活用されるのが望ましい」と考えている一方、「鑑定ができる専門家の育成」を望んでいた。鑑定依頼のための窓口、鑑定人名簿などを望む声も多かった。

なお、米山（2011）は、情状鑑定が必ずしも活発に活用されてこなかった理由として、以下に整理している。

裁判官側

①処遇問題は法律実務家こそ専門家であるとの意識、②実施事件の少なさに伴う被告人への不公平性、③鑑定結果の不等質さへのおそれ、④動機の解明と量刑判断との必然的関連性への不存在、⑤量刑のばらつきへの懸念、⑥費用と日数の問題

---

[1] ネットワークの設立については、藤原正範（2016）に詳しく述べられている。

検察官側
　①動機や犯行時の心理状態等は、裁判官の専権事項という考え
弁護士側
　①情状立証は、被告人質問や証人によるべきとの在り方論、②鑑定による被告人像の歪曲という懸念、③かえって刑が重くなる懸念

3　情状鑑定の実際

(1)　精神鑑定と情状鑑定

　刑事事件における鑑定は、刑事訴訟法第223条に基づいて行われる起訴前鑑定と、起訴後裁判所の依頼によって行われる刑事訴訟法第165条に基づく鑑定がある。その多くは刑事責任能力と訴訟能力が問えるかを判断するための精神鑑定であるが、裁判所が量刑判断するにあたって考慮する諸事情を明らかにするための情状鑑定も数的には少ないが行われている。情状鑑定は、訴因以外の情状を対象とし、裁判所が刑の量定、すなわち被告人に対する処遇方法を決定するための必要な知識の提供を目的とするものである（兼頭, 1977）。具体的には、犯行の動機・目的、手段方法、計画性の有無などの犯情と、被告人の家庭環境、生活歴、性格・行動傾向等といった狭義の情状に分けられる（上野, 2006）。情状鑑定を担当する鑑定人は、医師に限らず心理学者や社会心理学者など精神鑑定よりも幅広い。判決前調査制度を持たないわが国においては、その代替的な役割を果たしている面がある。
　ところで、そもそも職業裁判官が示してきた量刑について、本庄（2006）が「従来の判決では、被告人の矯正は極めて困難であるとか、犯罪傾向の深化は著しいといった裁判官の評価が示されていることがあるが、この評価が科学的な裏付けをどの程度持っているのかは極めて疑問である。」と述べているようにその根拠の曖昧さがある。裁判員裁判によって、殺人事件、性犯罪事件の量刑がこれまで以上に重くなっていることや、被告人が少年の場合に家庭裁判所段階で作成された少年調査票等で構成されている社会記録が刑事裁判で十分活用されていないために、少年の特性や背景事

情を十分理解されないまま、より重い刑が言い渡される傾向が出てきたとの指摘もある（本庄, 2013）。このことは、犯行態様や結果といった狭義の犯情評価を優先させて、再犯の可能性や被告人の特性を十分踏まえないで判断されている可能性が想定でき、それゆえ、情状鑑定の必要性があるといえる。

　少年事件では、家庭裁判所調査官による社会調査、医務室技官の活用、少年鑑別所での心身鑑別など科学的知見を活用して審判が行われているため、少年法20条送致によって刑事裁判となった未成年者の公判においては、少年調査票や鑑別結果通知書が証拠として採用されれば、量刑判断の資料となりうる余地をもっている。しかしながら、現実には、「見て、聞いて、分かる」裁判員裁判の運用もあって、それら書面が証拠採用されることは少なく、必要な場合に少年調査票や鑑別結果通知書の所見を朗読するなどの運用がなされていると聞いている。原則検察官送致となる少年法20条2項の事件は、少年の要保護性を構成する「再犯可能性」、「矯正可能性」および「保護相当性」の3要素のうち、保護相当性がないと想定される事案である。それゆえに、刑事裁判においては、保護相当性も含めた審理が改めて期待されるわけで、情状鑑定は、このような少年の刑事裁判においては、より必要性が高いと考えられる。

(2) 情状鑑定の基本

　情状鑑定は、裁判所からの鑑定命令による本鑑定（正式鑑定）と弁護人からの依頼による私的鑑定（当事者鑑定）に大別される。本鑑定と私的鑑定では、面接場所や時間その他で条件が大きく異なっており、この点は後述する。ここでは本鑑定を中心に述べ、私的鑑定についいては本書の「第2章3.2 私的鑑定」を参照されたい。

1）鑑定命令

　典型例としては、以下のようなものがある。

① 被告人の資質（知能など）および性格
② 犯行に至る心理過程
③ 処遇上の参考となる事項

当然ながら、事例に応じた力点は異なってくるので、あらかじめ裁判所側に確認しておくことが重要である。情状鑑定が行われるのは、責任能力に問題がなく、基本的な事実関係に争いがない事案であるが、鑑定人の立場から争いがある事実の有無を確認しておきたい。というのは、鑑定結果の前提となる事実にそれらが含まれていると、結果そのものの信頼性や妥当性が減じられてしまう可能性があり、後の証人尋問の中で対応に苦慮することになる。

2）鑑定面接

鑑定は公判前整理手続の段階で行われる（**図1**）。

面接場所は、通常拘置所の取調室であり、職員が立ち会う。被告人との初回面接では、鑑定の目的を述べた上で、今後複数回の面接をすること、その中で心理テストも実施すること、鑑定結果は公判廷で説明することなどを説明し、被告人の同意をとる。また、筆者は、被告人との最終面接で鑑定結果の骨子については、あらかじめ伝えておくようにしている。

筆者は元家庭裁判所調査官であるが、情状鑑定の面接は、基本的な手法が家庭裁判所調査官と共通しているところが多いと感じており、山田（2013）も同趣旨のことを述べている。ただし、その結果が公開されることが前提であること、異なる専門家（例えば、医師と臨床心理士）で鑑定チームを作ることができるといった点が異なってくる。

なお、鑑定で用いる標準の心理テストは特にないが、知能テスト（WAIS）、文章完成法テスト（SCT）、エゴグラム、P-Fスタディ、描画テスト、ロールシャッハ・テスト、TATなどが比較的よく使われている。

3）鑑定結果のまとめと事前カンファレンス

裁判員裁判では口頭鑑定となるため、公判で鑑定結果の説明で使用するパワーポイントのスライドと説明用の文書を作成することとなる。現在の量刑の枠組みが犯行態様（悪質性、計画性など）、動機、犯行結果等を中心とする「犯情」と被告人の反省の有無、被害感情、更生可能性、生育歴及び家庭環境面での不遇さなどで構成される「一般情状」であることを十分念頭に置いたうえで鑑定結果をまとめることが重要になる。

その後、検察官および弁護士と公判前の段階でカンファレンスを行い、

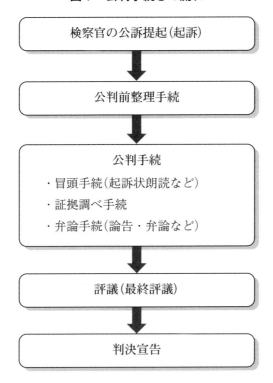

図1　公判手続きの流れ

裁判員にとって分かりやすい結果説明になっているか等、用語や言い回しを中心に検討する。パワーポイントを用いてのデモ説明をすることも多い。

なお、このカンファレンスの場に裁判官が同席するかは一概にいえない。裁判所は基本的に関与しない立場のようだが、オブザーバー的に裁判官が同席する場合もある。

4）公判での結果説明と証人尋問

公判では、通常30～40分程度の時間を使って鑑定結果を説明する。裁判員にも分かりやすいよう平易な言葉で簡潔に説明することが重要である。その後、休廷をはさみながら弁護人、検察官、裁判所という順で尋問が続くが、質問に対してのみ簡潔に答えるようにしなければならない。鑑定結果が弁護人もしくは検察官にとって不本意な内容を含む場合もあり、

双方の駆け引きの渦中に置かれる可能性があるが、常に冷静さを失わず、専門的見地からの応答に努めていくことが大切になると思う。

(3) 情状鑑定がなしえる貢献

筆者はかつて情状鑑定18事例について、鑑定結果と判決内容との関係を分析するとともに鑑定経験者からの聞き取りを行ったことがあった（須藤, 2015）。その結果の要旨は、以下のとおりである。

① 動機等が複雑な事件において、被告人のパーソナリティと動機形成との関連などを理解する一助となった（特に裁判員裁判）。

② 鑑定結果の一部もしくは全部が判決文に引用され、結果として刑の減軽につながった。ただし、どこまで量刑判断に影響を与えたのか、詳細な検討が必要である。

③ 被告人の被虐待体験など生活史や家族関係の負因と、犯情評価との関連性を明確に示しえたケースとそうでないケースがある。仮に関連性を示しても犯情の評価に影響を与えていない事例もあった。つまり、情状鑑定の犯情評価への寄与という点では、裁判ごとに異なっているのが現状かと思われる。

　その要因としては、鑑定内容の問題だけでなく判断枠の違いによるところあると思われる。この点については、情状鑑定の課題で述べる。

④ 犯行態様が悪質な事例では、情状鑑定に求められる要素は、犯情・一般情状を中心とした過去の事実に関して焦点が当てられる傾向がある。一方、被告人が知的障害を抱えている事例では、情状鑑定に社会復帰までを見据えた参考意見を求める傾向にある。

⑤ 法的概念である犯情と一般情状との関連性について、必ずしも鑑定人側の視点が定まっているとはいえない現状がある。

⑥ 被告人の内省が深まる、社会復帰後の支援体制が整うなどの付随的効果が生じる。

4 情状鑑定の臨床的な側面

　情状鑑定が明らかにする情状事実は、鑑定人が各自の専門性に照らして生物─心理─社会の次元に基づくアセスメントをすることにほかならない。そのため、被告人への治療的・教育的な働きかけや家族関係の調整というものは、第一義的に求められていない。ただし、そのような要素を排除するものではなく、むしろ、以下のような臨床的な要素が付随的に包含されていると考えている（須藤, 2016）。

(1) 情緒的交流の場としての面接

　鑑定人と被告人という立場の違いはあるにしても、人と人が対峙するのであり、そこには様々な情緒的な交流が生まれる。通常、被告人との面接は2～3か月程度の期間に相当な回数を重ねていくので、両者の関係性も変化していくのである。

　筆者は、司法領域における少年事件の調査面接や情状鑑定の面接は、他領域の臨床面接とは異なり、面接者と被面接者の非対称性から出発し、その関係性の変容というところに特徴があると考えている（須藤, 2012）。

　少年事件を例にとると、少年への面接は、少年が望むと望まないにもかかわらず、半ば強制的に始まるといった"動機付けの乏しさ"が特徴のひとつにある。このため、必然的に双方の意識にズレが生じ、例えば、面接者がいかに目の前にいる少年の更生を図るためにでき得る限りの援助をしたいと"誠実"に考え、態度で示しても、それは当該少年に届くとは限らない。一見そのような合意形成がなされたとしても、少年側の迎合、不安の防衛であったりする。一緒に考えるという姿勢は当然必要なのだが、それを口にしてもそのような共同作業は始まらないのである。特に家庭裁判所調査官の場合には、裁判所という裁く側の人間であるとともに、少年や家族の援助者でもあるといった役割葛藤（Double Role）の問題に直面せざるを得ない。

　一方、情状鑑定の場合には、役割葛藤からは一定の距離を置ける立場に

あるが、関係の非対称性という点では同様の課題を抱えることになる。被告人との初回面接では、鑑定の趣旨を説明し、協力を要請するとともに、鑑定結果は公判廷で報告され、被告人もその場で聞くことになると伝える。鑑定に対する被告人の受け止め方は、「決まったことだから仕方がないです。」、「誰も面会に来ないので気分転換になります。」など様々だが、経験上、ほとんどの被告人は受身的であり、面接を拒否はしないが、聞かれたことには答えるといった程度である。このため、初回面接では丁寧な説明を心がけているが、この時点では、どのような面接関係が形成されていくのか、見当のつきにくい状況である。その後、何回か面接を重ねていくうちに、被告人の語りやそれに対する鑑定人の応答という交流の中で、無味乾燥な関係性から情緒的交流が生まれ、被告人の願望、不安、怒りなどを徐々に共通理解のものにしていくといった展開が起こってくる。

(2) 動的アセスメント

　情状鑑定は、得られた各種資料（供述調書その他）や被告人や家族への面接結果に基づいて行われるが、とりわけ、心理テストを含む被告人面接で得られた言動に依拠する。それだけに、被告人の言動がどのような文脈（context）で発せられたのか、つまり、鑑定人と被告人とやりとりの流れを踏まえておくことが重要になる。アセスメントが中心の面接とはいっても、いわゆる半構造化面接であり、単純な「問いと応答」といったコミュニケーションではなく、村松（2001）が非行臨床における「問い」そのものが臨床的な工夫が必要であると指摘しているように、鑑定面接でも問いかけが被告人に事件や人生をふりかえさせる契機となるなど、臨床的な要素を多く含んでいる。

　また、鑑定面接の当初から後半にかけて被告人にどのような変化が生じているのかという経時的な変化を評価する側面もあり、筆者はこれを栄養学のアセスメント用語に倣って「動的アセスメント」と呼んでいる。つまり、情状鑑定のアセスメントは、現時点で把握できる情報をもとにした「静的アセスメント」と鑑定人とのかかわりを通じて変化したものを評価する「動的アセスメント」の双方があり、これらから、被告人の再犯リスク

や更生可能性も検討するのである。その意味で、いわゆるリスク・アセスメントと重なる面も多いが、北米などで用いられているリスク・アセスメント・ツールを全面的に用いることは少ないと思われる。筆者の場合は、再犯に至るリスク因子（risk factors）と再犯を押しとどめる保護因子（protective factors）を念頭に置いた面接を行うようにしている。その際に、リスク因子といっても「前歴回数」のように変えようがない固定的リスク（static risk factors）と働きかけで変わりうる可変的リスク（dynamic risk factors）があり、可変的リスクに関する評価については、鑑定人から多少の働きかけをし、それに対する被告人の変化の有無を見ていくことも行われる。例えば、「犯罪に対する認識の程度」は可変的リスクであるが、通り一遍等の「自分の犯した犯罪をどのように思っているか？」という問いだけでは、正確なアセスメントにならない。事件を一緒にふりかえる、被害者もしくは遺族に与えた影響を考える、などの作業を通じて被告人の変化を見ていくようにしている。さらには、これらリスク因子がどのように形成されていったのかを明らかにすることで、いわゆる情状事実との関連が見えてくると考えている。

　したがって、アセスメントといっても単に情報を得ていくだけではなく、様々な問いの工夫があり、被告人の感情を受け止める、問題に直面化させる、必要な情報を提供する、といったやり取りがなされるのである。

(3) 被告人にとって"理解される"という体験

　「被告人を理解する」というのは、ややおこがましい表現であるが、重大事件を起こす被告人の多くは、これまでの生活の中で様々な躓きを経験しており、犯罪行為をしてしまったことで何も言い訳できないという気持ちの一方で、これまでの苦難についても理解してもらいたいという顕在的・潜在的なニーズを持っていると思われる。そのため、面接を重ねる過程で、このようなニーズが鑑定人に向けられてくる場合も多く、これらも含めて刑事裁判の中でどのように扱われるべきなのか、常に頭を巡らせていく必要がある。

　鑑定結果は、公判廷にて被告人も一緒に聞くことになるので、その点も

念頭に置いておかねばならない。情状鑑定では 30 〜 40 分程度の時間を使いながら、鑑定結果を説明することになり、裁判所、弁護人、検察官だけでなく被告人に対しても鑑定結果を余すところなく説明するのである。さらには、弁護人、検察官および裁判所からの質問と鑑定人の応答も続くのであり、それらをすべて被告人は聞いていることになる。つまり、被告人は公判の中で、被告人自身の人生を、そして全人格的なところまで扱われるのである。対審構造の裁判であるから、情状鑑定の結果を巡って、弁護人と検察官との丁々発止のやり取りも時には起こるが、被告人が鑑定結果をよく理解し、今後の更生に向けて参考となるよう鑑定人は心がけなければならないだろう。自分の生い立ちや苦しみも含めて審理され、判決を受け止めるといったプロセスが重要と考えている。

5 情状鑑定の課題

(1) 学際的研究の必要性

現在の情状鑑定の実務は、法的な犯情論の枠組みを前提として、どのような貢献ができるのかという取組みになっている。それ自体を否定するつもりはないが、例えば、狭義の犯情の評価に情状鑑定がどう活用されているのか、別の言い方をすれば、どこまで理解されているのか、必ずしもその共通基盤ができているとは思えない。例えば、犯情面の動機や犯行態様のアプローチや視点は刑事法学と人間行動科学では大きく異なっているように見えるのである。刑事法学では、客観主義刑法理論に基づく外形的な事実が重視され、動機形成のプロセスは「原因―結果」の直線的因果論であり、あいまいさが排除されやすい。一方、人間行動科学では、筆者の場合となるが、犯罪に至る被告人の主観的な流れを追って動機形成に至る内的なストーリーを探っていくといった、内省・共感的なアプローチをとるのを基本としている。さらに、被告人に関する能力、パーソナリティ（認知特性、自我のコントロール力等）、当時の社会的状況などの環境的側面、そして、外形的な事実との照合を通して最も妥当かつ了解可能なストーリーを再構成する。それによって、法的な枠組みである犯情面の犯行動機

等と一般情状事実との関連性の有無や程度について検討するようにしている。

　ここで、事例を挙げたい。母の「殺してでも借りてこい。」という指示のもと祖父母宅に行って借金を申し込んだが、断られたため、祖父母の殺害に至った犯行時17歳の少年事例について、新聞報道や松山（2016）の報告を手掛かりにして動機形成に焦点を当てて考えてみる。

　一審では母の指示はなかったとし、懲役15年の判決が下された。二審では、母の指示を認めたが、少年が強盗殺人を決意するうえで決定的な要因となったとまでは言えないとした。この事例は、一審、二審ともに専門家による情状鑑定がなされており、母親の混乱を招く言動や対人操作、極端な劣悪環境によって、その場の状況に対応していくしかないという学習性無力感の状態であったとされている。この事件の流れを追っていくと、「母の指示」⇒「祖父母宅へ行き借金の申し入れ」⇒「祖父母の拒絶」⇒「祖父母の殺害」という4段階に分けられる。判決では、母の指示と祖父母の殺害に至る間に借金の申し入れがあり、そのため母の指示と殺意の形成に連続性がないから殺意は少年自らのものであると認定しているように読める。これは、筆者から見ると、借金の申し入れをしたのは、何とか殺害を免れようとした少年の健康さの証かもしれないし、それを断念せざるを得なくなったときに母から指示された方法論しか残らなかった等といったいくつかの可能性が浮かぶ。このように全体の大きな文脈に基づいて動機形成を見ていくと、「殺害は本人が決意したのだ。」という図式には必ずしもならないように思う。しかしながら、このような結果が大きな犯罪では、できるだけあいまいさを排除した因果論に収れんしやすいのではなかろうか。ここで言いたいのは、動機ひとつとっても、法と人間行動科学の両面から多角的な検討が可能であり、実務面ばかりではなく、研究の面でも学際的な取組みが求められるのではないかということである。

(2) 本鑑定と私的鑑定の構造その他の諸条件の不均等さ

　本鑑定と異なり弁護人から依頼される私的鑑定では、アクリル板のある面会室での面接となる。また、弁護人から特別面会の申し出をしてもらう

と一般面会よりも長い面接ができるが、時間的な制限はある。拘置所によっては最短で 40 分程度にされてしまうこともあるが、最近では 2 時間まで認めるところも出てきた。アクリル板があることは、実施できる心理テストが限られてしまうとことを意味する。文章完成法テスト（SCT）や質問紙によるテストなどは差し入れしての実施も可能ではあるが、知能テストやロールシャッハ・テストなどは直接の手渡しが必要であり、実施は不可能である。心理テストは、そもそも標準化された施行方法を前提として信頼性と妥当性が検証されているのであり、無理な実施はデータそのものが歪められる可能性がある。

判決前調査制度のない日本においては、弁護人が情状鑑定の請求をしても必ずしも本鑑定が実施されるとは限らないので、弁護人が必要と考えたときに私的鑑定を活用できることが望ましい。その場合に、鑑定のための諸条件が本鑑定に比べて劣っているというのは、本来望ましいことではないのではなかろうか。せめて、心理テストを実施するときには、アクリル板のない部屋を使用させてもらえるような配慮があるとよいと思う。本鑑定と私的鑑定の双方を担当してみると、あまりにもその違いに驚くのである。

(3) 公判における説明および尋問への対応技術の向上

裁判員裁判は、公判においてパワーポイントを使って、できるだけ平易な言葉で分かりやすい説明に努める必要がある。その点で、「分かりやすく伝える技術の習得」というのも鑑定人には求められるといえよう。

また、公判での尋問に対しても、どう答えていくのかというのも重要な視点である。なぜならば、与えられた時間だけでは十分に説明しきれなかった面を尋問に答える形で鑑定人が補えるからである。とは言っても、対審構造であるから、ときに弁護人や検察官にとって不利と思われる鑑定結果に対しては、鋭い質問を受けることもあり、両者の攻防の中に身を置く場面も少なからずある。冷静沈着さをもって、質問されたことに対してのみ簡潔に答えるというのが鉄則と思われるが、尋問に対する応答技術も身に着けておく必要がある。

6 今後の展望

(1) 判決前調査制度の導入に関する本格的議論の必要性

わが国おける判決前調査制度の導入に関する議論の経緯は、第4章2.1で丸山が詳しく述べている。結局、1970年以降、判決前調査制度を巡る議論はほとんどなされなくなった。しかしながら、裁判員制度を契機に、本庄（2006）のように、裁判員裁判における量刑判断の適切な資料をいかに確保するかという観点から、判決前調査制度に注目している法律学者も多く、日本弁護士連合会の審議資料（2001）でも同様の意見が出ている。また、社会学者である鮎川（2010）も、少年事件で行われているような少年鑑別所での心身鑑別、家庭裁判所調査官が行っている社会調査などに該当する判決前調査の導入を提唱している。

このような状況を踏まえれば、判決前調査制度の導入を本格的に検討する時期にきているように思う。ただし、この制度を進めていくためには、事実認定の過程と量刑を決める過程を分けて進めていく手続二分論など法的な整備も不可欠である（畑, 2011）。

なお、少年法適用年齢引き下げ論の中で判決前調査論も出てきているが、引き下げのための便法的な議論にならないか注目しておくべきであろう。

(2) 情状鑑定のより積極的活用（特に私的的鑑定）

判決前調査制度が導入されるまでは、ある程度時間がかかると思われるので、当面の策として情状鑑定への委嘱を増やしていくしかない。特に少年の刑事事件においては、原則として情状鑑定をすることが望ましいのではなかろうか。本鑑定は、弁護人から情状鑑定の請求を出すことが契機になるが、必ずしも裁判所が認めるとは限らないことから、私的鑑定がより活性化される方策を考えていく必要がある。また、仮に判決前調査制度のようなものができたにしても、米国において Probation Officer の判決前調査報告書に内容的な変遷があり、形骸化してしまったという批判を受けたような事態もありうるわけであり（Center on Juvenile and Criminal

Justice, 2007)、刑事裁判の対審構造を念頭に置けば、私的鑑定を活用できる体制作りが必要になる。そのためには、前述したような面接環境の整備とともに鑑定人に対する資金的手当ての問題が残ってくる。情状鑑定が必要とされる多くの事件が国選弁護人であるため、そのような場合には、どのようにして鑑定人に対する報酬を支払うかという点が解決されないと引き受ける鑑定人の広がりは生じないであろう。一部の弁護士会では、そのような資金的手当ての体制ができていると聞いているが、他の弁護士会でも可能なのか、それとも他の手段を考えるべきなのか、検討する時期にあると思う。

また、米国のように弁護士チームの一員として人間行動科学の専門家が加わっていくというのもひとつの方向として考えられる。米国の場合には、公設弁護人事務所に司法ソーシャルワーカーがスタッフの一員として配置されており、また、死刑求刑事件ではソーシャルワーカーを雇うなど費用の援助を州から受けられるといった制度的な整備が進んでいる。私的鑑定をより積極的に活用できる社会制度を模索するといった大きな視点での検討が求められるであろう。

(3) 鑑定人の育成

冒頭で情状鑑定は心理鑑定の一領域であると述べたが、臨床心理士等の心理学の専門家であれば鑑定ができるのかといえば、そうではない。なぜならば、刑事司法の仕組みを知っておかねばならないし、鑑定する内容は心理学等の人間行動科学の専門性に基づきながらも、その内容は法的な思考にも及ぶからである（森, 2011：須藤, 2011）。このような学際的な実践領域であるゆえに、現在、鑑定ができる人材というのはある程度限られた人たちになってしまっている。

このため、鑑定人の育成や定期的な研修といった取組みが必要になってくるであろう。本来ならば、大学院レベルからの教育が望ましいが、大学教員などの臨床心理士が受け皿となっているという現状に鑑みれば、学会レベルで取り組むことが現実的な対応になるだろう。

《文献》

鮎川　潤（2010）:「矯正・保護二法の改正と今後の展望」（犯罪と非行 No165）6 ～ 28 頁。

Center on Juvenile and Criminal Justice（2007）: The History of the Presentence Investigation Report (http://www.cjcj.org/files/the_history.pdf)

畑　桜（2011）:「裁判員制度下における手続二分性の有効性」（立命館法政論集第 9 号）160 ～ 189 頁。

藤原正範（2016）:「『裁判員裁判のための対人援助専門職ネットワーク』の活動と意義」橋本和明編著『犯罪心理鑑定の技術』所収（金剛出版、2017 年）229 ～ 247 頁。

本庄　武（2006）:「裁判員制度下での量刑手続きの課題」（法と心理第 5 巻 1 号）14 ～ 19 頁。

本庄　武（2013）:「日本の量刑の特色と判決前調査を導入することの意義」（龍谷大学矯正・保護総合センター研究年報 2013 No. 3）31 ～ 39 頁。

五十嵐二葉（2016）:『こう直さなければ裁判員裁判は空洞になる』（現代人文社）。

兼頭吉市（1977）:「刑の量定と鑑定」上野正吉・兼頭吉市・庭山英雄編著『刑事鑑定の理論と実務』（成文堂）114 ～ 128 頁。

松山　馨（2016）:「強盗殺人事例を念頭においたケースセオリーの検討」（季刊刑事弁護第 88 号）53 ～ 56 頁。

丸山泰弘（2014）:「日本における判決前調査制度導入をめぐる経緯──1950 年代を中心に」日本司法福祉学会第 15 回大会シンポジウム「情状鑑定の現状と課題──判決前調査制度の可能性をめぐって」における発表（未公刊）。

村松　励（2001）:「非行臨床における面接技法の工夫──少年の援助のために」（ケース研究 2001(3)）67 ～ 91 頁。

森　武夫（2011）:「情状鑑定について」（専修大学法学研究所紀要 36 号）34 ～ 65 頁。

森本雅彦（2011）:「刑の一部執行猶予制度・社会貢献活動の導入に向けて」（立法と調査 No318）59 〜 76 頁。

森村たまき（2014）:「米国における治療的法学――ドラッグ・コートの司法モデル」（臨床心理学第 14 巻 6 号）886 〜 893 頁。

村尾泰弘（2014）:「情状鑑定の新しい試み」日本司法福祉学会第 15 回大会シンポジウム「情状鑑定の現状と課題――判決前調査制度の可能性をめぐって」における発表（未公刊）。

日本弁護士連合会（2001）:「『国民の期待に応える刑事司法の在り方』」に関する審議資料――照会項目に対する回答書」。

白取祐司（2013）:「刑事司法における心理鑑定の可能性」白取祐司編『刑事裁判における心理学・心理鑑定の可能性』（日本評論社）7 〜 23 頁。

須藤　明（2011）:「裁判員裁判における経験科学の役割――情状鑑定事例を通して」（駒沢女子大学紀要第 18 号）151 〜 159 頁。

須藤　明（2012）:「犯罪・非行領域における臨床的面接の本質」（駒沢女子大学紀要第 19 号）207 〜 214 頁。

須藤　明（2015）:「刑事裁判における情状鑑定人が果たすべき役割」（犯罪心理学研究第 53 巻）84 〜 85 頁。

須藤　明（2016）:「心理鑑定における臨床面接の意義」橋本和明編著『犯罪心理鑑定の技術』所収（金剛出版）145 〜 161 頁。

上野正雄（2006）:「情状鑑定について」（法律論叢 78（6））283 〜 288 頁。

Winick, BJ.（2002）: Therapeutic Jurisprudence and Problem Solving Courts. *FORDHAM URBAN LAW JOURNAL* Vol. 30-5, 1055-1103

Winick, BJ.&Wexler, DB.（Eds）（2003）: Judging in a Therapeutic Key. Carolina Academic Press.

山田麻紗子（2013）:「犯罪心理鑑定（情状鑑定）の調査技術に関する一考察――家庭裁判所調査官調査の意義と調査面接導入過程に焦点を当てて」（日本福祉大学子ども発達学論集第 5 号）71 〜 81 頁。

米山正明（2011）:「被告人の属性と量刑」大阪刑事実務研究会編『量刑実務体系(3)）』所収（判例タイムズ社）。

第3章 米国の制度
―― 法曹三者以外の専門家の活動を中心に

◎第3章　米国の制度──法曹三者以外の専門家の活動を中心に

1　治療的司法という新しい流れ

丸山泰弘 Yasuhiro Maruyama

（立正大学）

はじめに

　アメリカでは、薬物依存で悩める刑事被告人に対して、伝統的な刑事裁判だけではなく、ドラッグ・コート（薬物専門の裁判所）が運用されている。その誕生とその展開を支える議論として登場したのが、本稿のテーマとなる「治療的司法（Therapeutic Jurisprudence）」である。治療的司法の概念を生み出したウィニック（Bruce J. Winick）とウェクスラー（David B. Wexler）によると、治療的司法とは、法の持つ治療的または反治療的な効果を適正手続等の諸価値を侵害することなく、法の「治療的な」効果をもたらすものであるとされる。この「治療的」という訳語が医療的な「治療」を連想させる用語であるために、妥当なものかどうかは今後も考察が行われるべきであろう。この「治療的司法」における「Therapeutic」とは、むしろ「回復的」に近い概念である。その「回復」も必ずしも身体や精神の医学的な「回復」を指すものではなく、社会環境の調整や、家族等の人間関係の回復、生活の再建といった「回復」を指すといった方が理解が進むかもしれない。

　ドラッグ・コートをはじめとした問題解決型裁判所は、その実務面を法曹三者やフォレンジック・ソーシャルワーカーなどが担うことで、生活上抱えていた生きづらさの解決を図ろうとするものである。

こういったアメリカでの取組みが、注目を集める一方で、日本でも刑事司法と福祉の連携が注目を集めている。特に、政府レベルでも再犯防止対策の必要性や重要性が認識されるようになったことを受けて、犯罪対策閣僚会議では数値目標を含めた「再犯防止に向けた総合対策」が決定され、その後も薬物依存問題や高齢者犯罪および障害のある人への対策としてあらゆる段階のみならず、刑事司法手続終了後も含めた「息の長い」支援のあり方が指摘された。さらに、2017年9月に再犯防止推進計画等検討会では、起訴猶予や宣告猶予のあり方についても議論が行われるようになり、ドラッグ・コートについてもマスメディア等によって注目を浴びるようになっている[1]。この再犯防止推進計画等検討会によって提出された「再犯防止推進計画（案）」には、その再犯防止に向けた取組みの課題として「刑事司法関係機関はこれらを支える取組みを実施してきたが、刑事司法関係機関による取組みのみではその内容や範囲に限界が生じている。こうした中、貧困や疾病、嗜癖、障害、厳しい生育環境、不十分な学歴など様々な生きづらさを抱える犯罪をした者等が地域社会で孤立しないための『息の長い』支援等刑事司法関係機関のみによる取組みを超えた政府・地方公共団体・民間協力者が一丸となった取組みを実施する必要性が指摘されるようになった。」としている[2]。つまり、従来の犯罪に対する責任主義としての刑罰のあり方から、貧困や疾病、嗜癖、障害、厳しい生育環境などの要因で犯罪をした人への介入のあり方を検討するとしているのである。
　たしかに、「治療的司法」の運用に近いもののように見ることができる。しかし、治療的司法がどのような概念で運用され、その理念や運用の面でどのような問題を抱えているのかを概観し、日本での導入を検討する際にはどのような諸問題が残されているのかを検討する必要があろう。本稿では、まず、治療的司法の概念を整理し、刑事司法と福祉の連携が進むことの功罪について確認する。それらの作業を行うことで、刑事司法で様々な

---

1) 例えば、毎日新聞（朝刊：2017年9月21日）。https://mainichi.jp/articles/20170921/k00/00e/040/319000c （2017年10月31日閲覧）
2) 法務省再犯防止推進計画等検討会「再犯防止推進計画（案）」2頁。http://www.moj.go.jp/content/001237167.pdf （2017年10月31日閲覧）

回復プログラムを行うことの限界について考察をしてみたい。

1　治療的司法とは何か

「治療的司法：Therapeutic Jurisprudence」という言葉がはじめて使われたのは、1987年のことである。ウェクスラーによって米国国立精神保健研究所で活字化されたのが始まりとされる[3]。このように紹介された後に、1990年代の初め頃から、徐々に司法の分野で浸透し始め、法律関係者も精神保健法の分野で使用され始める[4]。

治療的司法の概念の創始者であるウェクスラーとウィニックによれば、この数十年で司法の役割が大きく変化していること、ただ単なる行政の役割ではなくなってきていること、裁判所は刑事被告人が抱えている問題や現場で生じている問題を社会的にも心理学的にも解決する役割が与えられ始めていると指摘する[5]。彼らによれば、治療的司法は、メンタルヘルスに関する法律の分野から派生し、そこで活かされていたwell-beingの観点を他の法領域にも活用されるものだとし、「法」の持つ治療的または反治療的な効果について研究を行うことであるとする[6]。また、治療的司法とは「法の手続きや法の執行の場面において、憲法が要請する適正手続きや地域の安全に関するものよりも、クライアントにとって『治療的である』ということが優先されるということではない。他の関心事と同じレベルで、法が治療的な目的を達成しうるために、運用されるものである」とし、法は問題解決のための1つの手段として運用されるべきであるとする。つまり、「元々、法が与える影響は治療的あるいは反治療的なものがあり、その与

---

3) Peggy Fulton Hora, William G. Schma and John T. A. Rosenthal "Therapeutic Jurisprudence and the Drug Treatment Court Movement: Revolutionizing the Criminal Justice System's Response to Drug Abuse and Crime in America", Notre Dame Law Review, Vol. 74, Number 2, 1999, p442.

4) Ibid., p442.

5) Bruce J. Winick and David B. Wexler "Judging in a Therapeutic Key: Therapeutic Jurisprudence and the Courts", Carolina Academic Press, 2003, p3.

6) Ibid., p7.

える影響を行動科学の観点から研究し、適正手続きなどの重要な諸価値を侵すことなく、法が持っている治療的な機能を向上させるようにしていくもの」である。この概念が、本書の「問題解決型裁判所」の章で紹介したドラッグ・コートと結びつき世界中に広まっていくことになる。1989年にフロリダ州マイアミ市で始まったドラッグ・コートであるが、当初は司法省の支援もなく実務家が試みとして始めたものであった。ただし、実務としての実績は積み上がっていくが、理論面として、それを証明するものが存在しなかったのである。一方で、ウェクスラーとウィニックとしても、ほぼ同時期に精神保健法の分野で治療的司法の主張をしていたのだが、その理論の実践を行う存在を欲していた。理論における「治療的司法」と実践における「ドラッグ・コート」がお互いを認識し、相互に理論と実践を行うものであると認め合ったのが、1997年に開催された全米ドラッグ・コート専門家会議（National Association of Drug Court Professionals：以下、NADCP）からであった。

伝統的な裁判と治療的司法との比較[7]

伝統的な裁判所	治療的司法による裁判所
論争の解決	問題解決のための論争を回避する
法的なアウトカム	治療的なアウトカム
対審構造	協力的構造
クレーム処理または事例が中心	人が中心
権利ベース	関心事またはニーズがベース
判決が重要視される	判決までの過程と論争の回避が重要視される
決定者としての裁判官	コーチとしての裁判官
後ろ向き	前向き
手続が中心	計画が中心
少数の法廷関係者	広範囲にまたがる法廷関係者
個別的	相互作用的
形式的	非形式的
効率的であることを重視	効果的であることを重視

---

7) Ibid., p6.

裁判官たちは、薬物使用、逮捕、裁判、矯正施設収容、釈放、再使用を繰り返すクライアントを目の当たりにしながら、「まるで回転ドアを回っているだけのようだ」と司法の限界に悩まされていた。何か実務で行えることがないかを模索して登場したのがドラッグ・コートであった。純粋な薬物犯罪だけでなく、関連犯罪も多いため、薬物使用の問題そのもの、さらには、薬物使用に至る根本となる問題そのものの解決が図られない限り、この回転ドアは止められないと考えていたのである。

2　治療的司法とドラッグ・コート革命

　ドラッグコートは、1989年に世界で初めてフロリダ州で誕生して以来、徐々にその数を増やしていった。特に司法省の予算に含まれるようになってからは爆発的に数を増やしている。2014年末現在では3,000を超える問題解決型裁判所が運営されている。治療的司法が目的とする「法の介入によってもたらされる効果を活かした治療的な介入をする」という試みは、伝統的な刑事裁判では解決されてこなかった社会的問題、すなわちクライアントが抱えている生活を困難にさせていた社会的背景にある根本問題の解決を図るという試みとなっている。この概念が、薬物問題以外にも適応可能なのではないかということが語られるようになり、第3章2で紹介をしている「問題解決型裁判所（Problem Solving Courts）」が誕生した。

　問題解決型裁判所は、ドメスティック・バイオレンスの問題に特化したDV・コートであったり、ギャンブル依存の問題に特化したギャンブリング・コート、酩酊運転を繰り返す人のためのDUIコートなど様々な形へと変化していった。また、退役軍人のためのヴェテランズ・コートも注目され、過酷な戦地から帰還した元軍人たちが薬物問題で困っている際に、伝統的な刑事罰ではない解決方法の1つとして注目を集めている。

　爆発的に問題解決型裁判所の数が増えた背景には、犯罪に対する厳格な対応を採る共和党支持者であっても、よりリベラルな対応を求める民主党支持者であっても、ドラッグ・コートなどを支持したというものがある。1994年には司法省から「地域に根差した他の分野を巻き込んだ解決の方

法が、ドラッグ・コートのみならず、他の司法制度の領域にも適用されている」として報告がなされている。この中で、司法省は、これら問題解決型裁判所の発展を指して、「地域に根ざした改革である」と称賛をしている。また、ドラッグ・コートの成功事例を確認し合うために始められた全米ドラッグ・コート会議も第1回の1994年では、20名ほどの実務家が集まっただけであったが、今では4,000人を超えるドラッグ・コート関係者が集結している。この急激な変化をNADCP参加者や、ドラッグ・コート関係者たちは「ムーヴメント」であると呼び、「革命である」とまで言わしめたのである。

　上述のように、治療的司法は、伝統的な刑事裁判とは異なる効果を生み出そうと試みられたものである。従来の法曹三者の他にも司法ソーシャル・ワーカーやケースマネージャーなど、これまで法廷の中で中心的な役割を占めてこなかった職種に活躍の場が与えられている。

3　刑事司法の中で回復プログラムをするということ

(1) 医療モデル論の誕生と衰退

　周知の通り、1967年に大統領諮問委員会によって提案された「ダイバージョン」がアメリカの刑事政策へ与えた影響は大きい。早期に刑事司法から離脱させるという取組みは、介入によって自由を奪うことを避け、より重いレッテルを張ることを避ける一方で、これまでは刑事司法の対象とはなってこなかった人にトリートメントという名目で介入しネット・ワイドニングの問題も生じさせていた。たしかに、ドラッグ・コートは薬物犯罪へのダイバージョンをもたらしているが、長期にクライアントに介入が行われるという問題も抱えていたのである。特に開設当初のドラッグ・コートは、刑務所等の過剰収容の問題を解決したいがために、矯正施設に収容しないことだけを念頭に置いたものとなっていた。つまり、クライアントを、ただ刑事司法（または行政の）監視下に置くだけで治療プログラムなどのトリートメントは行われていなかった。そのため、保安処分的な運用が行われていたことが批判の対象とされたのである。

1970年代になると、それまでの医療モデル論や社会復帰思想に基づく刑事政策が批判を浴びるようになっていく。つまり、「司法」を「医療」と捉え直し、「犯罪者」は「病人」であり、「処遇」は「治療」であるとする考え方に基づいて介入をすることへの批判であった。

　このように医療モデルとは、刑事司法のシステムを医療のシステムに置き換えて考察するモデルである[8]。医療モデル論が台頭することで、それまでの非人道的な刑事司法の取り扱いに人道化と科学化をもたらすこととなった。しかし、同時に、医療の裁量を刑事司法手続の中にも認めることとなっていった。もともとは、画一的な強制処遇に対し、処遇の個別化をもたらすために発展していった考え方であった[9]。そこで行われる「処遇」の終了は、「病気」の完治を指すことになるために、その病気が治癒するまで介入が行われることとなる。これにより不定期刑を中心とした行刑の運用がなされるようになっていった。それと同時に、医療モデル論は、一個人を社会に適応させるために「改善する」といった考え方に結びつきやすい。この点で、人道的な政策のあり方を支持するリベラル支持者たちからは、当初こそ支持を集めていたが、社会復帰を理由に個人を社会に適応させることの賛否が分かれるようになり、後にリベラル支持者からも批判を浴びることになる。

　また、時を同じくして、ロバート・マーティンソン（Robert Martinson）の論文「What works? Questions and answers about prison reform」[10] が大きな影響を与えていった。それまでは、医療モデル論によって効果があると思われていた処遇プログラムの多くが、マーティンソンによって「何の効果もない」と言われてしまったのである。マーティンソン自身は、何の効果もないなら「やめてしまえ」と主張したのではなく、より効果のあるプログラムを行うべきであるという主張であったが、そういった本人の

8）　伊藤康一郎「医療モデル」藤本哲也編『現代犯罪学事典』所収（勁草書房、1991年）279～284頁、河合清子「公正モデル」同書所収294～296頁。

9）　（伊藤：註8）279～280頁。

10）　R. Martinson "What works? Questions and answers about prison reform", The Public Interest, Nr. 35, 1974, p22-54.

本意とは異なり、何の効果もないのであれば、犯罪には厳格に対応すべきであるという保守支持者によって論文が利用されていくこととなっていく。その後、社会復帰思想への批判と医療モデル論への批判から、裁量を許さない厳格な司法モデル論が主張されることとなっていった。つまり、医療モデルから司法モデルへと政策が変わった背景には、保守派から「寛大な処遇から厳格な処遇」を要求するために用いられ、リベラル派からも、「社会への適応を強要することへの反対」を要求するために用いられた。そのため、保守であってもリベラルであっても、医療モデルからの司法モデルへの変更について賛成をしたのである[11]。

こういった背景がありながらも、アメリカ国内においては、ドラッグ・コートが実務レベルで運用されている。さらに、ドラッグ・コートは、地域社会にある自助グループなどのサービス・プロバイダーが充実していなければ運用が困難となるはずだが、ドラッグ・コートを支える（クライアントを支える）プロバイダーがしっかりと土台を作り活動を行っている。

以下では1970年代の流れと、ドラッグ・コートの何が同じで、何が異なるのかを確認したい。

(2) ドラッグ・コートが抱える理念的な問題

アメリカでは、近年の刑事司法の実務におけるドラッグ・コートの運用とそれらの理論面を支えた「治療的司法」の展開により、クライアントの社会的背景にある諸問題の解決を目指す「治療的」という新たな概念が刑事司法の枠内に取り込まれるようになってきた。

いわゆる「逸脱行為」を「医療」の問題として見直すことは、それら「逸脱行為」に対する過激な厳罰思考を引き留める効果を持っているが、同時に「治療が強制される」という副作用も持っているとタルコット・パーソンズ（Talcott Parsons）は指摘する[12]。そこで用いられる介入は、一見「より治療的」で「より福祉的」であると同時に、その過介入から逃れること

---

11) (伊藤：註8) 282頁。
12) Talcott Parsons "Social structure and personality", New York Free Press, 1964〔邦訳：武田良三監訳『社会構造とパーソナリティ』(新泉社、1973年：新装版1985年)〕

は認められないようになっていくのである。病気として認識された逸脱行為（犯罪）は、同時に治療をすることが要請されるため、強制的な治療が行われようとも、クライアントには積極的に改善治療を求めるようになっていく。

　当然に、そこで行われる「治療的」な介入が、本人にとって有益であるという理由だけでは、刑事司法を用いて強制的に行われる介入の根拠とはならない。社会安全と犯罪予防のために用いられる回復プログラムは保安処分として運用される可能性が高いためである。

　日本では、自由刑の単一化の議論の中で、本人に有益であるとした義務化された処遇のあり方が言及されている。しかし、国連の被拘禁最低基準規則であるマンデラ・ルールにおいても被収容者の主体性の確保が規定されている。また、日本の刑事施設被収容者処遇法であっても、その30条には「（被収容者の）自覚に訴え」ることが必要であると規定されている。さらに、社会内処遇などの非拘禁的措置であっても、1990年の東京ルールズでは、一定の義務を課すのであれば、対象となる人の同意が必要であると規定している。つまり、本人の同意もない強制的な回復プログラムの押しつけは、国際基準からも困難であり、日本の被収容者処遇法の処遇の原則からも問題とされる可能性が高い[13]。ドラッグ・コートは、手続の最初にクライアントは弁護人が付いた状態で、従来の刑事裁判手続を受けるか、ドラッグ・コートの手続に進むのかを決定することができる。この面でも日本で語られているドラッグ・コート構想は異なるものであるということができる。

　一方で、「同意」が必要でないとする説も存在する。例えば、いくつかの仮説が考えられる。それは、「薬物犯罪の減少には治療が効果的なのであるから、同意は関係なく行うべきだ」といったものであったり、「強制的であっても効果があればいいのではないか」といったものなどが考えられよう。これらの仮説に実証的に答えられるデータが不十分なままであるので、結論は出すことが困難であるが、エビデンスが見つかり、効果的な

---

13) これらの問題については、拙稿「刑事司法における薬物依存回復プログラムの意義」『刑法雑誌』第57巻2号（2018年発行予定）。

治療方法が発見されたとしても、「治療行為」が「善行」であり、それを強制的に行ってもいいというためには、まだ問題が残されているであろう。特に、日本で語られる「再犯防止」は、対象となる人の社会復帰が第一命題とされたものではなく、社会の安全が第一命題とされる傾向がある。これを前提に犯罪減少ということが主目的とされた治療プログラムは保安処分化する可能性が高いからである。

むすびにかえて

ここまで「治療的司法」の概念の誕生から、ドラッグ・コートなどの問題解決型裁判所との結びつき、そして、その理念的な問題点を確認してきた。冒頭にも言及したように、日本においても「ドラッグ・コート」の運用が注目されつつある中で、いかにこれらを理解し、その問題点を理解していくかが今後の日本にとって示唆となるであろう。

法務省再犯防止推進計画等検討会は、2017年9月に中間案を示した。その計画の目的に「(省略)再犯者による罪は窃盗、障害及び覚せい剤取締法違反が多いこと、刑事司法関係機関がそれぞれ再犯防止という刑事政策上の目的を強く意識し、相互に連携して職務を遂行することはもとより、就労、教育、保健医療・福祉等関係機関や民間団体等とも密接に連携する必要があること、犯罪者の更生に対する国民や地域社会の理解を促進していく必要があることを示し、国民が安全・安心に暮らすことができる社会の実現の観点から、再犯防止対策を推進する必要性と重要性」があるとしている[14]。このように、刑事司法だけが担うのではなく、民間団体との協力のもと相互の連携が必要であるとする。さらに、「貧困や疾病、嗜癖、障害、厳しい生育環境、不十分な学歴など様々な生きづらさを抱える犯罪をした者等が地域社会で孤立しないための『息の長い』支援等」が必要であるとも言及している[15]。つまり、短期目標としてではなく、また厳罰化による再犯防止ではないことが目指されている。

---

14) (法務省再犯防止推進計画等検討会:註2) 1頁。
15) (法務省再犯防止推進計画等検討会:註2) 2頁。

一方で、これら中間案で注意すべき点もある。それは、その再犯防止が誰のためであるのかという点と、数字目標が設定されていることである。アメリカでは医療モデル論の衰退とともに司法モデル論が発展を遂げ、裁判官に裁量権を与えない徹底した厳罰化が進められた。ここでの「再犯防止」は上記のような社会的な生きづらさを抱えた人の社会的問題を解決することを目指されたものではなかった。そのため、初期の頃のドラッグ・コートはただ単に収容率の解決を図った取組みをして失敗をしている。つまり、クライアント本人の社会生活の立て直しを土台とした社会復帰ではなく、社会の安全のための「再犯防止」が目指されていたのである。では、日本の「再犯防止」は、本人の社会生活の立て直しが目指されているであろうか。その面が無いとはいえないが、まず社会の安全が目指されているのではないか。また、再犯防止推進法に伴い、5年ごとに計画が検討されることから、単独の省庁で行えるものは原則1年以内に取組みが始まり、複数の省庁にまたがるものなどは原則2年以内に結論が出され、施策を実施することとなっている。その際に、1つの基準となってくるのが、刑法犯の検挙人員の再犯者の数や再犯者率によって示される「再犯の防止等に関する施策の成果指標」や、就労および住居の確保等を示す「再犯の防止等に関する施策の動向を把握するための参考指標」などで、数値目標が設定されている[16]。この中間案では、重点課題として、就労・住居の確保、保健医療・福祉サービスの利用の促進、犯罪をした者等の特性に応じた効果的な指導の実施、民間協力者の活動の促進、地方公共団体との連携強化などをあげて、総合的な視点で取り組むことが示されている。具体的な施策にも、関係機関における福祉的支援の実施体制の充実が目指されており、特にアセスメント機能の強化として「法務省は、犯罪をした者等について、これまで見落とされがちであった福祉サービスのニーズを早期に把握して福祉サービスを利用させるため、少年鑑別所におけるアセスメント機能の充実を図るとともに、矯正施設における社会福祉士等の活用や、保護観察所における福祉サービス利用に向けた調査・調整機能の強化を図る」こと

---

[16]（法務省再犯防止推進計画等検討会：註2）4〜7頁。

や「矯正施設、保護観察所及び地域生活定着支援センター等の多機関連携の強化」、「更生保護施設における支援の充実」、「刑事司法関係機関の職員に対する研修の実施」などを通して、司法と福祉の連携について強化していくと示している[17]。しかし、数値目標が設定されていることで、これら数値目標が達成されない時に、重点課題そのものが否定されかねない。

　さいごに、司法と福祉の連携の功罪について触れておきたい。「治療的司法」の実践である問題解決型裁判所では、刑事司法の枠内で、福祉的な支援を行う。犯罪へとつながる問題の解決を図ることは、その生活で苦しむ人たちにとって、重要な支援となる。しかし、いかに「福祉的」であっても、刑事司法で行っている支援であるという限界がある。対象となる人の生活が安定し、再犯から遠ざかった生活をするまでには時間がかかることも、失敗があることもある。本当の意味で「息の長い」支援を行う必要がある。それが押し付けられた「福祉」とならないよう、強制された「福祉」とならないように注意したい。

---

17)（法務省再犯防止推進計画等検討会：註2) 16〜17頁。

◎第3章　米国の制度——法曹三者以外の専門家の活動を中心に

2　問題解決型裁判所
　——ドラッグ・コートを中心に

丸山泰弘 Yasuhiro Maruyama

（立正大学）

はじめに

　20世紀後半までのアメリカ薬物政策は、主に薬物の問題使用を医療の問題として捉えていた。そこから、心理学的・道徳的な問題へと展開されていく中で、法律で規制されるようになっていく。特に、ニクソン政権下では、「War on Drugs（薬物との戦い）」が展開され、徹底した取り締まりの強化によって取り組まれることとなった。しかし、その厳罰化の流れの中で、「薬物依存症」そのものは、犯罪ではないとし、治療を中心とした社会安全のための収容が行われるようになっていった。ちょうど時期的には、医療モデルや社会復帰思想に期待が寄せられている頃である。しかし、周知の通り、医療モデルを中心とした「犯罪者は患者であり、犯罪は病気である。」とした考え方を土台とする「犯罪には治療が必要である。」とする介入は、捜査関係者や法曹関係者などの恣意的なクライアントへの介入をもたらし、それが長期化されるという問題点も抱えていた。その後、社会復帰思想が批判を受けたことにより、厳格に犯罪に対処するという公正モデルが展開される。これが、アメリカに過剰収容をもたらしていくことになる。

　そういった大きな流れの中で、何度も「もうやめたい」と証言している薬物使用者が何度も裁判に関わることを目の当たりにした裁判の実務家た

ちが実務のレベルで始めたのがドラッグ・コートである。

　ドラッグ・コート[1]は、薬物の関連犯罪を犯した薬物使用者に対して、伝統的な刑事裁判とは異なり、治療的な介入が行われる特別な薬物犯罪専用の裁判である。このドラッグ・コートが従来の「ただ反省を促す」ことを目的とした刑事裁判とは、その目的も、裁判のあり方も、関わる法曹と関係者にも役割の変化をもたらした。具体的には、裁判の審理期間中に中長期をかけて薬物依存治療プログラムを受けることを通じて生活スタイルを変化させることを目指して行われる。その間に、裁判官は、集中的に監督を続け、回復過程を見守る。それらプログラムを修了した被告人（以下、「クライアント」）に対し、裁判の審理を打ち切り、前科が残らないように配慮される。

　ドラッグ・コートは、薬物の問題使用によって苦しんでいる人の生活に変化をもたらすものとして期待されている。そのドラッグ・コートの運用の際には、裁判官がリーダーシップを発揮することが求められているが、独断と偏見によって個人で進めることはできない。

　このように、ドラッグ・コートや、他の問題解決型裁判所は、急激に展開されていくことになるが、常にその方法は批判の対象にもされてきた。それは、効果面の指摘であったり、理念的な問題の指摘であったり、様々なものがある。

　特に、日本では、2017年2月から組織された「再犯防止等推進会議」

---

1) ドラッグ・コートに関する文献は多いが、さしあたり、日本で初めて翻訳された本として、小沼杏坪監訳『ドラッグ・コート――アメリカ刑事司法の再編』（丸善プラネット株式会社、2006年）〔原書 James L. Nolan, Jr., "Reinventing Justice: the American drug court movement", Princeton University Press, 2001.〕がある。また、日本で初めての研究書としては、石塚伸一編著『日本版ドラッグ・コート――処罰から治療へ』（日本評論社、2007年）がある。アメリカを中心とした外国語文献は、さらに多数あるが、本稿は、特に、初めてドラッグ・コート専門家会議と治療的司法の提唱者ブルース・ウィニックおよびデイビッド・ウェクスラーがお互いに理論と実践であると認め合った Peggy Fulton Hora, William G. Schma and John T. A. Rosenthal, "Therapeutic Jurisprudence and the Drug Treatment Court Movement: Revolutionizing the Criminal Justice System's Response to Drug Abuse and Crime in America", Notre Dame Law Review, 1999, Vol 74. を参照することとする。

において、薬物事犯者への取組みについて言及がなされ、「ドラッグ・コート」の運用が議論され始めているとマスコミ報道がなされた。そこで、本稿では、ドラッグ・コートや問題解決型裁判所の基本概念を確認しつつ、そこで指摘される問題点を確認し、日本への示唆としてこれらを検討することを目的とする。

1　ドラッグ・コートとは何か

(1)　ドラッグ・コートの誕生

　ドラッグ・コートは、1989年にフロリダ州マイアミ市で誕生して以来、瞬く間に全米へと展開されていく。全米で3057のドラッグ・コートが存在し（2014年12月31日現在）、薬物問題に限られず、様々な社会的問題を抱える人たちへの司法の問題解決の方法の一つとして捉えられていくようになった。これらは総称して、「Problem Solving Court（問題解決型裁判所）」と呼ばれる。

マイルストーン
【ドラッグ・コートおよび他の問題解決型裁判所の展開】[2]

【1989年】
・アメリカでのコカイン問題を受けて、最初のドラッグ・コートがフロリダ州マイアミで設立される。
【1990年】
・矯正施設への支出が260億ドルを超える。
【1991年】
・薬物犯罪で有罪となる人が、全有罪判決の中で31％となる。 ・州刑務所の危険性が低い薬物犯罪者への支出が年間12億ドルとなる。

---

[2] Douglas B. Marlowe, Carolyn D. Hardin and Carson L. Fox, "Painting the Current Picture: a National Report on Drug Courts and Other Problem-Solving Courts in the United States", National Drug Court Institute, 2016, p13.

【1992 年】
・女子州刑務所の約 3 分の 1 が薬物事犯者となる。
・初めての女性のためのドラッグ・コートがミシガン州カラマズーに設立される。

【1993 年】
・連邦刑務所の収容者の約 60％が薬物事犯者となる。
・初めてのコミュニティ裁判所レベルでドラッグ・コートがニューヨーク州ブルックリンに設置される。

【1994 年】
・全米で収容者が 100 万人を超える。
・「暴力犯罪および法執行法（Violent Crime Control and Law Enforcement Act of 1994）」[3]が議会を通過する。
・「全米ドラッグ・コート専門家会議（National Association of Drug Court Professionals）」（以下、NADCP）が発足される。

【1995 年】
・ドラッグ・コート・プログラムオフィスが司法省に設置される。
・NADCP の第一回大会がネバダ州ラスベガスで開催される。
・初めての酩酊運転専門のドラッグ・コートがニューメキシコ州に設立される。
・初めての少年用ドラッグ・コートがカリフォルニア州に設立される。
・初めての家庭裁判所のドラッグ・コートがネバダ州で設立される。

【1996 年】
・カリフォルニア州と州のドラッグ・コートが初めて州レベルで協力を開始する。
・初めての重罪のドメスティック・バイオレンス・コートがニューヨーク州ブルックリンで設立される。

---

[3] 「三振法」として有名な立法。薬物犯罪に対しては、不法な取引への罰則を厳格にする一方で、薬物問題を抱える収容者のためのプログラムやドラッグ・コート拡大に対しては、充実させる法律となっている。

【1997 年】
・アメリカで（保護観察なども含め）監視下に置かれる人が 570 万人となる。
・初めてのネイティブアメリカンのための裁判所がアイダホ州で設立される。
・ドラッグ・コートで遵守すべき 10 の鍵概念を作成する。
・初めてのメンタル・ヘルス・コートがフロリダ州で設立される。

【1998 年】
・全米ドラッグ・コート研究所（National Drug Court Institute）が設立される。
・1999 年予算でドラッグ・コートへの支出が 4000 万ドルに達する。

【1999 年】
・全米での収容者数が 200 万人に達する。
・地区レベルの弁護士会や全米保安官協会などからの支援が決定される。

【2000 年】
・全米弁護士協会（ABA）の規則 2.77「ドラッグ・コートの手続き」がリリースされる。
・最高裁判所などの問題解決型裁判所への支援が決定される。

【2001 年】
・少年ドラッグ・コートのための 16 の戦略が NADCP および少年・家庭裁判所評議会によって作成される。

【2002 年】
・初めてのキャンパス専用ドラッグ・コートがコロラド州立大学に設立される。

【2003 年】
・全米司法研究所（National Institute of Justice）のレポートにより、ドラッグ・コートの卒業生が 16.4％の再犯率の減少をもたらしたことが報告される。

【2005 年】
・33 州のレポートによると主要な使用薬物がメタンフェタミンであるクライアントの増加が見られることが報告される。

【2006 年】
・全米での収容者数が 220 万人に達する。
・アメリカで（保護観察なども含め）監視下に置かれる人が 720 万人となる。

【2007 年】
・全米酩酊運転センター（National Center for DWI Courts）が設立される。

【2010 年】
・全米ドラッグ・コート・リソース・センターが設立される。

【2012 年】
・キャンベル共同計画がドラッグ・コートの効果について言及をする。
・議員の司法委員会からヒアリングが行われる。

【2013 年】
・退役軍人ドラッグ・コートの全米会議が初めて行われる。

【2015 年】
・ドラッグ・コートへの連邦予算が 1 億 1 千万ドルに達し、新記録となる。

（注）ダグラス・マールローらの「Painting the Current Picture: a National Report on Drug Courts and Other Problem-Solving Courts in the United States を元に作成

　アメリカにおいても、薬物事犯者が大量に検挙され、裁判が行われ、矯正施設に収容されるということが繰り返されていた。それに伴った巨額の公費が費やされていたこともアメリカでは問題視されていた。また、それだけでなく、何度も逮捕されても、何度も裁判にかかっても、何度も矯正施設に送られても、また舞い戻ってくるクライアントを見つめながら、根本にある「薬物依存症」に何かしらのアプローチができない限り、この問

題は、解決しないのではないかという思いが、裁判実務を担っていた実務家の中で生じていたのである。むしろ、刑罰によってその使用をやめさせることは不可能に近く、普段の生活から切り離されて、刑事司法手続に巻き込まれることで、クライアントの生活は不安定なものへとなっていた。たしかに、徹底した末端使用者への取り締まりは、初犯の段階で、その使用をやめる人も存在するが、ますます孤立化が進む要因にもなっていたのである。そういった状態が繰り返されることで、職場からは解雇され、家族からは絶縁されるなど、生活の基盤が失われていき、釈放後の生活が、以前よりも悪化していることが多くなっていった[4]。これらの問題を解決するために、1989年に実務家たちの運用からドラッグ・コートという新たな薬物政策を開始したのである。

その後、上記のマイルストーンにもあるように、1994年に「暴力犯罪統制及び執行法（Violent Crime Control and Law Enforcement Act of 1994）が施行された。これによって、ドラッグ・コートは、各州において、そのプログラムの拡充と薬物使用者への治療プログラムを充実させることが目指されることとなった。

(2) ドラッグ・コート

ドラッグ・コートは、薬物欲しさから行われた窃盗などの薬物関連犯罪を含む薬物事犯者を対象とした特別の裁判所である。審理期間を利用しながら、サービスプロバイダーとの協力体制のもと、グループミーティングや治療共同体でのプログラムを利用しつつ、薬物を使用しないでも生きていける生活スタイルを身に着けていくように促していく。そういった段階を裁判官を中心とした法曹関係者が関り、直接的な決定権を有するのがドラッグ・コートである。これまでの伝統的な刑事裁判とは異なり、薬物依存という症状を回復するための手続のあり方を模索し続け、その経緯を裁

---

[4] Peggy Fulton et al., op. cit., p480. ほか多くの論者が「刑事司法システムは回転ドアである（Revolving-door justice）」と指摘する。例えば、Greg Berman and John Reiblatt "Good Court: the case for problem-solving justice", The New Press, 2005, p3. など

判官がプログラムの修了時まで集中的に監督する。無事にプログラムが修了すると、手続が打ち切られるために、刑務所などの拘禁刑が回避される。

2014年末現在では、3000を超すドラッグ・コートが存在するために、その運用の中身は実に多様である。薬物を対象とする問題解決型裁判所だけを見ても、成人用のドラッグ・コート、少年用のドラッグ・コート、親権を争うための家族用ドラッグ・コート、退役軍人のためのドラッグ・コートなど細分化されている。また、事項に紹介するように、薬物問題に限定されない社会的問題を解決する裁判所として、問題解決型裁判所が機能し始める。さらに、同じ「成人用のドラッグ・コート」であっても、手続のどの段階で行われるかでも異なることがある。例えば、罪状認否の段階で行われる有罪答弁前モデル（Pre-Plea Model）、有罪答弁後モデル（Post-Plea Model）、そして判決後に行われる執行猶予モデル（Post-Adjudication Model）などがある。その多くが非暴力による薬物犯罪を対象としているが、重罪に関わる薬物関連犯罪を対象に含むドラッグ・コートも存在する。このように、アメリカでは刑事手続のあらゆる段階での介入を予定しているが、より刑事罰が担保になるような運用が行われていることが多いようである。つまり、起訴段階や審理の最初の段階というよりも、宣告を猶予した段階や実刑の執行を猶予した段階での運用が多くなっている。

少年用のドラッグ・コートでは、薬物事犯の非行少年に集中的に介入し、継続して回復プログラムや教育的なサポートも行う。さらに、少年自身の非行問題だけでなく、家族関係や、家族そのものにも働きかけを行っていく。また、被扶養者のためのドラッグ・コート（Dependency Drug Court）もあり、親権を争っている事案に対して、薬物問題が見られるような場合に、子どもが安全に暮らせるように薬物使用からの回復プログラムが行われる[5]。

---

5) （Douglas B. Marloweほか：註2）p20〜p23.

(3) 全米ドラッグ・コート会議の登場

　多種多様なドラッグ・コートが登場するとともに、成功（再使用を減らす効果があるという意味での「成功」）するドラッグ・コートと、ただの監視強化に利用され逮捕者を増やすだけのドラッグ・コートが問題とされていた。ドラッグ・コートが実務レベルで開始されてすぐの頃は、薬物事犯による過剰収容の解決を図ることが第一に目指されていた。そのため、ただ迅速に処理をするということだけが注目されていた。しかし、十分な回復プログラムも提供されないままに、再使用率の高い薬物使用者の監視だけが強化されたことにより、再逮捕される事案が増加してしまった。さらに、重罪のみを対象としていた三振法の対象に非暴力の薬物事犯も含まれるようになり、ますます過剰収容に影響を与える結果となっていった。結果的に監視が強化されただけのドラッグ・コートとの違いのために、「ドラッグ・トリートメント・コート」と名付け、異なるものであるという思いが込められたドラッグ・コートも設立された。そう言った多種多様なドラッグ・コートの統一と連携をする目的で1994年に全米ドラッグ・コート会議（National Association of Drug Court Professionals: NADCP）が発足され、そのNADCPから全米のドラッグ・コートが守るべき10の概念が1997年に発表された。

ドラッグ・コートのための10の鍵概念（10 Key Components）[6]

1. ドラッグ・コートは、アルコールとその他のドラッグについてのトリートメント・サービスを刑事司法手続と結合させる。	1. Drug Courts integrate alcohol and other drug treatment services with justice system case processing.

---

[6] National Association of Drug Court Professionals Drug Court Standards Committee, "Defining Drug Courts: The Key Components", 1997. https://www.ncjrs.gov/pdffiles1/bja/205621.pdf　（2017年10月31日閲覧）

2. 対審構造にせず、検察官と弁護人は、憲法が要請する適正手続とドラッグ・コートの参加者の憲法的保障を遵守しながら、公共の安全を促進する。	2. Using a non-adversarial approach, prosecution and defense counsel promote public safety while protecting participants' due process rights.
3. 可能な限り早期にドラッグ・コートへの参加適合とみなされ、識別されれば、迅速にドラッグ・コートのプログラムに参加させられる。	3. Eligible participants are identified early and promptly placed in the drug court program.
4. ドラッグ・コートは、アルコールやドラッグ、さらにその関連犯罪に対しトリートメントおよび社会復帰に向けたサービスへのアクセスを提供する。	4. Drug courts provide access to a continuum of alcohol, drug and other related treatment and rehabilitation services.
5. アルコールおよびドラッグのクリーン状態は、頻繁に行われる薬物テストによってモニタリングされる。	5. Abstinence is monitored by frequent alcohol and other drug testing.
6. 調整された薬物戦略が、参加者に対しドラッグ・コートの影響を与えることができる。	6. A coordinated strategy governs drug court responses to participants compliance.
7. 個々の参加者と裁判所の間で繰り広げられる相互作用が重要である。	7. Ongoing judicial interaction with each drug court participant is essential.
8. モニタリングとそれに対する評価こそが、プログラムの達成度とその有効性などを測定することができる。	8. Monitoring and evaluation measure the achievement of program goals and gauge effectiveness.
9. 学際的な教育を継続することが、ドラッグ・コートの立案、実行、および運営を効果的に促進させる。	9. Continuing interdisciplinary education promotes effective drug court planning, implementation, and operations.
10. 公的機関、地域社会に根ざした組織間の協力関係を強化することが、その地域での支援を生み、ドラッグ・コートの有効性を強化する	10. Forging partnerships among drug courts, public agencies, and community-based organizations generates local support and enhances drug court effectiveness.

(4) 裁判関係者の役割

　伝統的な刑事裁判のように対審構造をとらないために、関係者の役割に変化が生じている。ドラッグ・コートの関係者は、検察官であろうがクライアントの回復そのものが目標とし活動している。例えば、裁判官は、ドラッグ・コートのチーム全体をまとめるリーダーシップを発揮しなければならない一方で、独断で何もかも決めていくことはしない。必ず、弁護人や検察官だけでなく、法廷の内外で活躍しているフォレンジック・ソーシャル・ワーカーと相談をして問題解決を図っていく[7]。

　検察官は、ドラッグ・コートの専従である場合が多い。裁判であるために、起訴などの一般的な検察官としての役割も果たしているが、クライアントの回復に寄与することが求められている。また、弁護人の多くは公設弁護士事務所の所属であり、通常の刑事裁判の弁護人としての役割に加えて、重要なものがある。ドラッグ・コートは、手続の開始時に、クライアントが通常の伝統的な刑事裁判によって裁かれたいか、ドラッグ・コートの手続がいいかを判断しなければならない。そのため、その被告人としての権利制限が発生しうる場面において、弁護人としてメリット・デメリットを伝え、本人の「同意」が適正なものであることを保証することになる[8]。

　そして、特に注目に値するのが、フォレンジック・ソーシャル・ワーカー（司法専門のソーシャルワーカー）を中心とした法曹三者以外のスタッフの存在であろう。具体的に挙げるとすれば、裁判所と地域社会での福祉的なサービス、サービス・プロバイダー、回復支援施設とをつなぐソーシャル・ワーカーであったり、実際に回復プログラムを提供している自助グループのスタッフなどである。これらスタッフには薬物使用経験のある人も少なくない。薬物使用者の回復段階でどのような気持ちになるのか、どういった場面でスリップしやすいのか、どういう行動がそれらの衝動を止めるのに役立ったのかなどは、薬物使用の経験がない法曹三者が何を言っても無

---

7) Peggy Fulton Hola et al., op. cit., p 476.
8) ibid., p479

駄である。たとえ、法曹三者が何かを発言したところで、それはクライアントを責めることが中心になるからである。しかし、ピア・カウンセラーであったり、回復プログラムを提供する回復者たちの語りは、今現在に薬物使用が止められなくて困っているクライアントには届きやすい。そのようなグループセラピーとしての役割を果たすだけでなく、回復のモデルとして目の前に存在することがクライアントの希望となっていく。また、裁判所側の意向をクライアントに伝える方向性だけでなく、クライアントの思いや発言を裁判所に伝えることも可能である。このように、法廷の内外での活躍の場があり、日本には、このように司法専門で被告人のために活動するソーシャル・ワーカーの存在が圧倒的に足りていない。さらには、こういったスタッフの発言や意向をしっかりと聞き取る裁判官と検察官も日本には圧倒的に足りていない。ドラッグ・コートでは、自分の専門でないことについて、「彼らの方がこの問題については専門家である」という裁判官が多く、ハッキリとした役割分担が行われている。上述のように裁判官が独断と偏見で審理を進めるということは一切ない。

(5) サンクションのあり方と再使用をどう見るか

　ドラッグ・コートが対象とするクライアントは、非暴力の薬物事犯者が多いことはすでに言及した。薬物依存症の回復がメインであるために、関連犯罪といっても営利目的や密輸に関するものなどは、対象としていないドラッグ・コートもある。さらに、性犯罪や暴力を伴うものは対象外とされている場合が多い。

　具体的な回復プログラムは、AAやNAなどのように12ステップム[9]を利用したものが多いが、それらがプログラムとして合わないクライアントもいるので、様々な回復プログラムを用意することが重要になる。また、回復過程によって切り替える必要もある。例えば、回復が始まってすぐの

---

9) 回復の過程を12の段階にわけたプログラム。例えば「否認の病気」といわれる依存症であるから、第1ステップは「依存症に対して無力であることを認める」ことである。AAは http://www.cam.hi-ho.ne.jp/aa-jso/ 、NAは http://najapan.org/ をそれぞれ参照。

クライアントと1年以上のクリーン状態が続いているクライアントではプログラムが異なることもある。

多くのプログラムでは、認知行動療法が行われる。再使用に至った場合にも、すぐにそれを咎めるのではなく、トライとエラーを繰り返した行動療法が行われる。それが、次なる行動や生活パターンの修正に利用されたり、本人たちが、薬物に対して無力であるという12ステップにおける1ステップに気づくために必要なものであったりもする。そのため、薬物検査で再使用が見られても、刑事施設に収容するといったことは行われない。むしろ、この積み重ねこそが、回復にとって重要なものであると考えらえている。しかし、何度も失敗が繰り返されたり、薬物検査を受けないという態度をとったり、陽性反応が出ているにもかかわらず、「使用をしていない」という嘘を繰り返す場合には、徐々にサンクションが課されることになる。

罰するだけでなく、賞賛される時も「サンクション」という言葉が使われる。まず、賞賛される意味での「サンクション」は、教育プログラムを受けて高校卒業資格を得られるなどのプログラムが用意されていたり、修了証が修了式で裁判官から授与され、皆の前でお祝いをされたり、裁判官がハグをして讃える。この修了証が就職活動に役立つ時もある。一方で、罰としての「サンクション」は、上記のように何度も陽性反応が繰り返される時や紹介された回復プログラムに参加しないなどが行われた際に、徐々に罰が課されていくようになる。例えば、他の人の審理を傍聴することが命じられたり、週に何度も法廷に来るように命じられたりすることが行われ、徐々に1日だけのジェイルへの収容が行われ、数日間のジェイルへの収容が行われる。そして、最終的には、ドラッグ・コートの手続が打ち切られ、伝統的な刑事裁判に移されて、刑務所に収容されることになる。

ここで日本への示唆として問題となるのは、「再使用」の捉え方についてである。日本の再使用や所持罪への対応は厳格なものであり、法律上可能な再度の執行猶予であっても、その運用はごく少数にとどまってい

る[10]。

2　問題解決型裁判所

　問題解決型裁判所（Problem Solving Court）は、刑事司法が介入する際に、対象となる人に与える影響や効果を用いて、伝統的な刑事裁判とは異なる方法で、彼らの社会的に抱えている問題の解決を図ろうとするものである。上述のようにドラッグ・コートがその前身と中心を担ってきているが、その理論面を支えた治療的司法（Therapeutic Jurisprudence）の概念が、薬物問題以外の解決にも利用されるとして、全米へと拡大していった。

　伝統的な刑事裁判では解決できない社会的な問題とは、例えば、ドメスティック・バイオレンスの問題に特化したドメスティック・バイオレンス・コート、病理的および強迫的にギャンブルを繰り返し、資金のために犯罪を繰り返す人のためのギャンブリング・コート、酩酊運転を繰り返す人のためのDUIコートまたはDWIコート、さらにはホームレス・コートや不登校コートなど多種多様である。

　ドメスティック・バイオレンス・コートは、通常の刑事裁判では暴行罪や傷害罪によって起訴され、有罪判決を受ければ実刑が言い渡されるといった過程を進むが、ここでは、それぞれが回復プログラムを受けながら、ソーシャル・ワーカーによる支援を同時に受けられる。例えば、心理的トラウマなどのケアに加えて、経済的に自立が困難であるシングルマザーへの支援として、シェルターだけでなく、その後の自立した生活が送れるような仕事の紹介や住居の問題の解決を行っていく。また、回復可能な関係であり、両者が望むのであれば、加害者と被害者の関係整理を行ったり、生活環境調整を図る。

---

10) 拙稿「執行猶予中の覚せい剤取締法違反（所持・使用）に対し、医療や回復支援の体制が整えられたとした原審の再度の執行猶予判決を破棄し、実刑を言い渡した事例」『新・判例解説 Watch』第17号（日本評論社、2015年）207〜210頁。

DWIコート[11]は、薬物の影響やアルコールの影響のある状態で、運転を繰り返すクライアントのための裁判所である。ここでも繰り返される酩酊運転の根本原因となっている問題に焦点が当てられつつ、回復プログラムが行われる。基本的には、繰り返される常習者のための裁判所であるが、いくつかのDWIコートでは、初犯であっても、血中アルコール濃度が高く、事故による被害者が出る可能性が高い場合には、介入が行われる。

　ホームレス・コートは、路上生活者取締法による軽犯罪や迷惑行為を行ったとして刑事司法に巻き込まれているホームレスを対象に行われる。本人にとっても安全のための介入や安定した住居の提供などの社会保障サービス、また生活スキル・トレーニングなどが提供される。

　以上のように、ここの事例に伝統的な刑事裁判を行い、その行為に刑罰を与えて終わりとするのではなく、司法の果たす役割を再定義し、問題を解決するための裁判所として、ソーシャル・サービスのニーズが高いクライアントの支援を行うことを目的として行われている。問題解決型裁判所はドラッグ・コートがきっかけであったが、すぐに薬物問題以外の社会的ニーズが高い人への運用へと広まっていった。1994年には、アメリカ司法省によって「治療型のドラッグ・コートをモデルとした、他分野を巻き込んだ方法が、他の司法制度の領域にも適用されている」と賞賛された。

3　その効果的および理念的批判について

　コスト面や再使用率の面でドラッグ・コートの効果を示すエビデンスやレポートが大量に紹介されていく一方で、ドラッグ・コートの運用については、その限界と問題点を指摘するものも登場する。例えば、Drug Policy Alliance（以下、DPA）[12]の主張は、ドラッグ・コートは確かに従来の厳罰による薬物政策から何歩も進んだものであるが、その背景に刑事罰を利用していることによって様々な限界があるというものである。

---

11) 厳密には、問題解決型裁判所という位置づけよりは、ドラッグ・コートの一種であるという見解もある。
12) https://www.drugpolicy.org/about-us　（2017年10月31日閲覧）

DPAは、エビデンスに基づいた効果的な薬物政策は、非犯罪化であると主張する団体である。特に、ドラッグ・コートでは限界があるという視点については、施設収容を減らしたという表向きの効果が示される一方で、社会内処遇は減っておらず、施設収容の機会を減少させるまでには至っていないとする。また、再使用に限っても数を減らすような結果にはなっていないとする[13]。たしかに、ドラッグ・コートといえども刑事罰を土台にしたプログラムである限り、この問題は常に付きまとうこととなるであろう。

むすびにかえて

筆者は、NADCPに定期的に出席している。その会議では、大統領直下の薬物統制局の代表が基調講演に来ることも度々行われている。つまり、施設収容に頼らない薬物政策を実現すると宣言した前オバマ大統領の計画の中には、ドラッグ・コートは切っても切れない薬物政策の一つとして重要であるということを示している。

そのNADCPで興味深いセッションが行われた。上述のように、NADCPは、全米の中でも多種多様なドラッグ・コートがある中で、実際にうまく機能しているドラッグ・コート・チームを招聘し、他のドラッグ・コートのチームに実務の紹介をしている。そのセッションは、カリフォルニア州サンタバーバラのドラッグ・コート・チームの報告であった。その報告は、「効果のあるトリートメント・チームの作り方（Building a Treatment team that works）」というテーマで行われた。特に重要なこととして、繰り返されていたのは、「関係者同士がタグの取り合いをするのではなく、

---

13) 特に、ドラッグ・コート制度が、施設収容にとって代わる物になっていないと主張がなされる。例えば、バルチモアのドラッグ・コートを3年間追った調査では、31％の対象者が平均22週近くプログラムを受けた後に修了をしている。それ以外の11％は、プログラムを継続中で、45％が平均17か月ほどで手続を終了されている。つまり、半分近くの対象者が「欠落者」と位置付けられており、DCのスタッフ自身が1年半近くの厳格な要求に固執しており、伝統的な手続のそれよりも長期間の介入をもたらしている。

共同で何かを成し遂げていくようにすることが重要である」ということ、「そこでいう、『関係者』とは、裁判所とクライアントとの二項対立ではなく、さらに、その法廷に関わる関係者は、裁判官であろうと、検察官であろうと、弁護人であろうと、ケース・マネージャーであろうと、全員がお互いを尊敬し合う関係でなければならない」とうことであった。合言葉は、「冷静に物事を見よう。あなたは全員を救うことはできない。時々、タオルを投げ（全面降伏し）なければならない。あなたにはあなたができる援助がある（Keep perspective, you can not save everyone. Sometimes you have to throw in the towel and move on. Make room for someone you can help)」である。つまり、できることとできないことを区別し、専門家が他の専門にも口が出せると勘違いしないことが重要であると指摘していたのである。

　実は、ここに日本への示唆が含まれているのではなかろうか。全てを自分でできると過信してはならないというスタンスが、果たして日本の法曹関係者にあるだろうか。専門家が出した鑑定や意見を自分の知らないことへの尊敬として扱っているであろうか。さらに、これらが法曹関係者への戒めである一方で、受け皿となる福祉関係者にもいえることであろう。つまり、司法福祉の波が迫る中で、より福祉的で、より医療的な支援が刑事司法でも行われるようになってきた。これは前進と見ることもできるが、より福祉が司法化し、福祉が司法の下請け化していることにもつながっている。それぞれの専門家が、タグを取り合うのではなく、できないことにはタオルを投げて、自分のできることを精一杯行い、それぞれの専門家が協力しあうことこそが、いい専門家集団になるのではなかろうか。

◎第3章　米国の制度──法曹三者以外の専門家の活動を中心に

3　判決前調査　その歴史と現状
――刑事裁判にかかわる人間行動科学の専門家に焦点を当てて

須藤　明 Akira Sudo

（駒沢女子大学）

はじめに

　米国においては、保護観察局もしくは裁判所の担当部署に所属ずる Probation Officer[1]が被告人に関する情報を収集する判決前調査（Pre-sentence Investigation）を行うシステムがある。また、弁護人スタッフのソーシャルワーカー、とりわけ Mitigation Specialist（減軽の専門家）が行う減軽事由を中心とした調査も判決前調査と呼ばれている。その他の諸外国、例えば、イングランド・ウェールズ、スコットランド、ドイツ、カナダ、オーストラリア、デンマークなどでも判決前調査制度が導入されているが、量刑への専門的な情報提供というミニマムな共通定義はできるにしても、その位置づけや内容は各国で異なっているようである。

　本稿では、判決調査制度の発祥の地である米国について、その歴史的変遷を概観するとともに、刑事裁判への専門家の関与という広い視点から心理学者の心理学的鑑定や専門家証言についても言及する。

---

1)　保護観察官と訳される場合があるが、日本の家庭裁判所調査官のように社会調査を担当する役割も担っており、本稿では後者の側面に焦点を当てるので、原語表記のままとする。

1　判決前調査制度の起源

　判決前調査は、1840年代に始まったと考えられている。菊田（1968）によると、マサチューセッツ州ボストンの一民間人であった靴職人ジョン・オーガスタス（John Augustus）は、1841年から見込みのありそうな被告人について判決の宣告を猶予してもらい、自ら引き取って更生させ、その後も同様の方法で2000人近い人の世話をして大きな成功を収めたという。州政府は、その業績に注目し、制定法によって州の機関であるProbation Officerにそれを担当せしめることとし、1878年に最初のプロベーション制度が成立した。この意味で、オーガスタスは、プロベーションの父と呼ばれている。

　彼は、多くの犯罪者が他の人の生活と同様に正しいものにしたいという欲求を持っており、また、法の目的は更生と再犯防止であると信じていた。そして、更生可能性があると考えた被告人に対しては、私費で保釈金を支払い、雇用して住居も与えたとされている。このため、裁判所を説得するために被告人の生活歴や犯罪歴に関する情報を集めて、被告人の更生の関する詳細なレポートとして裁判所に提供し、判決の猶予と社会復帰を求めたのである。オーガスタスが作成した書面がどのようなものであったか定かではないが、このような取組みが現在に引き継がれている判決調査報告書の原型となり、プロベーション制度の中で判決前調査が制度化されていった。

　米国では、後述するように判決前調査報告書の内容面が変遷していくものの、現在も刑事裁判における量刑判断の重要な資料となっており、被告人の生活歴、性格、心身の状況、薬物乱用の有無、学歴や職業、経済力、家庭状況、被害者の状況などについて報告書として裁判所に提出されている。

2 判決前調査報告書の歴史的変遷

(1) Probation Officer の作成する判決前調査報告書
1)［Offender-Based Reports］

　最初のプロベーション法はマサチューセッツ州で成立したが、当初はサフォーク郡に限定されていた。しかしながら、1891年の改正によってマサチューセッツ州全体に広がり、さらには、1925年に全米プロベーション法（National Probation Act）が成立したことで全米にプロベーション制度が普及し、Probation Officer による判決前調査が定着していったのである。当時の調査報告書は、犯罪からの離脱という個人に向けたアプローチを主たる構成要素としていた。つまり、被告人が更生するための個別的処遇に関する情報を柱とする報告書（Offender-Based Reports）であった(Center on Juvenile and Criminal Justice, 2007)。特に1920年代から30年代にかけては、治療モデルが犯罪者の更生に導入されたため、犯罪は病気と同様に原因となる事項の除去・改善という考えに基づき、裁判官はその処方箋を検討する上で被告人の問題性を知る必要があったため、判決前調査報告書は重視されていた。このように当時の調査報告書は、被告人の更生と社会内復帰に向けた被告人の潜在能力などに焦点を当てるなど、個別性を勘案した内容であり、裁判所の量刑判断に大きく貢献したのであった。

2)［Offense-Based Reports］

　しかしながら、1980年代以降は、犯罪の結果・態様、前科・前歴の有無を中心とした調査となっていく。これは、1987年に制定された連邦量刑ガイドライン（Federal Sentencing Guidelines）の影響が大きく、そのガイドラインの範囲内でどの程度減軽の余地があるか否かの意見を提供することが主になる調査報告書に移行していった。その意味で、犯罪事実中心の"Offence-Based Reports"に性質が変化していったのである。また、この頃は、多くの州で犯罪被害者・遺族への調査も義務的に位置づけるようになってきた時期でもあった。

裁判官は、量刑ガイドラインに沿って判決を出すため、その選択肢は非常に狭いものになっていた。量刑は、犯罪行為に至った動機や行為の有責性に基づいて判決を下し、共犯や従犯は減じられる。このガイドラインの枠組みがあるため、個別処遇の裁量余地が減少し、有責性や前科を考慮するための内容が中心となり、判決前調査の内容は質的な変化を遂げざるを得なくなったと思われる。

　連邦刑事訴訟規則32（Rule32.Sentencing and Judgment/Federal Rules of Criminal Procedure）では、Probation Officer の判決前調査報告書について、以下のように規定している。

①量刑ガイドラインに適応していること
　a. ガイドラインと量刑の施策方針に結びついていること
　b. 被告人の犯罪レベルと犯罪歴の性質を推定すること
　c. 量刑の範囲と可能な量刑の種類を提示すること
　d. 適切な量刑もしくは、適用可能な量刑範囲に関する要因を同定すること
　e. 量刑の範囲から外れる場合の根拠を同定すること

②付加的な情報は、以下の内容を含むこと
　a. 被告人の生活史や性格
　　すべての犯罪歴、経済状況、被告人の行動に影響を与えた環境面を含む。これらは、量刑判断や処遇への手助けとなる。
　b. 被害者における経済的、社会的、心理的及び医学的な影響
　c. 社会内処遇が適切な場合、被告人に活用可能なプログラムや社会資源の質と範囲
　d. 被害弁済命令のための情報
　e. 犯罪及び刑事訴訟法（18 U.S. Code § 3552）に基づいて、報告書提出前若しくは後に裁判所が命令を出した場合の調査結果と提案
　f. 刑事裁判における財産没収の規定がある規則32.2に基づき政府がそれを求める否かの意向
　g. 犯罪及び刑事訴訟法（18 U.S. Code § 3553）に基づいて、裁判所が要求した他の必要な情報

③除外事項：判決前調査報告書は、以下の内容を除外しなければならない。
　a. 開示すると処遇プログラムに支障が生じる医学的診断名
　b. 情報を得る上で内密にする約束された情報源
　c. 仮に開示すると被告人もしくは他者を傷つける身体的その他の害悪を生じさせる情報

　ここで注目したいのは、1976年にカルフォルニア州フレズノ市で始まったVictim Impact Statement運動の高まりにより、被害者に関する事項が調査項目として明確化されていることである。調査項目には、包括的な内容が網羅的に定められているが、明らかに判決前調査報告書の力点は、量刑ガイドラインを念頭に置いた調査項目であり、被告人の個別的な事情は"付加的additionalな位置づけ"になっているのである。このため制度上やむを得ないことではあるが、Probation Officerの作成する調査報告書は、「ルーティンワークになっている」、「公正でない」との批判が出てきた（Center on Juvenile and Criminal Justice, 2007）。たしかに、筆者が2007年に米国で司法事情調査をした際、あるChief Probation Officerは「調査項目が単純化された感があり、さらには、アセスメント・ツールの活用もあって専門性が低下していく懸念を持っている。」とこぼしていた。また、筆者はここ数年全米司法ソーシャルワーク会議（THE NATIONAL ORGANIZATION OF FORENSIC SOCIAL WORK：NOFSW）に参加しているが、そこで出会う複数の司法ソーシャルワーカーからも「Probation Officerの作成する報告書は、どうしても裁判所寄りであり、真の意味で被告人のためになっているかは疑問。」などという批判的な発言を耳にすることが多かった。

　ただし、藤田（2014）が指摘しているように米国では、刑事司法全体が厳罰化からの転換を図っているようであり、Probation Officerが単なるルーティンワークで調査を行っているのかと決めつけるわけにもいかないところがある。筆者は、2014年9月、複数の研究仲間とともに米国ワシントン州シアトル市の司法事情調査を行ったが、その際にProbation ManagerのCatherine Thompson女史とProbation OfficerのChristpher

Allen氏にインタビューをする機会を持った。彼らによれば、Probation Officerの活動理念は、"刑事司法とソーシャルワークの統合"であると言う。裁判所からの命令で判決前調査を行う主たる調査内容は、被告人の社会・経済的な背景であり、なぜそのような犯罪が起こったのかを明らかにするとともに矯正可能性や様々な治療可能性についても探るとのことであった。たしかに、シアトル市では、2000年以降、犯罪者の処遇に関して、応報（Punishment）から更生（Rehabilitation）という流れがトレンドになっており、うなずけるところも多かった。Thompson女史らの話を聴いていると、Probation Officerが作成する調査報告書は形骸化しているという批判は当たらないとの印象を抱くが、この点は州によって実情はかなり異なってくるのではないかと思われた。いずれにしても、Probation Officerの作成する判決前調査報告書は、量刑ガイドラインの枠組みによってOffense Based Reportsに変化してきたという大きな流れが生じたのは事実であり、結果として報告書の内容は、有責性と前科を考慮するものになり、よりシンプルに、そして、被告人の背景事情を考慮することが減っていた。今後もその方向で進むのか、米国の司法制度との関連の中で注意深く見ていく必要はあるだろう。

　なお、判決前調査は、州によって運用の差異はあるが、重罪の場合に実施され、軽罪の場合には実施されないことが多い。例えば、カルフォルニア州では重罪に関してすべて判決前調査を実施しているが、ワシントン州では「飲酒運転、薬物、軽罪、軽微なDV事案」が主な対象となっており、重罪で実施されるのはごくわずかとのことであった。

(2) 司法ソーシャルワーカーの作成する判決前調査報告書
　　—— Defense-Based Reports

　Probation Officerの作成する判決前調査報告書の変遷を見てきたが、1960年代からProbation Officer以外の専門家が判決前調査報告書を作成する動きが起こっていた。刑事政策学者のDr.Thomas Giitchoffは、1960年代に入ると、Probation Officerの報告書をしのぐ被告人の背景、動機を柱とした包括的な調査報告書を提案し、その調査報告書が弁護側からカル

フォルニア州の裁判所に提出されたのであった。また、法律扶助機関である The Legal Aid Agency for the District of Columbia の犯罪者更生プロジェクトにおいても被告人を社会復帰させるうえでの判決前調査報告書をソーシャルワーカーに作成させるようになった。これら判決前調査報告書は、弁護人側からの視点で作成されたという意味で、Defense-Based Reports と呼ばれており、上記の取組みはその原型となるものであった。

　その後、ソーシャルワーカーで司法改革推進論者であった Jerome Miller と The National Center on Institutions and Alternatives (NCIA) といった民間機関による Defense-Based な判決前調査報告書が活用され、1970 年代から 1980 年代にかけて急速に広まっていった。これらの判決前調査報告書は、被告人に則して更生を立案したモデル（Client Specific Planning Model：CSP）とも呼ばれ、公的弁護人事務所や被告人を支援する非営利組織で用いられるようになったのである。したがって、金銭的な支払いが可能な被告人にとって、判決前調査は弁護人に依頼することを意味していた。しかしながら、今日においては、The Center on Juvenile and Criminal Justice のような非営利組織が、国選弁護人もしくは公的弁護士事務所でのケースに関して、被告人（クライエント）の財政力に応じた費用のスライド制を導入するに至っている。

　現在では、公的弁護人事務所が連邦、州、市、郡のレベルで全米各地にあり、そこでは司法ソーシャルワーカーがスタッフの一員として働いている。司法ソーシャルワーカーの中でも死刑求刑事件において判決前調査を行う人たちは Mitigation Specialist(減軽の専門家) と呼ばれている。Mitigation Specialist は、弁護側の一員として働き、死刑求刑の事件において、減軽の証拠を独自に準備する責任を負っている。また、深刻な暴力事件やそうでない事件でも同様のサービスが可能である。合衆国憲法第 6 修正では、被告人の弁護人への援助を求める権利を明記しており、弁護人は責任軽減証拠を提出する活動を求められ、その必要性に応じて Mitigation Specialist などの専門的な知見の活用をしなければならないとされている。前野（2013）によれば、2003 年 6 月 26 日、米国最高裁判所は「ウィギンス対スミス、ワーデンその他」（Wiggins v.Smith, Warden, et al, 539 U.S.510 (2003)）の判決において、弁護人が死刑判決を受けたWiggins被告の弁護活動において、被虐待その他の生育歴について、州からの補助金を利用してソーシャルワーカーを雇うことはできたにもかかわらず、それを活用せず"不可欠で念入りな調査"をしなかったことは合衆国憲法第6修正に違反するとして、Wiggins v.Corcoran判決（288F.3d 629 (2002) を破棄差戻し、新たな量刑手続の聴聞を許可した。この点の意義について、山口（2005）は「裁判に人間科学の知見を反映させる法と臨床実践との協同によって、より人間的な問題解決・緩和をすすめていく司法を生み出すことを求めたもの」と述べている。

Mitigation Specialistを含むソーシャルワーカーは、被告人の権利擁護を柱とした判決前調査を行っているが、その具体的内容や活動理念等については、本書第4章2.3で戸井が詳述しているため、これ以上立ち入らずここでは筆者らが訪れたシアトル市とニューヨーク市の公的弁護人事務所における司法ソーシャルワーカーの活動について述べておきたい。

(3) シアトル市キング郡公的弁護局
（The Defender Association Division; DPD）

シアトル市キング郡公的弁護局には、弁護士のほか、調査員（Investigator）、Mitigation Specialistを含むソーシャルワーカーなどが配置されている。ディレクターであるDavid K. Chapman弁護士によると、キング郡のDPDでは多種多様な数の事件を扱っており、生活史など社会調査を担うソーシャルワーカーの存在なしには適切な弁護活動はできないという。また、法学部や社会福祉を専攻し司法関係の仕事を希望している学生の受け入れも行っているとのことであった（須藤ほか, 2015）。

ソーシャルワーカーは、弁護士およびクライエント[2]と協働して、事件の最善の法的結果を得ることである。Mitigation Specialistの一人は、「我々は、どんな被告人でも刑務所に収容せずに、社会復帰する中で更生を目指すのが基本的な考えである。」と述べていたが、この考え方は共通の理念となっているようであった。クライエントの権利擁護、ケースのコンサル

---
2) 彼らは被告人をクライエントと呼ぶ。

テーションやマネジメント、臨床上のニーズアセスメント、危機介入、裁判所への報告書の作成など多岐にわたり、裁判所、Probation Officer、矯正機関、教育機関、保健医療機関などとの連携も重要な業務になっている。とりわけ、弁護人がソーシャルワーカーの関与を必要と考えるのは、以下のような場合である。

　a. クライエントの訴訟能力について懸念がある。
　b. 精神保健に関連する問題が存在する疑いがある。
　c. 精神疾患あるいは物質乱用の履歴がある。
　d. クライエント、あるいは家族が利用可能な資源が欠如している。
　e. 家族が関与していない、あるいは家族との関係が不良である。
　f. トラウマ、あるいは虐待の証拠や疑いがある。
　g. 殺人や重篤な傷害など、重大犯罪で起訴されている。
　h. 複数の逮捕歴、法執行機関との関与歴がある。
　i. 裁判所に対して、例外的判決を求めるための報告書が必要とされている。

　判決前調査報告書には、環境との相互作用を重視する社会生態学の観点に基づいて、クライエントの家族歴、精神保健に関すること、現在の精神状態、受診歴（該当する場合）、教育歴と職歴、薬物の使用歴、虐待の履歴などが盛り込まれる。そして、弁護人が軽い罪名への変更、刑期の短縮もしくは代替刑（ドラッグ・コートやメンタルヘルス・コートへの移送など）の提案に関し、裁判所や検察官と交渉するために活用される。精神医学的問題など特化された問題がある場合には、専門家との連携も検討するという。彼らがクライエントと面接するのは、日本の面会室と同様にアクリル板越しで行うことがほとんどであるが、依頼した専門家が心理テストを施行する必要がある場合などは裁判所の許可を得て、直接面接することも可能である。この点は、日本の私的鑑定（弁護人依頼の鑑定）とは、大きく異なっている。

　一方、ニューヨーク市の公的弁護人事務所である The Bronx Defenders では、クライエントを多様な職種で総合的に支援していく"全人的なアプローチ Holistic Approach"をとっていることが強調されている。つまり、

弁護人、ソーシャルワーカー、調査員など11に及ぶ職種がケースに応じたチームを形成し、チームリーダーのもとでクライエントの逮捕直後から支援に当たっていくのである。ソーシャルワーカーは、クライエントに関して環境との関係性に基づくアセスメントをし、時にトラウマなどに関するアセスメント・ツールも使うが、より専門的な知見が必要な場合には、心理学者や精神科医の関与や所見を求めることになる。日本の家庭裁判所調査官や情状鑑定人は、社会調査と心理アセスメントの双方を兼ねているが、ソーシャルワーカーは社会調査に徹しており、あらゆる専門家との橋渡しもできるという意味でゼネラリスト的な側面を持っているように思われた。

　以上、シアトル市とニューヨーク市におけるソーシャルワーカーの判決前調査を中心とした刑事事件へのかかわりを見てきた。彼らの活動は、法と福祉をつなぐ権利擁護の観点から行われており、それゆえに異なる専門職や機関との連携・協働という実践（Multidisciplinary Practice）が求められるのである（Kelly, Smith, and Gibson, 2009）。その意味で、司法ソーシャルワーカーは、弁護人チームにとって欠かせない存在となっている。ただし、NOFSWの前会長であったFordham大学のDr.Tina Maschiが、「チームアプローチは定着しており、判決前調査報告書も社会環境との関連という点でProbation Officerの判決前調査報告書よりも優れていると思う。ただ、専門家としての認知という面ではまだまだで、チーム内で対等な関係が望ましいものの、現実にはそうではない。」と述べているように、課題は残されているようであった。また、その点と関連するかもしれないが、The Bronx Defendersで活動するソーシャルワーカーの多くが経験10年未満と若いことである。流動性の高さは米国社会全体にいえるかもしれないが、本当の意味で専門家が育っているのだろうかとの疑問もある。いずれにしても、Probation Officerおよびソーシャルワーカーが作成する判決前調査報告書は、歴史的変遷において、刑事裁判という対審構造の中でのそれぞれの役割を特化させ、互いに補完しあう形でバランスをとっているとの印象を持った。

3　心理学者の関与——専門家証人として

1970年以降、弁護人へのコンサルテーションを中心にして法と心理学との相互交流が芽生えていき、今日では心理学者も必要なケースで裁判所からの命令もしくは弁護人からの依頼によって刑事裁判にかかわるようになっている。現在では、犯罪及び刑事訴訟法（18 U.S. Code § 3552(c)）に基づき、裁判所は被告人の精神状況についてより情報が必要な場合には、精神科医や心理学者による精神医学的もしくは心理学的鑑定を命じることができる。また、当然ながら弁護人側も同様の依頼をすることがある。

(1) 心理学者の役割

刑事司法における心理学者の伝統的な役割は、被告人が司法手続を理解できる能力を持っているか、弁護人と協働していけるのかなど知能面を中心に鑑定することであった。最近では、裁判所もしくは弁護人からの依頼で訴訟能力そのものに関する事項を心理学の観点から鑑定するといったことも行われている。

その後、1900年代から以下のような新しい役割が求められるようになった（Blau, 1998）。

①目撃証人に関して、記憶や認知の観点から妥当性の検討

②量刑審理における専門家証言（Expert Witness）

　心理学者は、心理学から見た被告人の再犯に関係する心理状態や潜在的危険性、刑務所内や出所後の社会における適応性について意見を求められる。

③検察官からの依頼による再犯危険性に関する専門的知見の提供

　1980年以前は、精神医学者への依頼が多かったが、その後、アセスメント・ツールの発達に伴って再犯の危険性のアセスメント精度が高まったため、心理学者への依頼が増えていった。

④その他（被告人に関する証言の評価、抑圧された記憶、嗜癖、詐病などに関する事項）

(2) 今後求められていく役割

心理学を中心とした間行動科学の専門家による所見は、刑事、民事問わず、その重要性が高まっており、弁護人が心理学者等に専門家証言を求める傾向は、増えていくものと思われる。Acker（1990）の研究データによれば、1958年から1982年の間で、最高裁が取り扱った事件の約14％が社会科学の研究を引用したという。心理学も科学の一つとして認知されているが、今後より活用されていくか否かは、心理学等の行動科学が科学的信頼性の面でどう高まっていくのかに規定されるであろう。

(3) 専門家証言について
① 専門家証言の許容性に関する規則

専門家証言に関しては、以下のようなルールがある。当初、フライ・ルール Frye Rule（Frye v. United States, 293 F.1013 (D.C.Cir.1923)）によって、専門家の意見は、その専門領域において一般的に受け入れられる情報、データおよび結果に基づくものでなければならないとされた。その後、専門家証言の許容性に関する連邦規則（Expert Witness Admissibility- Federal Rules of Evidence 1993）は、専門家の証言がどのような場合に許容されるのかを定め、と同時に専門家が法廷で意見を述べる権利を認めたのである。

そこでは、専門家の間で妥当性があると認められる方法によるデータ収集か、論理的な帰結になっているかなど、依拠する学問水準に適合しているか否かがとても重要になってくる。

② 心理テストの位置づけ

Minnesota Multiphasic Personality Inventory(MMPI)[3] など一部の心理テストは、コンピューターを使用した採点および結果の算出が可能になっているが、それだけから導かれるアセスメント結果は、反対尋問に耐えられない（Blau,1998）。このため、心理テストだけではなく、専門家の知識、

---
3) 504の質問項目からなるパーソナリティ診断テスト。

訓練、経験、最新の研究成果なども加味していく姿勢が常に求められている。

したがって、刑事裁判で心理テストを活用する際の基準が以下のように定められている (American Education Research Association, American Psychologist Association, & National Council on Measurement in Education, 1985)。

　a. テストの解釈や限界に関す流一般的な知識を有すること
　b. 目的に応じたテストの選択
　c. スコアリング方法
　d. 許容される解釈
　e. 読みやすさ
　f. 第三者の存在

第三者の存在とは、弁護士が立ち会った場合の影響などだが、裁判所からの命令の場合、心理テストに弁護士が同席することを認めないことが多い。

その他、民族・人種のバイアスに留意することも指摘されている。

③　心理学者に求められるもの

心理学者の関与は、逮捕直後の段階から法廷での専門家証言まで幅広いが、被告人の公判に臨む能力や精神障害を理由にした無罪が相当するか否かという問題に集約されていくようである。後者に関して、日本ではもっぱら医師の担当領域になるが、米国では心理学者も関与している[4]。

例えば、重罪を犯した被告人の問題として、衝動をコントロールできないのか、しようとしないのか、その区別が困難な場合などである。ただし、現状としては、それをアセスメントするための決め手に欠けている。今後、信頼性と妥当性のある神経心理学的なテストが開発されれば、客観的で説得力のあるデータを裁判所に提供できることになると期待されている (Blau. 1988)。

---

[4]　日本でも医師の鑑定チームに臨床心理士が加わることは多いが、飽くまでも補助的な役割になっている。米国では、心理学者が単独で引き受ける場合もあるという。

なお、被告人に関する心理学的評価（Psychological Evaluation）に関しては、以下の項目が基本的なフォーマットになる（Blau、1998）
 a. 被告人から聴取した生活歴
 b. 被告人の家族から聴取した生活歴
 c. 神経心理学的要因（心理テストの活用）
 d. 読字能力 reading skill
 e. パーソナリティ
 f. 虚言や詐病の測定
 g. 所見　※以下の要素が含まれる
鑑定経過、根拠とした事実、改めて集めた犯罪に関する周辺事実、友人や親族その他から見た被告人の行動、心理テスト経過やデータさらには所要時間、テスト中の観察結果、テスト結果（心理状態に関する要約、他の事実関係との照合、所見）

おわりに

米国の判決前調査制度を歴史的に概観するとともに、Probation Officerと司法ソーシャルワーカーの作成する調査報告書の対比を行い、さらには心理学者の刑事司法への関与について触れたが、最後に、これら人間行動科学の専門家のトレーニングについて述べておきたい。米国では、法と心理学の領域にわたる多様なトレーニングが大学や民間機関で受けることができる（Blau, 1998）。また。司法ソーシャルワークの分野でも大学教育の段階からインターンシップの活用などで力を入れるようになってきている。筆者は、2017年7月に全米司法ソーシャルワーク会議（NOFSW）が主宰する研修会（NOFSW Certificate Program）に参加したが、この研修会はNOFSWとして初めての試みとのことであった。研修会の背景には、司法ソーシャルワーカーの質と能力の全体的な底上げがねらいとしてあるという (NOFSW会長 Viola Vaughan Eden 談)。研修内容は、司法ソーシャルワークの歴史、少年事件におけるソーシャルワーク、成人事件のソーシャルワーク、社会復帰に向けた活動等多岐にわたっていたが、参加者同士の

交流が促進されるような工夫が随所になされており、同じ専門職としてのネットワーク作りも図ろうとしているように思われた。この研修を受けると修了証明書が授与されるので、ある意味励みにもなる。今後も研修会は毎年続けていく方針と聞いており、今後の積み重ねが重要だと改めて思った。

　日本では、このような取組みは遅れているので、参考にしたいところである。

《文献》

Acker, J. (1990)：Social science in Supreme Court criminal cases and briefs. Law and Human Behavior, 14, 25

American Education Research Association , American Psychologist Association, & National Council on Measurement in Education（1985）：*Standards for Educational and Psychological Testing.* Washington, DC

Blau, T. (1998)：The Psychologist as Expert Witness, John Wiley & Sons, Inc.

Center on Juvenile and Criminal Justice（2007）：The History of the Pre-sentence Investigation Report (http://www.cjcj.org/files/the_history.pdf)

藤田　尚（2014）：「アメリカ少年司法制度における改革——過渡期にある日本の少年司法制度との比較」(「罪と罰」第51巻3号) 110〜124頁。

菊田幸一（1968）：明治大学社会科学研究所紀要（6）29〜78頁。

Federal Rules of Criminal Procedure (As amended to December 1, 2016)

Gitchoff, G.T., & Rush, G.E . (1989)：The Criminological Case Evaluation and Sentencing Recommendation: An Idea Whose Time Has Come. International Journal of Offender Therapy and Comparative Criminology, 33 (1), 77-83 (pdf)

Kelly, L., Smith, N. and Gibson, S. (2009)：From Intervention Roles to Multidisciplinary Practice. Maschi, T., Bradley, C., Ward, K. (2009). *Forensic Social Work*, 51-60, Hamilton Printing

Legal Information Institute (https://www.law.cornell.edu/rules/frcrmp)

前野育三(2013):「ウイギンス・ケース――合衆国最高裁判所判決要旨」(司法福祉学研究13) 130〜134頁。

須藤　明・岡本吉生・村尾泰弘・丸山泰弘(2015):「米国シアトル市の刑事司法事情――Probation Officer 及び Mitigation Specialist が行う判決前調査を中心に」(司法福祉学研究15) 94〜106頁。

山口幸男(2005):「研究ノート米国における司法ソーシャルワークの役割」(司法福祉学研究5) 77〜81頁。

第4章　**刑事司法と人間行動科学**

◎第4章　刑事司法と人間行動科学

1　人間行動科学の視点を導入する意義

岡本吉生 Yoshio Okamoto
（日本女子大学）

　ここでは、日本の刑事司法において人間行動科学がどのように活用されてきたかを振り返り、その活用の意義について触れる。

1　刑事司法の基本理念と刑罰

　刑事司法制度とは、国家が刑法に違反した犯罪行為に対処する仕組みのことであるが、日本においてはもっぱら刑罰一元主義が取られ（岩井，2016）、犯罪に対しては刑罰を与えることで国家や社会の秩序が得られるという考えが基本になっている。日本における刑罰主義は、大宝律令の制定にさかのぼると言われているが（菊田，1992）、それだけに刑罰によって社会を安定させるという発想は日本人の心に深く浸みついている。
　現行の刑法は1907年に制定され、1995年の口語化を経ているものの、一部を除いてほとんど改定はない。刑法学派は、大きく分けて古典派（客観主義、客観説）と近代派（主観主義、主観説）の二つがあるが、両派の基本的対立は、人間に自由意思を認めるかどうかの考え方の相違に由来している（裁判所書記官研修所，1982）。古典派の考えは、犯罪を行った行為者が処罰されるのは、客観的な犯罪行為そのものであり、行為者ではない（犯罪実在説）。行為者には本来理性があり、自由意思によって自己の行為について理性的な判断ができ、行為者は犯罪行為を行うかどうかを自由に選択することができたのに、敢えて犯罪行為を行ったため、罰が課さ

れる。刑罰は、犯罪という悪行に対する悪果であり、報復である。そして、一般人にその悪果を知らしめることで、理性的判断に訴え、犯罪行為に至らないようにする（一般予防効果）。したがって、刑罰の量は悪行である犯罪行為に比例すれば足りるとする（定期刑）。

　これに対して、近代派は、19世紀末のヨーロッパの都市における常習犯、累犯者の増加によって、古典派の考えでは自由刑によって犯罪の感染が起こり、ますます犯罪傾向が固定化していくと考え、古典派とは異なり、人間の自由意思を否定し、人間の行為は自由意思によるものではなく、その人の遺伝的、社会的環境によって決定されると考える。したがって、本来処罰されなければならないのは、客観的な行為ではなく、行為者の反社会的性格そのものを対象にしなければならないが、現在の科学では外的基準でそれを知りえないため、反社会的性格の具体的、極端な表現である犯罪行為が発現した段階で処罰すべきだと考えた。反社会的な性格をもった行為者がいるために社会の秩序が乱され、社会防衛として刑罰が科される。刑罰は、行為者の反社会的性格を矯正し、再犯を防ぐことを目的とする（特別予防効果）。したがって、刑罰の量は犯罪行為ではなく、行為者の性格の反社会的危険性に比例すべきとする（不定期刑）。

　古典派が犯罪行為に着目するのに対して、近代派は犯罪行為の背景にある犯罪者に着目し、犯罪傾向を罰するという点で、近代派には大きな発展がみられる。しかし、両者共に、罰が有効に機能すると主張する点では共通である。菊田（1992）は、これら刑罰では人間を改善し、社会生活への適応を促すことに何ら貢献しないとして、Ancel, M.の「新社会防衛論」を支持している。新社会防衛論では、刑罰ではなく、予防的、教育的、社会的、防衛的な性質をもつ処分がそれに代わらなければならないとする。人間の改善のための強制は、刑罰における矯正と明確に区別されなければならないという。ここでは犯罪は反社会性と呼ばれる。刑罰による強制には懲罰的要素から逃れられないが、人間改善のための強制は、伝染病に侵された病人の入院や児童の義務教育への強制と同じ性格であるといい、罰を用いない強制によって人間が改善されるのだと主張する。このような考え方の極端な言い方としては、犯罪行為は、強制的な（mandatory）治療

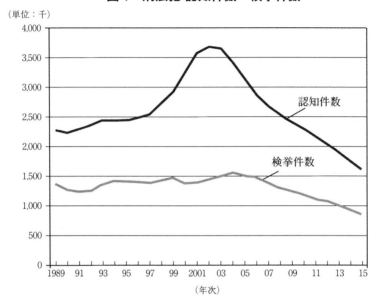

図1 刑法犯 認知件数・検挙件数

注）1　警察庁の統計による。
　　2　2002年から2014年までは危険運転致死傷を含む。

や改善処遇のためのきっかけであるとも言える。

2　刑罰の有効性と限界について

ここでは、刑罰一元主義をとる我が国の刑事司法制度の有効性と限界について考える。**図1**は1989（平成元）年から2015（平成27）年までの刑法犯の認知件数を示したものである。刑法犯の認知・検挙状況の推移は、1996（平成8）年から2002（平成14）年にかけて増加し、同年には約370万件に達したが、2003（平成15）年からは減少に転じ、2015（平成27）年には約160万件まで減少し、戦後最少となった。検挙件数については、認知件数ほど急激ではないが同様のカーブを描いている。最近の刑法犯の認知件数の減少は、窃盗犯の認知件数の減少によるところが多い。

このような犯罪の減少に着目して、犯罪社会学会では2013年に「犯罪

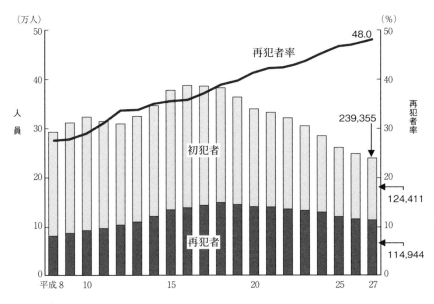

図2　刑法犯　検挙人員中の再犯者・再犯者率の推移

注）1　警察庁の統計による。
　　2　「再犯者」は、刑法犯により検挙された者のうち、道路交通法違反を除く犯罪により検挙されたことがあり、再び検挙された者をいう。
　　3　「再犯者率」は、刑法犯検挙人員に占める再犯者の人員の比率をいう。

率の低下は、日本社会の何を物語るか？」という特集を組んでいる。そのなかで、浜井（2013）は、街頭補導などの防犯活動が積極的になり認知件数が上昇したと述べている。また、石塚（2013）も被害者保護の社会的な風潮によって従来は事件として計上されなかったような微罪な財産犯も積極的に受理するようになったことから、いわゆる厳罰化の最盛期と言われた1999年から犯罪認知件数が増えたのだという。厳罰化の効果が犯罪認知件数となって現れたとしたら、3～5年後ということになる。仮にその効果があったとしても、それは窃盗を中心とした軽微な財産犯に限られるということになる。

　また、浜井（2013）は、刑務所への初入者と再入者の年次推移を比較し厳罰化の影響について考察している。刑務所への初入者の割合は、再入者と比べてその割合が増え、2003年には初入者の割合が再入者を上回るが、

表1 起訴人員中の有前科者の人員・有前科者率（2015年）

罪　名	起訴人員	有前科者の人員	前科の処分内容			有前科者率
			懲役・禁錮		罰　金	
			実刑	執行猶予		
総　　　　　　　数	124,706	59,983	26,136	16,663	17,184	48.1
刑　法　犯	77,257	38,280	16,568	10,976	10,736	49.5
放　　火	369	146	68	41	37	39.6
住　居　侵　入	2,328	1,102	495	289	318	47.3
強制わいせつ	1,394	469	182	124	163	33.6
強　　姦	453	161	80	31	50	35.5
贈　収　賄	85	17	−	−	17	20.0
殺　　人	357	114	48	25	41	31.9
傷　　害	8,469	3,731	1,379	1,035	1,317	44.1
暴　　行	4,304	1,981	659	524	798	46.0
脅　　迫	964	473	192	131	150	49.1
窃　　盗	34,743	20,198	9,290	5,890	5,018	58.1
強　　盗	944	347	184	84	79	36.8
詐　　欺	9,988	4,045	1,903	1,342	800	40.5
恐　　喝	686	353	193	81	79	51.5
横　　領	1,664	765	263	263	239	46.0
暴力行為等処罰法	731	440	245	80	115	60.2
そ　の　他	9,778	3,938	1,387	1,036	1,515	40.3
道交違反以外の特別法犯	47,449	21,703	9,568	5,687	6,448	45.7
公　職　選　挙　法	460	97	6	18	73	21.1
軽　犯　罪　法	1,244	380	88	87	405	30.5
風俗適正化法	1,418	452	53	99	300	31.9
銃　刀　法	1,457	673	257	175	241	46.2
売　春　防　止　法	379	153	38	54	61	40.4
児　童　福　祉　法	338	120	40	24	56	35.5
医療品医療機器等法	636	249	108	77	64	39.2
大　麻　取　締　法	1,654	628	188	306	134	38.0
麻　薬　取　締　法	513	199	90	80	29	38.8
覚せい剤取締法	14,362	10,795	7,170	2,958	667	75.2
毒　劇　法	295	233	121	52	60	79.0
そ　の　他	24,693	7,724	1,409	1,757	4,558	31.3

注）1　検察統計年報による。
　　2　「有前科者」は、前に罰金以上の刑に処せられた者に限る。
　　3　「有前科者率」は起訴人員に占める有前科者の人数の比率をいう。

厳罰化が緩みだす2006年頃には再び再入者の割合が高くなっていると指摘している。つまり、厳罰化による刑罰運用は初入者が増えるという現象に表れるだけであり、必ずしも犯罪の減少へとつながらないだけか、むしろ認知件数や検挙件数の増加となって表れると言える。それに加え、再入所者の割合への影響はあまりない。図2は、警察庁の統計から最近30年の再犯者率を示したものである。初犯者に比べて再犯者の数は若干2003年に山があるが、ほぼ横ばいであり、初犯者と再犯者との関係は、刑務所への初入所者と再入所者との関係とほとんど同じである。

**図3 覚せい剤取締法違反の成人検挙人員数の
同一罪名再犯者人員の推移**

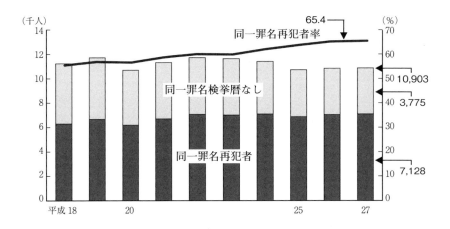

　では、刑事裁判における再犯者の状況はどうであろうか。**表1**は、2015（平成27）年の罪名別にみた起訴人員中の有前科者の人員と有前科者率を示したものである。これを見ると、刑法犯と特別法犯（道路交通法違反を除く）を合わせた全体の有前科者率は48.1%である。刑法犯で上位を占めるのは、暴力行為等処罰法の60.2%、次いで窃盗の58.1%である。特別法犯では、覚せい剤取締法の75.2%、毒物劇物取締法の79.0%と薬物事犯に有前科者率が極めて高い。暴力行為等処罰に関する法律違反は、集団による暴行事件が中心であり、1件で多人数が事件化されるため、状況による変動が大きい可能性がある。それに比べて、薬物事犯は集団性が乏しく、再犯率の高さに依存性という心身の問題が影響し、前回裁判後の処遇や治療の有無が再犯率の高さに影響しやすいと推測される。

　図3は覚せい剤事犯の累犯状況を示したものである。覚せい剤の同一罪名再犯率はこの10年間で一貫して増加している。厳罰化の盛んだった2000年ころの資料が示されていないが、この図から見る限り、覚せい剤事犯においては、これまでの刑事司法手続や刑事政策では再犯の防止が難

しいと考えられる。このことがすなわち、これまでの薬物離脱指導に効果がないということを意味しているわけではない。例えば、法務省矯正局では薬物依存離脱指導カリキュラムとして、多面的なアプローチを実施し、釈放後に民間の自助グループ等への参加の義務づけなどの処遇がなされており、仮にこれらの手当てがなければより再犯の可能性はもっと高くなっている可能性もある。

　また、再犯者の属性については、山本（2006）による「累犯障害者」等の出版から、刑務所で暮らす触法障害者、特に知的障害者の実態が紹介され、世間の注目を集めるようになった。彼らの中には刑に服することの意味さえ分からず服役している者もおり、刑務所が刑罰の場所ではなく安全の場となっていることが報告されている。法務総合研究所（2013）は、知的障害を有する犯罪者の実態を調査している。累犯知的障害者は、再犯期間1年未満の者が52.2％と、一般の受刑者に比べて再犯期間が短く、その期間の短さは、入所回数が多いほど、また、仮釈放と比べて満期釈放の方が再犯期間が短いなどと報告している。住居は、前刑入所前も本刑入所前も不定・浮浪である者が60.0％に上り、受け入れ先のない、また、定まった生活の場をもたない知的障害者が犯罪を起こして刑務所という生活の場を求めているかのようである。社会では不適応者のラベルを貼られる知的障害者も所内生活では大きな問題なく他の受刑者と共に生活していることを考えると（小柳, 2011）、知的障害者にとっては日常が規則的で、受動的な立場でいられることが心地よく、物理的制限のある守られた空間が彼らに安心感を与えるのかもしれない。

　これと同様の傾向は高齢者による犯罪や再犯者にも見られる。**図4**は、2016（平成28）年版犯罪白書から、5年以内に刑務所に再入所した者の再犯期間別、年齢層別の構成比を表したものである。このグラフから、高齢になるほど短期間で刑務所に戻ってくることがわかる。横山（2012）は、刑務官が受刑者を車いすに乗せて移動させるなど高齢累犯受刑者の受刑風景を見て、拘禁の確保や矯正処遇という顕在的機能のほかに、所内で末期治療を施し安らかに人生を終えさせるなどの潜在的な機能を刑務所に持たせる時代となったのだろうかと問題を提起している。

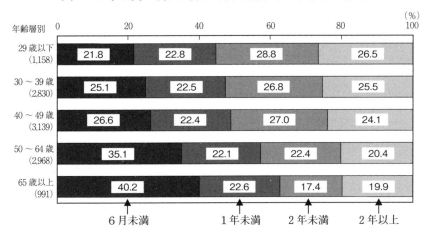

図4 5年以内の再入所者の再犯期間別、年齢層別構成比

以上のように、刑罰は社会一般の者にとっては犯罪予防とはなりうるのかもしれないが、厳罰化はむしろ犯罪の認知件数や検挙件数に貢献するだけであり、窃盗や薬物事犯の累犯者や、知的障害者や高齢者といった属性をもつ累犯者には、刑罰はあまり有効ではないといえる。受刑者でありながらも福祉領域の対象でもある者は、むしろ生活管理の方法を学ぶ中で社会復帰を果たす道を探ることが重要であろう。水藤（2011）は、オーストラリア・ビクトリア州での経験をもとに、彼らのような立場の者をジャスティス・クライエントと呼び、個人のニーズを考慮した個別処遇のあり方に活路があると示唆している。

3 少年司法の知見

対審構造を基軸とする成人の刑事裁判とは全く異なる原理で運用されているのが少年審判である。少年司法は刑罰ではなく、非行少年の健全育成のために保護が優先され、少年審判においては職権主義的審問構造をとる。少年司法の特徴の中でも科学主義を導入したことは極めて重要である。少年審判においては、心理学、教育学、社会学等の人間行動科学の専門家である家庭裁判所調査官を配置し、カウンセリング面接、家族面接、心理テ

ストの活用、学校教員や地域などの社会調査を行うとともに、要保護性のアセスメントを行う。在宅試験観察ではカウンセリングの技術等を用いて少年の内面や家族システムにも接近する。

　また、少年鑑別所では発足当初から非行少年の心理アセスメントの技術を開発し、3つの妥当性尺度と10の臨床尺度からなる法務省式人格目録（MJPI）や法務省式態度検査（MJAT）などの専門的な心理テストの開発を行い、十分なデータの蓄積によって、証拠に基づく心理アセスメントを行っている。

　施設内処遇である少年院では、古くからサイコドラマやストレス緩和をねらったロールレタリング、内観などの心理療法が実践されてきた。最近では、効果測定の容易な認知行動療法（CBT）や攻撃性のコントロールに特化したアンガー・マネージメント、瞑想を取り入れたマインドフルネスといった技法が実施されている。社会内処遇である保護観察所においても、性非行に特化した処遇プログラムや家族療法を活用したアプローチのほか、処遇指針を与えるグッド・ライブス・モデル（GLM）などの試みがなされている。

　少年司法では、行為ではなく少年という人に焦点を当てて判断や処遇がなされるため、家庭裁判所から保護観察所や少年院等という処遇の流れとともに、社会記録の受け渡しがなされ、できるだけ一貫した個別処遇がなされるよう工夫されている。

　2016（平成28）年の犯罪白書によると、2015年の少年の刑法犯における再非行率は36.4％であるが、これは、成人の再犯率である48.0％（**図2**）と比べると11.6％少ない。また、少年院を出院した少年が5年以内に少年院か刑事施設に入所する割合は2011（平成23）年で21.7％であり（**図5**）、成人の刑務所からの出所者の再入所率は同年で38.8％（**図6**）と比べると17.1％少ない。

　アメリカでは、マルチシステミック・セラピー（MST）や機能的家族療法（FFT）など、児童や青年における反社会的行動に対する民間の治療機関における専門プログラムがあり、一定の成果を上げている。MSTでは、同定された問題とシステミックな環境とのフィットを理解し、シス

図5　少年院出院者の5年以内の再入院率の推移

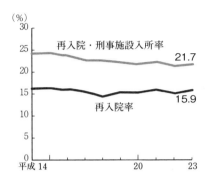

図6　出所受刑者の出所事由別の再入所率の推移

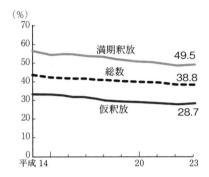

テム内の強さやニーズを把握し、焦点化した介入を行う。処遇プログラムによる成果は公表され、更なるプログラム改善に活用する（Henggeler, Schoenwald, Borduin, & Phillippe, 1998）。FFTでも同様のコンセプトにより治療を行うが、より家族機能の改善に特化したプログラムとなっている（Sexton, 2011; 藤野, 2009）。これらは、児童や青年を対象としたプログラムであり、対象者が若さゆえに可塑性がある。そのため処遇への反応性もよいという特徴を差し引いて考えなければならないが、上で述べたように、少年司法で貫かれている科学主義や保護主義の成果を成人の刑事司法でも積極的に取り入れる道を探ることは検討の余地がある。特に、被告人が若年である場合には刑罰一元主義の範囲にあるとしても、より処遇に重点を置いた方策を検討する必要があろう。

4　刑罰とポピュリズム

このような少年司法における処遇効果が認められながらも、2000（平成12）年には少年法に原則逆送を取り入れるなどの大きな改正があった。これは、被害者を死に至らしめるなどした重大犯罪に対して刑事裁判を受けさせるというものであり、上で述べてきたように、少年を保護主義から刑事司法の原則である刑罰一元主義のラインに乗せることを意味する。少年

法改正については別のところで述べるとして、ここでは、1999年をピークとする1990年代からの刑事司法における厳罰主義が一般大衆の犯罪に対する非難と叱責によって推し進められたことを確認しておきたい。つまり、厳罰化は冷静な社会情勢の分析や専門家による意見を反映したものではない、極めて政治的な判断によって行われたということである。

　宮澤（2013）は、厳罰化がマスコミにおける犯罪・刑事政策報道のキーワードで急増し、少年法改正や刑法改正へと動いたことの背景に、犯罪被害者運動の影響力があると指摘し、専門家以外の者が刑事政策を動かしたことをポピュリズム刑事政策の勃興と呼んでいる。専門家が「当該政策の犯罪抑止効果、費用・便益分析などの実証的根拠を検討し、あるいは刑事手続き上の人権の歴史的発展、国際人権、その他多様な価値基準を考慮する能力を持っている」にもかかわらず、少年法改正や刑法改正は専門家の意見が反映されなかったことから、日本の刑事政策決定過程は証拠に基づく政策（evidence-based policy）の観点からすると最低水準にとどまっており、現在においてもなおポピュリズム刑事政策は後退していないと指摘している。

　科学と疑似科学について論じたLilienfeld, Lynn, & Lohr（2003）は、刑事事件に関していえば、法廷から得られる情報が非常に限られているため、国民が知ることのできる情報はもっぱら商業化した情報に頼らざるを得ないという。日本でも、マスメディアによって日本のどこで何が起こったかを知ることができる。国民はマスメディアが発信する情報によって刑事司法の世界を知るのである。しかし、マスメディアは大衆に受け入れられやすいように情報を取捨選択する。

・知性より感覚が勝るもの
・娯楽性があり、視聴者を啓発するよりも、視聴者の衝動的な反応に応じるもの

　大衆は「感情的推論」によってさらに情報の歪曲を行う。そして、自分が抱いた感情から確実な意思決定ができると誤った信念をもつ。そうなると、報道は一般大衆の誰もが共通して注目するような反応を刺激できるものを選ぶ。そして、情報発信の恣意性は高まる。あるいはまた、マスコミ

がいろいろな情報を無差別に流したとしても、大衆が信じやすい情報は、「話を聞かない男、地図の読めない女」などの覚えやすいフレーズや力強いスローガンにちりばめられたものになりやすい。

そしてさらに、Lilienfeld らは、「科学は確率と疑いとを与えるが、疑似科学は大衆の信じているところを真実だと認めるので人気がある。科学は疑問をさしはさむので人気がない」と言い、疑似科学の横行を警告している。このような傾向は刑事司法に対する日本の大衆の態度にも当てはまり、そのことによって刑事司法がゆがめられ、刑事裁判が真実探求の場でなくなる危険をはらむ。

5 国民に資する刑事裁判

では一般大衆の考えは無視してよいのであろうか。2000 年に 17 歳問題と呼ばれた世間の耳目を集める事件が次々と起こり、少年犯罪が社会問題となった。それに合わせて、犯罪被害者の訴えも過熱し、世間では感情的推論によって「少年法は甘い」というキャッチフレーズが隆盛した。

一般大衆の考えは世論と呼ばれるが、このような世論による立法化は、その他にも児童虐待防止法やいわゆる DV 法の成立にも寄与した。その意味では、感情的推論が大きな力となるため、世論のもつ力を軽視できない。感情によってなされる判断は時として適切な判断を揺るがすことはすでに述べたとおりだが、それゆえに、専門家が科学的根拠をもって国民に情報提供を行うなどの啓蒙活動が必要である。

その一方で、世論を形成する国民がすべて感情的推論を行うわけでもない。最高裁判所で発表された裁判員に対するアンケート（最高裁判所, 2016）では、ほとんどすべての裁判員経験者が、長期に及ぶ評議であったにもかかわらず、裁判員を務めた体験に大きな意義を感じていた。「裁判員に選ばれる前は、「あまりやりたくなかった」または「やりたくなかった」と回答した者が計 51.2％ であったが、裁判員として裁判に参加した後では、95.6％ の者が「非常によい経験と感じた」または「よい経験と感じた」と回答している。つまり、裁判員として刑事裁判に協力しようとする意識

のある者の回答とはいえ、国民が、マスコミからではなく、法廷の中で交わされる本物の情報に触れることで、その迫力に動かされたことは間違いない。

　ところで、日本の裁判員制度の特徴は、裁判員に対しても量刑判断を求める点にある。刑事裁判に対して全く予備知識のない者が量刑判断をすることは大きな負担になるため、実務上は裁判所に蓄積されている量刑検索システムを参考にしている模様である。本来、裁判員に量刑判断の一部を求めることになったのは、職業裁判官によるこれまでの判例主義、前例主義とは別の次元で当該事件について国民目線で考えてもらうことではなかったかと思われるが、量刑検索システムの導入は、結局裁判員に従来の方式を押し付けることになるのではなかろうか。

　裁判員が適切な量刑判断を行い、刑事裁判が国民にとって身近な存在となるためには、被告人であっても一人の人間であるという事実を、裁判の中で実感することではなかろうか。そのためには、犯罪に至った経緯や犯行の動機、被告人が過ごしてきた生活、家族等の周囲との関係などを知らなければならない。犯行に着手した人間性全体を理解しなければ、被告人がどのように刑罰を受け止め、それを再犯防止のための糧にしてくれるのかを想像するのは難しい。

　裁判員裁判に限らないが、実際の裁判で用いられる量刑判断のための資料の主なものは、被告人質問や被告人の供述調書に記載された学歴、家族構成、前科調書、逮捕歴、さらに親族や知人や雇主の証言、被害者との示談書などである。保護観察を受けていたら、生活状況などについての保護司からの客観的な資料も得られるが、たいていは被告人の側から提出されるのみであり、それが宣告刑の判断が処断刑の下部に集中し、取調べの長さとなっている（岩井, 2013）。情状とは、通常、刑事訴訟法第248条の起訴便宜主義に定める「犯人の性格、年齢及び境遇、犯罪の軽重及び情状並びに犯罪後の状況」とされているが、これらを法廷でのみ明らかにすることは困難である。ましてや、供述調書が作成される捜査段階での緊迫した場面での取調べによって、情状を明らかにしようとするのは限界がある。事件の動機や被告人本人の内省は、一連の司法手続の中で専門家との共同

作業によってなされる必要がある。そのためには、被告人が犯行動機を語りたい、あるいは自分も知らなかった動機を考えたい、などの心の準備がいる。緊張のある中で語る言語報告は、しばしば建前であったり、歪んだりすることがある。そのため、被告人がある程度リラックスした心理状態で自己と向き合うための環境づくりが必要であるが、その作業を被告人本人でのみ行うことは難しい。そのような心の葛藤を自身で対処できれば、犯罪は起こさなかったのかもしれない。その意味で専門家による援助が必要なのである。建前でない言葉こそが安定した供述となる。そして、安定した供述は信頼性の高い証言となる。

6　刑事裁判における専門家証言

仮に専門家による援助によって被告人から安定した供述が得られたとしても、それが科学的根拠に基づいて得られた情報であるかどうかは裁判所によって決定される。また、被告人と直接関わった専門家は、別途、専門家としての証言をしなければならない場合がある。そこで、法廷における専門家証言の信ぴょう性についての問題をここで整理しておきたい。

米国の法廷では裁判における専門家による科学鑑定の信ぴょう性について古くから議論がなされている。科学鑑定の信ぴょう性について、これまでもっとも一般的に受け入れられている基準はフライエ準則（Frye Rule, 1923）と呼ばれるもので、これは「一般受容性」基準とも言われ、米国連邦控訴裁判所において示された専門家証言についての基準である。第二級の有罪判決を受けた James Alphonzo Frye は、ポリグラフによって自らの無実の証言が虚偽でないことを証明する証拠を採用しなかったのは不当であると国を訴えた。コロンビア特別区巡回裁判所は、専門家における証言に関しては、「よく認識された科学的原理もしくは発見からの推論にあるものは、それが所属する特定の領域（学会など）における一般受容性を得るように確立されたものでなければならない」として、その分野の専門家の間で一般に受け入れられていること（generally accepted）が必要であると判断した。つまり、当時のポリグラフの科学性は否定された。

その後の証拠法としては、連邦証拠法（FRE: Federal Rules of Evidence, 1975）による専門家要件やダウバート基準（Daubert standard, 1993）が有名である。FRE は、知識、技術、経験、訓練、教育などを積み重ねた専門家といえるならば、その証言によって陪審の理解を補助できると示した基準である。言い換えると、知識は争点となる証拠を判断者（判事など）に理解させることができ、事実決定の助けとなるものでなければならないという基準を指し、現在の日本の刑事裁判ではこの基準が暗黙の了解事項になっている。また、ダウバート基準は、先天性の奇形をもって生まれた子どもの母親たちが、その原因は妊娠中に服薬した制吐剤にあると会社を訴えたことで、連邦最高裁判所が示した判断である。そこでは、次の要件が専門家証言に求められている。

・理論や技術は検証可能な科学的知識を構成すること
・専門家のレビューを受けていること
・既知もしくは誤り率が存在すること
・その領域での一般受容性があること

　これは、専門家であっても誤りを犯すことが前提にあるが、その誤りの確率を知っていることが専門的に求められる点にユニークさがある。その後、検察段階での取調べも含めた刑事司法における科学鑑定についての検証も行われている。ポスト・ダウバートと呼ばれ、DNA、指紋、声紋、筆跡、心理テストについての証拠能力が検討されている。
　そのような科学鑑定の証言に関する信ぴょう性をめぐる議論が活発化する中で、アメリカ心理学会（APA）が専門家による証言の基準を公表している。「法廷で使われるためには、科学的分析は観察できる現象に対して信頼できる結論を示さなければならない。科学的手法における信頼性の問題は、信頼性と有効性の二つの要素から成り立っている。信頼性は、特定の方法論（測定法を含む）が一貫した結果をもたらすかどうかにかかわる事柄である。有効性には内的有効性と外的有効性の二つがある。内的有効性は、方法と分析が研究者によって立てられた推論を十分に正当化できるかどうかに関する事柄であり、反対する仮説を十分に排除できるかどうかということである。外的有効性は、研究の結果が一般化できるかどうか

ということである」。

　日本では、心理学等の専門家が刑事裁判の法廷で証言台に立つことが非常にまれであることから、専門家証言についてのこれらの議論は立ち遅れている。しかし、刑事裁判において人間行動科学の知見が活用されるようになれば、学会等での議論も活発化すると期待される。

　以上のように、刑事司法の基本原則である刑罰一元主義が社会の秩序の安定に一定の役割をもっていることを認めつつも、個別の事案においてはその限界もあることは明らかである。少年司法で培われた様々な人間行動科学の手法が成果を上げており、現在、薬物乱用者、累犯障害者、累犯高齢者、若年の被告人などの事案についての処遇上の工夫が、特に矯正の場面でなされ始めている。100年あまり続いた監獄法が2006年に「刑事収容施設及び被収容者等の処遇に関する法律」として改正され施行された。2015年には「少年鑑別所法」が新たに制定され施行された。成人の矯正施設においても、未成年者の未決者収容施設においても、「処遇」という言葉が導入されたことは画期的である。これまで処遇行為に消極的だった刑事施設がこの法改正によってむしろ入所者の処遇改善を目指すこととなった。例えば、PFI（Private Finance Initiative）刑務所は、入所者条件を厳選している強みを差し引いて考えなければならないが、成人矯正施設において官民共同の新しい試みが次々となされ、いわゆる受刑文化の改善に貢献するなどの成果を上げつつある。

　2016年6月からは、いわゆる刑の一部執行猶予制度が始まり、裁判所が3年以下の刑期の懲役・禁錮を言い渡す場合に、その刑の一部について1～5年間執行を猶予することができることになった。薬物事犯の場合、受刑者は執行猶予の期間中保護観察に付され指導を受ける。在宅処遇への移行と生活改善、薬物からの離脱を目指す画期的制度といえるが、猶予期間やその開始時期について裁判官がどのような事実や知識を根拠に合理的判断をしうるのか今後の課題となりうる。このような新しい動きの中で、人間行動科学の知見を活用する意義はますます増大していると考える。

《文献》

Henggeler, S. W., Schoenwald, S. K., Borduin, C. M., & Phillippe, B. C. (1998). Multisysytemic Treatment of Antisocial Behavior in Children and Adolescents. New York: Guilford Press.（吉川和男監訳『児童・青年の反社会的行動に対するマルチシステミックセラピー（MST）』（星和書店、2008年）。

Lilienfeld, S. O., Lynn, S.J., &Lohr, J. M. (2003). Science and Pseudscience in Clinical Psychology. New York: Guilford Press.（厳島行雄ほか訳『臨床心理学における科学と疑似科学』北大路書房、2007年）。

Sexton, T. L. (2011). Functional Family Therapy in Clinical Practice: an evidence-based treatment model for working wtih troubled adolescents. Routledge.（岡本吉生・生島　浩 訳『機能的家族療法』金剛出版、2017年）。

横山　実（2012）：「自由刑執行の場所としての刑務所の展開」（犯罪社会学研究37）59〜76頁。

岩井宜子（2013）：「量刑の在り方を考える」（法曹時報65（4））791〜811頁。

岩井宜子（2016）：「我が国の刑事司法制度の概要」日本犯罪心理学会編『犯罪心理学事典』所収（丸善出版）。

菊田幸一（1992）：『犯罪学4訂版』（成文堂）。

宮澤節生（2013）：「先進国における犯罪発生率の状況と日本の状況への国際的関心」（犯罪社会学研究38）7〜35頁。

最高裁判所（2016）：「裁判員裁判の実施状況」　http://www.saibanin.courts.go.jp/topics/saibanin_jissi_jyoukyou.html

裁判所書記官研修所（1982）：『刑法概説（改訂版）』（法曹会）。

山本譲司（2006）：『累犯障害者――獄の中の不条理』（新潮社）。

小柳　武（2011）：「矯正施設における知的障害者の処遇」生島　浩・岡本吉生・廣井亮一 編『非行臨床の新潮流――リスク・アセスメント処遇の実際』所収（金剛出版）。

水藤昌彦（2011）：「知的障害のある非行少年への司法と福祉の協働した対応」

生島　浩・岡本吉生・廣井亮一 編『非行臨床の新潮流――リスク・アセスメント処遇の実際』所収（金剛出版）。

石塚伸一（2013）:「日本の犯罪は減ったか？　減ったとすれば、その原因は何か？――犯罪統制のネット・ワイドニングと刑事訴追の重点主義化」（犯罪社会学研究 38）36 〜 52 頁。

藤野京子（2009）:「有効であるとされている非行防止プログラムについて（その 1）」（早稲田大学社会安全政策研究所紀要 1 ）89 〜 111 頁。

浜井浩一（2013）:「なぜ犯罪は減少しているのか」（犯罪社会学研究 38）53 〜 76 頁。

法務総合研究所（2013）:「知的障害を有する犯罪者の実態と処遇」http://www.moj.go.jp/housouken/houso_index.html

◎第4章　刑事司法と人間行動科学
2　判決前調査制度の導入に向けて ——

2.1 日本における判決前調査制度導入を巡る歴史的経緯

丸山泰弘 Yasuhiro Maruyama

（立正大学）

1　はじめに

　成人の刑事裁判は、起訴された内容が事実かどうかを確定し、罪を犯したとされる人には、最も適した処遇を決定するために行われる。犯罪事実を対象とするので、公開された裁判において、反対尋問の機会を保障しながら事実認定が進められる。江里口は、「量刑の手続が、単に被告人の責任を追及して、それに見合う実刑を言い渡すだけのものであれば、犯罪行為自体、これに付随する犯情及び犯行後の示談弁償の程度ぐらいを調査すれば十分であって、そこには判決前調査の問題は起こらない。」と指摘し、被告人の改善更生を合わせて考える裁判官は、最も妥当な刑が実刑なのか、執行猶予なのかといった判断をする際に、医学・心理学・社会学、教育学などの専門家が法廷外でそれぞれの専門的知識を活用して、公正に集めた資料によって処遇選択をしたいとする[1]。主に量刑に必要な資料としては、検察官による証拠によるところが大きいが、本書の他論稿にもあるように、元家庭裁判所調査官や心理学・社会学等を専門とされる専門家による情状証拠も重要な資料の1つとなっている。また、国際的にも量刑判断の際に利用されているものとして、「判決前調査」が注目される。

---

1)　江里口清雄「判決前調査制度について」『自由と正義』第10巻2号（1959年）2頁。

鈴木によれば、「判決前調査とは、被告人の更生可能性やそのための資源の有無などについて調べる制度で、それは被告人の処遇決定ないしは量刑を科学化するための手段として採用されている、または、されようとしているもので、国際的には趨勢となっている。日本においても、すでに少年事件について、家庭裁判所調査官による判決前調査のように社会調査を行う制度があり、成人についても情状鑑定がある」とされる[2]。
　このように判決前調査に近いものでは、少年の社会調査が挙げられるが、成人の量刑判断の際に利用される証拠としては、情状鑑定によるものがある[3]。しかし、その運用は少数であり、本書の他論稿で指摘されるように死刑事案に関しては、スーパー・デュプロセスとして全件行う必要性について議論されるべきであり、また、逆送によって刑事事件での手続に移行された少年事件は全件行われるように検討される必要があろう。さらには、近年の刑事司法と福祉の連携が指摘されるようになってきている中で、被疑者・被告人に対し、判決後に適切な処遇が行われるように最適な調査の

---

[2]　鈴木茂嗣「判決前調査制度」宮澤浩一ほか『刑事政策講座』第1巻所収（成文堂、1971年）357～358頁。

[3]　情状鑑定とは、「訴因事実以外の情状を対象とし、裁判所が刑の量定、すなわち被告人に対する処遇方法を決定するために必要な智識の提供を目的とする鑑定である」とされる。上野正吉「刑の量定と鑑定――情状鑑定の法理」上野正吉ほか編『刑事鑑定の理論と実務』所収（成文堂、1977年）114頁。情状鑑定は、1950年代に盛り上がった判決前調査制度の議論は頓挫し、それに代わって量刑の科学化を推し進めるための手段として登場する。1967年に東京地裁刑事裁判官有志と同家庭裁判所調査官有志との間で、家庭裁判所調査官による情状鑑定に関する協議が行われて以降、家庭裁判所調査官による情状鑑定が急増し、1971年6月から1973年5月までの2年間に、刑事裁判所より鑑定命令を受けた者は48名であった。上野（1977）119頁。

[4]　2012年7月30日、大阪地裁は、自宅で姉を殺した罪で起訴されたアスペルガー症候群の症状がある弟に対し、検察官の求刑16年を上回る懲役20年の判決を下した。その判決では、「被告人の母や次姉が被告人との同居を明確に断り、社会内で被告人のアスペルガー症候群という精神障害に対応できる受け皿が何ら用意されていないし、その見込みもないという現状の下では、再犯のおそれが更に強く心配されると言わざるを得ず、この点も量刑上重視せざるを得ない。」とし、量刑理由の一つとしている。（〔平成23年（わ）第6063号〕）。このように、犯罪に至った経緯、その後の処遇のあり方、出所後の生活に至るまでの判断をしておきながら、その量刑判断のための「調査」が十分

方法が求められている。これは、実務の現場[4]やアカデミック[5]な場面のみに限られず、様々な場面で言及がなされるようになっている。例えば、2016年12月の再犯の防止等の推進に関する法律に基づいて、2017年2月に再犯防止推進計画等検討会が発足された。この検討会は、同年9月に再犯防止等推進計画の中間案[6]を提出し、高齢者犯罪や薬物犯罪などに対しては、刑罰による威嚇によって犯罪を防止するのではなく、「再犯の防止等のためには、犯罪等を未然に防止する取組を着実に実施することに加え、捜査・公判を適切に運用することを通じて適正な科刑を実現することはもとより、犯罪をした者等が、犯罪の責任等を自覚すること及び犯罪被害者の心情等を理解すること並びに自ら社会復帰のために努力することが重要であることはいうまでもない。刑事司法関係機関による取組のみではその内容や範囲に限界が生じている。こうした中、貧困や疾病、嗜癖、障害、厳しい生育環境、不十分な学歴など様々な生きづらさを抱える犯罪をした者等が地域社会で孤立しないための『息の長い』支援等刑事司法関係機関のみによる取組を超えた政府・地方公共団体・民間協力者が一丸となった取組を実施する必要性が指摘されるようになった。これを受け、最良の刑事政策としての最良の社会政策を実施すべく、これまでの刑事司法関係機関による取組を真摯に見直すことはもとより、国、地方公共団体、再犯の防止等に関する活動を行う民間の団体その他の関係者が緊密に連携協力して総合的に施策を講じることが課題として認識されるようになった。」とまとめている[7]。

このように、「息の長い」支援のあり方や、刑事司法のみによらない介入のあり方が検討される際に、「判決前調査」のような調査は必要不可欠なものとして再び認識されるようになってきている。

日本においても、1950年代から1960年代にかけて、この「判決前調査」

なものだったであろうか。
5) 司法と福祉に関する文献は多数ある。例えば、拙編著『刑事司法と福祉をつなぐ』(成文堂、2015年)を参照。
6) (平成29年9月26日　法務省再犯防止推進計画等検討会)「再犯防止推進計画(案)」http://www.moj.go.jp/content/001237167.pdf (2017年10月31日閲覧)
7) (法務省再犯防止推進計画等検討会：註6) 2頁。

の導入をめぐる議論がなされていた。鈴木によれば、50 年代から 60 年代の議論を以下のように指摘する。すなわち、1950 年 11 月に最高裁判所に非公式に設けられたアダルト・プロベーション制度調査委員会が、同年 12 月に「判決前調査制度は、適正な裁判に資するところがある」として、「執行猶予の言渡しを為すべきか否かについて、参考となるべき経歴、素質、環境等に関する事項」を「専門の知識経験に富」む「裁判所職員」に調査させるべきことを議決している[8]。また、国際的には、1950 年の 8 月にハーグにて第 12 回国際刑法および監獄会議が開催されており、本議会で判決前調査制度の採用を促進すべきことを要請する決議がなされている[9]。具体的に、「執行猶予制度」導入の際の議論においても検討されていた。例えば、刑法改正によって 1953 年には必要的に保護観察を付するかたちで再度の執行猶予が可能となり、1954 年には初回の執行猶予時に保護観察を付することができるようになった。この 1954 年の刑法改正の際に、判決前調査制度の必要性も議論され、将来的な検討課題とされていた[10]。

　本稿では、これらをきっかけとした「判決前調査」について、日本における 50 年代から 60 年代に行われた議論について概観し、上記の現代的課

---

[8] （鈴木：註 2）、および「アダルト・プロベーション制度調査委員会の調査〜審議事項および議決〜」刑事裁判資料 146 号『判決前調査制度関係資料（二）』11 〜 13 頁。

[9] 「第 12 回国際刑法および監獄会議における決議（抜すい）」刑事裁判資料 146 号『判決前調査制度関係資料（二）』9 〜 10 頁。また、この国際会議でグリュックが判決前調査の問題について行った一般報告については、すでに 1954 年に刑事裁判資料 94 号で紹介されている。詳しくは「執行猶予者保護観察制度につてい：プロベーション関係資料・2」刑事裁判資料 94 号（1954 年）を参照のこと。

[10] 江里口は 1958 年の売春防止法の改正に伴う議論の中で、情状に関する資料の収集について言及するに際して、行為責任の量を決定する際に必要な犯情は厳格な証明を要するものであるが、むしろ社会復帰をさせる立場から処遇方法を決定する資料として必要な広義の情状があり、それを調査するには家庭裁判所調査官を地裁調査官として裁判所が中心となることを主張している。江里口清雄「補導処分と判決前調査」『法律のひろば』11 巻 5 号（1958 年）10 頁。

[11] 本稿の判決前調査をめぐる議論状況の多く、特に歴史的検討の部分は、拙稿「判決前調査とその担い手——Mitigation Specialist（減軽専門家）の視点」『浅田和茂先生古稀記念祝賀論文集（下巻）』所収（成文堂、2016 年）699 〜 719 頁においてまとめた判

題から、再度「判決前調査」の必要性について言及したい[11]。

2　改正売春防止法（1958年）までの議論状況

(1)　第12回国際刑法および監獄法会議（1950年8月）

　日本において、本格的な「判決前調査」に関する議論がなされたのは、1958年の売春防止法による導入の是非について法務省、最高裁および日弁連がそれぞれの立場から賛否について意見を述べた辺りからであろう。しかし、それ以前に、判決前調査について話題となったことがある。それは、1950年の8月にオランダのハーグで行われた第12回国際刑法および監獄法会議であった。ここで、「裁判官が個々の犯罪者について必要とされるところに適合した処分を選択するにあたって、裁判官を補助するため被告人に関する判決前調査を行う必要があるか」という議題が提出された[12]。この議題は、刑罰の目的として、単なる犯罪者への処罰だけでなく、再び罪を犯すことがないように改善し、かつ通常の社会生活の条件に犯罪者を適応させることにあることが、一般的に認められていることを前提とし、この基本原則から刑事訴訟での伝統的な組織を改革することが必要であろうか、という趣旨で出されている[13]。それに対する決議としては、以下のようなものが出された。すなわち、「1、刑事司法の近代的組織においては、刑の言渡の基礎ならびに行刑上の処遇および釈放に関する手続の基礎となるように、刑の言渡に先立って、犯罪の情状だけでなく、犯罪者の素質、人格、性格ならびに社会的経歴および学歴に関する事項についても報告が行われるように定めることが、きわめて望ましい。」、「3、調査

決前調査に関する歴史の部分を加筆・修正したものである。
12)　（江里口：註10）9頁。
13)　第12回国際刑法および監獄会議での資料によると、判決前調査制度の必要性については、「犯罪事実の証明をし、その客観的ならびに主観的な軽重の程度を評価し、そしてそれに応じて寛厳いずれかの刑罰処分を決定するだけでは、もはや十分ではない。このほかに、刑罰的処遇に対して犯罪者の示すべき反応を予測し、かつ、この処遇を最も効果的な形態のものとするため、さらに、当該犯罪者、その人格および社会的環境を知る必要がある」とする趣旨説明をしている。（江里口：註10）9頁。

および報告の範囲および程度は、裁判官が事理にかなった判決をするのを可能にするに足りる資料を裁判官に提供するごときものであることを必要とするであろう。」といったもの、また「5、刑罰による矯正の問題を取り扱わなければならない裁判官の専門的教養に刑事学の教養が含まれることも、同じく望ましい。」といったような判決前調査そのものあり方だけでなく、それらを活用するための裁判官の教養のための刑事学の発展が必要であることも挙げられていた[14]。

(2) アダルト・プロベーション制度調査委員会（1950年11月）

第12回国際刑法および監獄法会議の直後である1950年11月に最高裁判所にアダルト・プロベーション制度調査委員会が裁判所、法務府、弁護士会および学界のメンバーにより非公式に設けられた。アダルト・プロベーション制度調査委員会では、同年12月に「判決前調査制度は、適正な裁判に資するところがある」として、「執行猶予の言渡しを為すべきか否かについて、参考となるべき経歴、素質、環境等に関する事項」を「専門の

---

[14]（江里口：註10）11頁。本文に紹介した以外の決議は、「2、ラテン法系諸国においては、法律上被告人の予備的釈放が認められている場合には、個人的調査は、任意的なものでなければならないであろう。法律上被告人の予備的釈放が許されていない場合には、個人的調査は必要的なものであることを要するであろう」および「4、これに関連して、諸国の刑事学者が、予測方法を発達させるための調査研究を行うことが望ましい」などがあった。

[15] 1950年12月5日にアダルト・プロベーション制度調査委員会は次のとおり議決している。「アダルト・プロベーション制度調査委員会の調査審議事項および決議事項」刑事裁判資料146号『判決前調査制度関係資料（二）』(1960年) 11頁以下。

一、判決前調査の制度は適正な裁判に資するところがあるから、次の条件の下にこれを採用すべきものと思慮する。
  1 判決前調査は被告人に対し執行猶予の言渡を為すべきか否かについて、参考となるべき経歴、素質、環境等に関する事項の調査を目的とするものとすること。
  2 判決前調査は、任意的なものとし、裁判所において必要と認める事案につき、適当と認める時期において、命ずることができるものとすること。
  3 判決前調査の結果は、法定に顕出することを必要とするものとすること。
  4 判決前調査があった場合においても、裁判所は、前記1に掲げる事項につき取調をすることができるものとすること。

知識経験に富」む「裁判所職員」に調査させるべきことを議決している[15]。

(3) 1951年法制審議会および1958年売春防止法での付帯決議

　1951年5月9日には、法制審議会が成人に対する刑の執行猶予に伴う保護観察制度の採用につき答申する際に、「裁判所の専属調査官の設置およびこれによる判決前調査の制度は、刑の執行猶予に伴う保護観察制度に必須不可欠のものではないが、理想的な保護観察制度を本格的に実施する上に極めて重要な事項であるから、この点を刑事訴訟法小委員会において十分に研究せられたい」旨の付言をしている。つまり、成人について保護観察を言い渡す際に、生活環境や性格等について、心理学、社会学等の専門家による調査が必要であり、この必要性については、法制審議会においても認識がされていたが、重大な問題であるから、刑事訴訟法部会において研究すべきであるという立場をとり、そのままになっている状態であった。

　その後、保安処分的要素を含んだ売春防止法の一部を改正する法律および婦人補導院法が施行されることになる。この売春防止法は第一章の総則および第三章の保護更生の部分について1957年4月から施行されていたが、第二章の刑事処分に関する規定は1958年に施行されている。これは、当時の最高裁刑事局であった江里口によると「同法5条の勧誘等の罪が、窃盗、詐欺などの一般犯罪と性質を異にするものであることおよび売春婦の中には精神薄弱者や性格異常者が多く、また転落するに至った動機、境遇からいっても特殊なものであるため、売春婦に対しては、刑罰の外に、広く特別な保安処分に付して本人を保護更生させるようにつとめ、真にやむを得ない者にのみ、刑罰を適用することにする必要があるとされたため

　5　判決前調査は、裁判所職員をしてこれを行わせるものとすること。
　6　プロベーションを伴う執行猶予制度が採用されたときは、判決前調査は、プロベーションの条件を決定するにつき参考となる事項の調査をも目的とするものとすること。
二、プロベーションを伴う刑の宣告猶予制度及び執行猶予制度並びに有罪の確定と刑の量定とを段階的に区別する訴訟機構の採用については、幾多の問題があるから比較的長期に亘る慎重な調査研究を必要とするものと史料する。

にほかならない」[16]と説明がなされた。さらに、江里口は、この保安処分的要素について「わが国における過去50年の刑事裁判乃至は刑事政策は、刑の執行猶予の発展史であり、今後の50年は、保安処分の展開によって特色づけられるものと信じている。この意味において、成人婦女に対し新たに補導処分を採り入れた売春防止法は、成人に対する保安処分の制度について、輝かしい灯台の火をともす役割を果たしたものということができる」とまで言及している[17]。このように、最高裁刑事局であった江里口が裁判所を代表していたと仮定すると、裁判所は保安処分的な制度の導入に関しては、肯定的であったが、その運用面で、情状に関する資料の収集が難点であると考えていたようである。例えば、具体的な犯罪行為の道義的で規範的な部分を明らかにした行為責任の量を決定する「犯情」は一定の証拠能力が認められ、公開の法廷で証拠調べが行われるのに対し、被告人の素質、性格、犯罪の常習性、生活能力、家族関係など、広義の情状は、刑事責任を量定する観点ではなく、むしろ被告人の社会復帰させる立場から処遇方法を決定する資料として必要であるが、それらは訴訟手続において厳格な証明を要しないままとなっていると述べている[18]。

このように、裁判所からは改正売春防止法において補導処分が設けられるにあたり、判決前調査制度を採用すべしとの主張が出されていたが、実現までには至らなかった[19]。しかし、その際に衆参両院の法務委員会において、「政府は……可及的速やかに裁判所調査官による判決前調査制度の法制化について検討すべきである」旨の付帯決議がなされていた[20]。

そこで、1958年の10月に最高裁判所に判決前調査制度協議会が設けられ、翌1959年3月には同協議会は、「現行法に多少の修正を施すならば、量刑の手続を事実認定の手続からさい然と分離するような根本的な改正を

---

16) （江里口：註10）9頁。
17) （江里口：註10）9頁。
18) （江里口：註10）10頁。
19) 詳しくは、泉政憲「売春防止法改正に伴う『判決前調査制度』設置問題——法務省の立場から」『ジュリスト』152号（1958年）57〜61頁。
20) 「売春防止法の一部を改正する法律についての衆参両議員法務委員会の付帯決議」刑事裁判資料146号『判決前調査制度関係資料（二）』（1960年）19頁。

加えなくても、裁判所調査官による判決前調査制度を採用することが充分可能である」との立場をとり、要綱を採択している[21]。一方で、法務省でも1959年2月に判決前調査制度研究会が設けられ、1960年10月に研究結果が同研究会から法務事務次官に報告されている。

3　判決前調査を取り巻く議論状況

(1)　法務省保護局の見解

　上述のように、すでに1951年の成人に対する保護観察のあり方について議論がなされ始めていたが、それは留保になったままであった。その後、

---

21)「判決前調査制度要綱」、(鈴木：註2) 358～359頁。
第一（裁判所調査官による調査）　被告人が起訴状に記載されたすべての訴因について有罪である旨を陳述したときは、裁判所は、裁判所調査官に命じて、刑の量定に参考となるべき情状の調査をさせることができるものとすること。調査をさせることについて被告人に異議がないときも、同様であるものとすること。
第二（調査をさせる旨の決定）　裁判所は、第一の調査をさせるには、あらかじめ訴訟関係人の意見を聴き、その旨の決定をしなければならないものとすること。
第三（調査の方針）　第一の調査は、被告人の素質、経歴、性行、経済状態、家庭、その他の環境等について、なるべく、医学、心理学、社会学その他の専門的知識を活用してこれを行うものとすること。
第四（調査報告書の差出）　裁判所調査官は、調査をしたときは、調査報告書を作成し、裁判所の指示により、これを裁判所に差し出さなければならないものとすること。
　裁判所は、犯罪事実の存否に関する証拠を取り調べ、かつ訴訟関係人の意見を聴いた後でなければ、前項の指示をすることができないものとすること。
第五（調査報告書の閲覧等）　調査報告書が差し出されたときは、裁判所は、すみやかにその旨を訴訟関係人に通知し、これに閲覧の機会を与えなければならないものとすること。
第六（調査報告書の取調）　調査報告書の取調は、公判期日においてしなければならないものとすること。この取調は、適当と認める方法で行うことができるものとすること。
第七（証拠能力）　調査報告書については、刑事訴訟法第320条の規定を適用しないものとすること。
第八（証拠制限）　調査報告書は、犯罪事実についての証拠とすることができないものとすること。

「判決前調査」に関して、特に誰がその調査を担うのかという「調査官」の議論が、改正売春防止法の保安処分的介入のあり方を契機として議論がなされるようなった。当時の法務省保護局参事官であった佐藤は特集で組まれた座談会において「売春防止法の改正に伴って調査官制度が浮かび上がったというのは、従来の日本の刑事裁判というものが犯罪事実中心で一般予防的な色彩が強く、刑が非常に統一化していた、ところが、保安処分を言い渡すということになると、これは犯罪事実というよりはむしろ犯人の危険性というものに重点がおかれて来ることになる、しかるに従来の刑事記録では犯人の危険性というものはあまり出ない。犯罪を行ったかどうかという証拠に集中しておって、危険性を認定するだけの資料を出していない。そういうことからどうしてもこれは判決前調査をやらなければならないという必然性が出てくるのだろうと思うのです」と語っている[22]。この発言に対し、当時の最高裁刑事局第一課長であった正田満三郎も「同感である」とコメントしている。

(2) 日本弁護士連合会の反対

最高裁判所と法務省の判決前調査導入の方向性とは対照的に、日本弁護士連合会では判決前調査制度に反対の態度であった[23]。その理由としては、以下のようなものであった。すなわち、「一、多年にわたる実務の経験と研究の結果並びに民主思想の発達に伴い、真に公正なる裁判を行い、人権を伸張するためには、糺問主義、職権主義よりも当事者主義訴訟法式の方が適当であることが明らかにされ、いまやわが国の刑事裁判も、ようやくその軌道に乗らんとしているときにあたり、裁判所直属の調査官を置き、その調査資料に基づき裁判を行わんとすることは、その基本的考え方において、右のすう勢に逆行し、職権主義に復帰せんとするきらいがある。（原文ママ）」ということ、そして、「二、刑事司法において第一の問題は被告人の有罪無罪を判断することである。現行刑事訴訟法はこの点につき、検

---

22) 座談会「判決前調査をめぐって」『法律のひろば』11 巻 5 号（1958 年）21 〜 22 頁。
23) 日弁連の声明については、「判決前調査制度に関する日弁連委員会意見書（案）」『自由と正義』10 巻 12 号（1959 年）25 〜 26 頁を参照。

察官と弁護人との弁論及び立証に重きを置き厳格な証拠法の統制の下に公正な事実の認定を期待している。他方被告人の性格や環境に関する情状は刑の量定に関する事項として有罪無罪の点に劣らず重要である。ことに被告人が犯罪事実を認めている場合においては、刑の量定こそ被告人にとっては最大の関心事であり、従って情状の調査に万全を期すべきことは勿論である。しかし、その調査が法的価値判断による取捨選択の充分でない心理学、社会学、教育学系統の調査官によって、その方面の知識のみに基づいて行われ、その結果を記載した書面が裁判官に提出されることは、事実の認定そのものが当事者の弁論と厳格な立証とによらなければならないとする現行刑事訴訟法の立場と相容れないものである。特に調査の方法は判決前であるため、秘密裡に行われることを必要とすると考えられるが、かくて調査される者の側の態度の如何、即ち迎合的態度を採り又は拒否的態度を採るの如何が調査の結果に影響を及ぼすであろうことは十分に考えられるところであり、また、秘密裡に行われる調査に行き過ぎを生じる恐れも十分予測されるところであるが、かようなことは表面にでることはい。公権力による調査が秘密裡に行われること自体が好ましくないことは勿論裁判官が証人等を直接調べる公正な方法以上に正確な結果が得られるとは考えられないばかりでなく、刑事訴訟法の立場に重要な変形を加えるものであって、この点陪審による事実の確定と裁判官による刑の量定とがさい然と分けられる英米の制度とは異なることを注意しなければならない。」とした。さいごに、「三、従来情状に関する審理が比較的簡略に行われ、甚だしい場合においては情状証人を証人として許さず単に参考人として聞き、調書にも記載しない例があり、弁護人のこの点に関する活動も十分でないと見られるふしがある。しかし裁判官弁護人共にこの点に関し更に一段の熱意を以て努力し、情状に関する審理を十分尽すにおいては、調査官の報告書にはるかに優るものと信ぜらる。単に調査官の記載した報告書を法廷に顕出するだけでは間接の心証を得るに過ぎず情状に関する判断が直接主義に反することになる。」といった理由を挙げている。

　日本弁護士連合会は、判決前調査制度に対して、まず反対理由の（一）において「刑事裁判における当事者主義化の流れに逆行」すること、（二）

において「法的価値判断ができない調査官がそれぞれの方面のみの知識によって書面が作成され、それらの書面が当事者の厳格な立証によらなければならない刑事訴訟法に反するもの」であること、さらに「調査される者の態度によって調査の結果に影響を与えるようなものでありながら、秘密裡に行われる」ことの危険性を指摘し、(三)において「そもそも、従来の情状証拠のための情状証人についての取り扱いも十分でなく、それらを充実させることの方が、より効果的である」ことなどを理由として、裁判所または法務省ないし検察庁のいずれに判決前調査官を設けるにしても反対の立場を採ったのである。

その後、これら日弁連の根強い反対や少年法改正など新たに取り組む問題が多くなり、さらには裁判所や法務省の関心が次第に判決前調査制度から離れていったことなどの要因によって、制度採用の論議が表面化しないまま時を経ることとなった。

4　現在の日本ではどのように考えるべきか

(1)　裁判員裁判から見る判決前調査の必要性

すでに、第12回国際刑法および監獄会議の決議にて「5、刑罰による矯正の問題を取り扱わなければならない裁判官の専門的教養に刑事学の教養が含まれることも、同じく望ましい」といったような、判決前調査そのもののあり方だけでなく、それらを活用するための裁判官の教養のための刑事学の発展が必要であることも挙げられていた。現在の裁判官が刑務所での処遇についてどれほどの教養があると言えるであろうか。多くの裁判官をはじめとする法曹が犯罪者処遇を学ぶ刑事政策について司法試験や修習の際に十分に学べていない中で、裁判員裁判に参加する市民が刑事政策に関する質問した際に、裁判官は正確に答えることは可能であろうか[24]。市民参加を謳い、刑事裁判において市民が量刑まで判断するということの意義は、犯罪事実によって有罪か無罪を判断するだ

---

24) 例えば、「少年院」と「少年刑務所」の違いを説明できる人は多くないであろう。少年の逆送事件では、被告の少年に対して「少年刑務所」での処遇を言い渡すのか、「少

けでなく、従来の責任主義だけにのっとった量刑相場に従うのではない、目の前にいる被告人が今後どのように刑罰を受け、どのように更生していくのかを市民も考えるということこそにあるのではないだろうか。そうであるならば、有罪・無罪を示す事実認定とは異なるレベルで、責任評価の判断のための鑑定とは異なるレベルでの判決前調査が必要になるであろう。

(2) 刑の一部の執行猶予制度から見る判決前調査の必要性

2016年6月から刑の一部の執行猶予制度が開始されている。刑の一部執行猶予は、裁判所が自由刑を言い渡す際に予めその一部の期間の執行を猶予する制度である。本庄の指摘によれば、従来の日本の制度は、施設収容になった受刑者の改善更生の見込みが低い場合には、仮釈放ではなく満期釈放とし、社会内処遇を受ける必要性が高い受刑者であっても、社会内処遇を受けられないという矛盾を抱えていた[25]。基本的には、従来の伝統的な刑罰よりも長期にわたり刑事司法の枠組み入れられることとなるので、考試期間主義といわれ、保安処分の観点からも批判を受ける。しかし、刑の一部執行猶予制度では、満期釈放になる可能性のある被告人にも社会内処遇の期間を設定することが可能となる。ただし、この制度を裁判官が行うということは、判決を言渡す時点で、適切な予後の予測が可能な場合でなければならない。例えば、刑法27条の2によれば、刑の一部執行猶予は「犯情の軽重及び犯人の境遇その他の事情を考慮して、再び犯罪をすることを防ぐために必要であり、かつ、相当であると認められるとき」に言渡すとしている。つまり、被告人の適性を考慮して判決を言渡す時点で判断せよということである[26]。

年院」での処遇を言い渡すのかで大きく異なる。前者は「Juvenile Prison」と表記され、後者は「Juvenile Training School」と表記される。刑罰の執行する場所と、再教育をする場所ではパンフレット等で説明がなされるような表面的なものと内実は大きく異なることになるであろう。

25) 本庄武「日本の量刑の特色と判決前調査制度を導入することの意義」『龍谷大学矯正・保護総合センター研究年報』第3号（現代人文社、2013年）34〜35頁。
26) （本庄：註25）34〜35頁。

実際に、2016年6月から始まった一部猶予制度で初日に言い渡された判決は全国で3件（千葉、大阪、一宮）あった。これらは、懲役2年のうち6月について保護観察付執行猶予2年（千葉）、懲役1年4月のうち4月について保護観察付執行猶予2年（大阪）、懲役2年のうち4月について保護観察付執行猶予2年（一宮）であった。このように、いずれも福祉的な支援を行うとする一方で、刑事司法の監視期間の延長傾向が見られる。1年を経過し、徐々に刑の一部執行猶予判決を受けた人が出所している[27]。最初の1年間で1596人に刑の一部執行猶予判決が言い渡され、そのうちの9割が覚せい剤などの薬物事犯者であった。また、出所後に受け入れ施設で猶予期間を過ごすと証言していた被告人たちは、結局は民間施設に入所しない事例も多い事が指摘されている[28]。回復を願う人の支援を行いたいとして、証言に立つ支援団体の立場からは、自分たちが減軽や判決のために利用されているという思いに悩まれるかもしれない。しかし、本人の自発的な回復プログラムへの参加意思が重要[29]であろうし、法律上も本人の意思によることが明記されている[30]。たしかに、裁判中にダルク等に行くことについての同意が、その後に取り消せるのであれば、裁判中の更生支援計画を情状として評価すべきかどうかという疑問も出されるかもしれない。しかし、これを強制することは、処遇効果の面からも監視機能の強化の面からも幾つかの問題を含んでいると考えられる。

(3)「再犯防止」に対する「危険性」の視点から

　2017年2月に設置された法務省再犯防止推進計画等検討会は、その計

---

[27] マスコミ各社でも情報が発信されている。例えば、毎日新聞（朝刊：2017年6月29日）https://mainichi.jp/articles/20170629/ddm/041/040/141000c（2017年10月31日閲覧）
[28] 毎日新聞（朝刊：2017年10月24日）https://mainichi.jp/articles/20171024/dde/041/040/030000c（2017年10月31日閲覧）
[29] 回復プログラムをめぐる検討については、拙著『刑事司法における薬物依存治療プログラムの意義――「回復」をめぐる権利と義務』（日本評論社、2015年）を参照。
[30] 更生保護法65条の3第2号「保護観察所の長は、前項に規定する措置をとろうとするときは、あらかじめ、同項に規定する医療又は援助を受けることが保護観察対象者の意思に反しないことを確認（中略）しなければならない」と規定する。

画策定の目的として、「(前略) 刑事司法関係機関がそれぞれ再犯防止という刑事政策上の目的を強く意識し、相互に連携して職務を遂行することはもとより、就労、教育、保健医療・福祉等関係機関や民間団体等とも密接に連携する必要があること、犯罪者の更生に対する国民や地域社会の理解を促進していく必要があることを示し、国民が安全・安心に暮らすことができる社会の実現の観点から、再犯防止対策を推進する必要性と重要性」がある[31]と指摘している。

特に、中間案が示した薬物問題に対する取組みについては、薬物事犯者の2年以内の再入率は高く、新規受刑者の約3割を占めていることを前提として、依存症の患者であるという視点も踏まえて回復に向けた治療・支援を継続的に受けさせることが重要であるとする[32]。関係機関が連携をし、「貧困や疾病、嗜癖、障害、厳しい生育環境、不十分な学歴など様々な生きづらさを抱える犯罪をした者等が地域社会で孤立しないための『息の長い』支援等」が必要であると中間案は指摘する[33]。このように、従来の刑事司法だけに頼らない、支援をも行うとしたこと自体は、大きな変化であるといえるであろう。しかし、いわゆる、「再犯防止」という概念には、その主体が誰になるのかで方法が大きくなることが指摘されている。例えば、浜井は、司法福祉が注目され支援が注目を浴びるようになってきたとしても、それは社会安全のための「再犯防止」であって、対象となる人が主体となった「再犯防止」ではないことを指摘する[34]。この中間案でも、その目的は「国民が安全・安心に暮らすことができる社会の実現」であるとする。つまり、これは「再犯防止」の主役が対象者ではなく国民であることを表している。そういった前提の中で、数値目標が設定され、運用される「再犯防止」は、社会安全のための管理であり、福祉の押し付けにつながる可能性が高い。

では、本稿で検討してきた判決前調査は、どのような目的でどのように

---

31)（法務省再犯防止推進計画等検討会：註6）1頁。
32)（法務省再犯防止推進計画等検討会：註6）18～22頁。
33)（法務省再犯防止推進計画等検討会：註6）2頁。
34) 浜井浩一「再犯防止と数値目標」『季刊刑事弁護』第72号（2012年）135～142頁。

運用されるのであろうか。その問題点と課題については、他の論稿に任せることとなるが、少なくとも日本で語られてきた「判決前調査」は裁判所も法務省も売春防止法の改正に伴って議論がなされており、保安処分を土台とした「危険性除去」のためのものであった。そういった「危険性除去」のための保安処分的運用にならない、支援としての運用方法が今後の検討課題となる。

むすびにかえて

50年代や60年代に議論されてきた「判決前調査」は、保安処分を前提とした議論となっている。より福祉的で、より治療的な介入というのは、「保安処分」としての介入と表裏一体になる存在になりやすい。特に、現在の日本の一部執行猶予のように考試期間主義をとりながら、刑事司法によってその運用の中心を担っていく方法は、常に刑事罰を土台とした運用となっている。刑罰の威嚇を用いながらの支援は、福祉的な支援と言えるのであろうか。判決前調査は保安処分の運用にならないように、担い手が誰になるのか、等の問題を多く含んでいる。そのため、減軽専門家としてのMitigation Specialistのあり方についても議論が深まるべきであろう[35]。

---

35)（拙稿：註11）699〜719頁。

◎第4章　刑事司法と人間行動科学
2　判決前調査制度の導入に向けて──

2.2 鑑別的手法による情状鑑定・判決前調査への参画──可能性と課題

竹田　収 Osamu Takeda

（東京矯正管区）

1　はじめに

　筆者は法務技官（心理）として非行のある少年の鑑別や少年鑑別所の運営に携わってきた者であるが、本稿では、情状鑑定、またこれまで何度かの刑事政策の転換期に論議に上ってきた判決前調査について、鑑別的手法（鑑別に係る専門的知識・技術等を活用した調査手法）による参画の可能性を示したうえで、その前提としてあらかじめ慎重に検討すべきであると考える課題・問題点を整理してみたい。

　以下では、まず、鑑別と情状鑑定・判決前調査との間にどのような類似性と差異があるのかを確認するため、少年審判手続における鑑別の位置と鑑別の内容・方法について、極力簡潔に整理する。

　次に、鑑別をめぐる近年の動向として、定量的な予測手法の開発・活用と少年鑑別所法の施行による業務拡充について触れる。これらは、鑑別的手法をもって、現行の情状鑑定、さらには、今後改めて論議に上るかもしれない判決前調査に参画する可能性を検討する上で欠かせない要素であると考えるからである。

　そして、鑑別を含む人間科学的手法によって刑事司法への参画を図る上で、あらかじめ検討しておく必要があると考えている事柄、すなわち、情状鑑定の目的と判断事項の明確化、さらに、判決前調査制度が構想される

際に望まれる、人間科学的手法と少年鑑別所の立ち位置やそれを実現するための手続の在り方について考えるところを述べたい。

本稿中意見にわたる部分はすべて筆者の私見である。

2 鑑別の概要

まず、少年鑑別所が行う鑑別について、その法令上の位置と内容・方法を確認する。

(1) 少年法と少年鑑別所法における鑑別

少年法第8条に規定される調査は、非行事実と要保護性の双方について行われ、それぞれ実務上、法的調査と社会調査と称されている。前者は事件記録に基づき少年の年齢や管轄など審判条件や非行事実等の存否について、裁判官自らが書記官に補佐させて行うものであり、これに対し後者は、要保護性の判断のための調査であって、家庭裁判所調査官（以下「家裁調査官」という。）に命じて行わせるのが一般であると説明される[1]。社会調査の方針を規定したとされる[2]少年法第9条は「前条の調査は、なるべく、少年、保護者又は関係人の行状、経歴、素質、環境等について、医学、心理学、教育学、社会学その他の専門的智識特に少年鑑別所の鑑別の結果を活用して、これを行うように努めなければならない。」としており、ここには、行為主体や環境等の特質からなる要保護性について、医学や人間科学に立脚した調査を行うよう努めることが規定されている。

少年鑑別所の鑑別は、少年法の上では上記条項に根拠を持つが、ここでは、鑑別の結果が社会調査に活用されるべき専門的知識のひとつとして特記されている。少年鑑別所の鑑別は、家裁調査官の社会調査と協働して少年の要保護性調査の一環をなし、共に少年審判の科学主義の一翼を担うものである[3]。

---

[1] 裁判所職員総合研修所監修（2017）による。
[2] 田宮裕・廣瀬健二編（2009）による。
[3] 実際には、家庭裁判所からの鑑別の求めは、そこに係属する事件のすべてではなく、その必要性等が吟味され、相当程度選択的になされる。そのうちごく一部のケースでは

一方、平成27年6月に少年鑑別所法が施行されたが、同法においては、家庭裁判所をはじめとする各種機関、施設からの求めに応じて行うものなど、各種の鑑別が改めて整理された（同法第17条）[4]ほか、旧少年院法下では省令（法務府令・少年鑑別所処遇規則）に規定されていた、鑑別のために調査すべき事項、調査の方法等についても、その大枠が法律に明記されるに至っている。すなわち、同法第16条は第1項で「鑑別対象者の鑑別においては、医学、心理学、教育学、社会学その他の専門的知識及び技術に基づき、鑑別対象者について、その非行又は犯罪に影響を及ぼした資質上及び環境上問題となる事情を明らかにした上、その事情の改善に寄与するため、その者の処遇に資する適切な指針を示すものとする。」とした上で、第2項において「鑑別対象者の鑑別を行うに当たっては、その者の性格、経歴、心身の状況及び発達の程度、非行の状況、家庭環境並びに交友関係、在所中の生活及び行動の状況（鑑別対象者が在所者である場合に限る。）その他の鑑別を行うために必要な事項に関する調査を行うものとする。」と調査事項を、第3項では「前項の調査は、鑑別を求めた者に対して資料の提出、説明その他の必要な協力を求める方法によるほか、必要

　在宅のまま鑑別の求めがなされるが、大多数は少年を少年鑑別所に収容する措置（少年鑑別所送致による観護の措置）が執られた上で鑑別が実施される。
　また、家裁調査官の行う社会調査と鑑別との関係をどのように理解すべきかについて、制度発足当初から種々議論がなされているが（この点につき、同調査官の立場から詳細に論述したものとして原口幹雄（1978）を、鑑別技官の立場によるものとして安香宏（1981）、阿部政孝（2014）を参照。）、差し当たりは、家族、環境等の客観的側面の調査に重心を置く社会調査と、少年の内面、主観的な側面に重心を置く鑑別とが、事例検討（ケースカンファレンス）などを通して、少年と事件を複眼的・立体的に理解することに向けて協働しているものと考えてよいだろう。
　なお、かつて少年審判規則第11条第3項には「心身の状況については、なるべく、少年鑑別所をして科学的鑑別の方法により検査させなければならない。」と規定されていたところ、平成27年3月改正により同項は削除されている。
4)　本条には、鑑別を求める者として、旧法にも規定される家庭裁判所、地方更生保護委員会、保護観察所の長、少年院の長、刑事施設の長に加えて、児童自立支援施設の長、児童養護施設の長が規定された（これら児童福祉施設に保護処分により在所する者に対する鑑別に限られる。）。これにより、従前にもまして処遇を縦貫した鑑別を行い得ることとなっている。

と認めるときは、鑑別対象者又はその保護者その他参考人との面接、心理検査その他の検査、前条の規定による照会その他相当と認める方法により行うものとする。」とその方法を、いずれもかなり幅広く規定している。

(2) 鑑別の実際

家庭裁判所により観護措置を執られた少年の鑑別（「収容審判鑑別」と称される。）は、通常次のような流れで行われる[5]。

少年鑑別所では、少年が入所すると、面接調査や心理検査を担当する法務技官（心理）（以下「鑑別技官」という。）と、行動観察とそのまとめを担当する法務教官（以下「観護教官」という。）を一組として担任を指定している。

入所の時点では、観護措置決定の文書のほか、送致書の写し等により情報が簡潔に家庭裁判所から引き継がれるのが通例であるが、人定などの入所手続に引き続いて、どんな非行を行ったのか、直ちに医療的な措置を必要とするような問題がないか、自殺や逃走など保安の上で注意すべき点はないか、等についてごく大まかな調査を行う。

その後、鑑別技官は、初回の面接や集団で行う知能検査、性格検査[6]などを通じ、少年との信頼関係を築きながら心身の状況や問題点に関する仮説と鑑別を進めるための方針を立て、本格的な鑑別に着手する。そして、何度か面接を重ね、必要に応じた個別の心理検査を実施することになる。これと並行して、家裁調査官との事例検討（ケースカンファレンス）や、時には保護者への照会等により外部資料を収集し、医師による身体・精神面での医学的なチェックや診断を得る。

一方、観護教官は、職員からの働きかけへの反応を含めた日常生活の行動観察[7]、また、意図的に種々の場面や課題を設けての行動観察を継続し、

---
5) 鑑別の流れを簡潔に解説したものとして古橋徹也（2016）を参照。
6) 鑑別面接については、石毛博（1994）、竹田収（2016）を参照。このうち石毛については鑑別面接を通じた動機理解に焦点を当てており、参考になる。法務省開発に係る心理検査については遠藤隆行（2016）を参照。
7) 少年鑑別所における行動観察については川邉譲（2016）を参照。

その経過を記録する。

　鑑別技官は、常時、これら種々の視点からの情報を、当初の仮説や自らが面接等で得る所見と突き合わせ、必要に応じて新たな仮説を生成して検証を重ねる。

　鑑別が終盤に近づくと、これら情報を踏まえ、「判定会議」と称する場で所長以下の合議を行い、ケース理解を深めた上で鑑別判定を決定する。そして鑑別技官は、審判の数日前に「鑑別結果通知書」を作成し、所長による決裁を経て家庭裁判所に提出する、といった流れになる。

　入所から鑑別結果通知書の提出まで、通常３週間程度の期間であり、この短期間に妥当で説得力のある鑑別を行うためには、鑑別技官、観護教官、医師等の多角的な視点から少年の像を重ね焼きする組織的な関わりが不可欠である。

　鑑別においては、本人、保護者等との面接のほか、心理検査や行動観察等の所見、書面資料（保護観察中の者については保護観察所にその状況報告を求め、必要に応じて公務所等への照会や事件記録の閲覧等を行っている。）等、様々な性質の資料が活用される。心理的な次元を中核としながら、医学的・身体的な次元、社会的な次元にも着眼した作業である。その結果を家庭裁判所に宛てて報告する文書が「鑑別結果通知書」であり、同通知書は、「精神状況」、「身体状況」、「行動観察」、「総合所見」そして「判定・判定理由」等の項目から構成されている。知能、性格、心身の疾患・障害といった行為者主体の特質を示し、行為者と環境とのかかわりから生じる問題点、非行の経緯、傾向・進度等を分析し、これに応じた処遇の方針と予後が記載される。これらを踏まえて、少年院送致、保護観察等の法的な処遇の枠組みに即した「鑑別判定」が提示される。

3　鑑別的手法による情状鑑定等への参画の可能性

　こうした鑑別の手法により、現に行われている情状鑑定、あるいはまさに来るかもしれない判決前調査に参画することが可能なのか否かがまず問題となる。これまで情状鑑定は、一時期、一部の刑事裁判所から家裁調査

官に命じられる運用がなされていたことをはじめ、多くは家裁調査官出身者によって担われてきており、これと比較すれば少年鑑別所または鑑別技官の参画例はごく少ないという実情がうかがわれるからである[8]。

結論から述べれば、刑の減軽要素の発見に重点を置いて弁護側の私的鑑定としてなされる情状鑑定のような場合には、組織上訴追側に近い少年鑑別所に依頼がなされることは直ちには考えにくい[9]。しかし、今後、情状鑑定の位置づけがより明確となるなどいくつかの条件が整えば、また、判決前調査の制度設計の在り方次第では、調査機関として参画することは大いに可能であり、少年鑑別所は、そうした制度に積極的に活用されるべき資源であると考える。それは以下の点への着眼からである。

(1) 調査内容の共通性等

一つは端的に、鑑別と情状鑑定等における調査の内容が相当程度共通のものを含んでいることである。

情状鑑定を依頼される、あるいは命じられる場合の鑑定事項について、同鑑定の経験者によるところを総合すると次のようになろう。すなわち、①被告人の性格、②家庭環境、生活史、生活環境、③本件犯行に至る動機・心理的経緯および本件非行時の心理状態、④犯行後の本人の状態、⑤再犯の可能性、⑥再犯防止に必要な方策その他処遇上の参考意見、⑦①〜⑥を包括するもの、などである[10]。

これら鑑定事項は、少年法（第9条）、少年審判規則（第11条）で規定される社会調査のそれとの類似性が高く、この点が情状鑑定の主たる担い手が家裁調査官出身者であることの実質的な理由と考えられる。

---

8) 多田元（1977）、萩原太郎（1995）、依田久子（2012）などによる。
9) もちろん、刑事訴訟法上、鑑定人として自然人が想定されていることに発し、現行法制下で少年鑑別所が施設として情状鑑定の主体となることへの疑義も生じる。この点は、科学捜査研究所が法令に基づいて鑑定を業務として実施していること、他方では、血液鑑定において鑑定人に過失があり、当該鑑定人が公務員としてではなく一私人として民事責任を負うこととなった事例について立法上の手当ての必要性が指摘されている（荒木、1988）ことなどとも併せ、さらに検討されるべき点であろう。
10) 注8) 依田による。

一方、「鑑別」についての法律上の規定は先に確認したとおりだが、収容審判鑑別の調査事項は、これに関する大臣訓令において更に具体的に規定され、①家庭環境、②生育歴、教育歴及び職業歴、③非行歴、不良集団所属の有無、④交友関係、⑤本件非行に係る事実関係および動機、⑥精神状況（発達の程度を含む。）、⑦身体状況（発達の程度を含む。）、⑧在所中の生活及び行動の状況、⑨その他当該鑑別に資する事項、などが列記されている。情状鑑定事項との類似性は鑑別についても社会調査とほぼ同様であることが見てとれよう。もちろん、こうした調査を行う技術の訓練・蓄積という点でも、家裁調査官と鑑別技官の実情は共通している。

(2) 組織性と処遇過程への縦貫的な関与

これに加え、鑑別の実施に当たっては、担当鑑別技官を中心としながらも、合議制の判定会議を行うことに端的に示されるように複数の専門職員の目で資料を検討し、組織的にケース検討を行う体制が取られている。この仕組みは、人間科学的な臨床判断において作用しうる担当者の個人的なバイアスを補正する役割を果たしており、情状鑑定等において司法的判断に向けた人間科学的資料の提供を行う上でも、有効に機能するであろう。

また、鑑別技官は、少年院在院者、保護観察中の者などについて、保護処分執行中も継続して鑑別を実施する経験を積んでいる。これは「処遇鑑別」と称されているが、この鑑別をとおして、どのような対象者がどのような処遇を受けて、どのように変化するかについて知見を蓄えている。さらに、多くの者が刑事施設を含めた処遇施設の勤務経験を持つことからも、処遇の実情を実地に把握しうる立場にある。これらの条件は、特に処遇への反応性の如何を意識した調査を行う上での利点になると思われる。

(3) 定量的な予測手法の開発・活用

さらに近年、少年鑑別所においては、定量的な手法を用いて再非行の可能性の程度と処遇上のニーズの所在を把握する手法がとられ、従前と比べ鑑別の予測的機能が格段に向上していることが挙げられる。

少年鑑別所においては、平成25年度から、法務省矯正局と各少年鑑別

所が一丸となって開発した法務省式ケースアセスメントツール（MJCA）の本格運用が開始されている。

このツールは、静的領域、すなわち、介入によって変化はさせられないものの予測的価値の高い行動履歴等の項目（5下位領域24項目）に加え、動的領域、つまり介入により変化させ得る価値観や行動特徴、社会適応力等を見る項目（4下位領域28項目）から構成されており、処遇（介入）のための予測が志向されている。これら52項目について、鑑別技官が鑑別手続をとおして得た情報に基づいて評定する専門家評定方式がとられており、手引きや研修の実施により評定者間信頼性が確保されている。評定結果には、静的要因、動的要因、そしてその両者を総合した場合の再非行可能性についての情報が集約されるほか、下位領域ごとのばらつきにより介入の重点が示唆される。この定量的なデータは判定会議での討議資料とされ、従来の臨床的・質的な了解と相補的に活用されている。

評定結果は、処遇機関にも送付されるほか、少年院等の処遇経過の中で動的領域の再評定を行い、その変化を把握する取組みも開始されており、鑑別（査定）と処遇に一貫した視点を確保することに大きな役割を担いつつある[11]。

MJCAが再非行の予測基準としているのは少年鑑別所への再入所に関するデータであるが、将来、この開発から得られたノウハウを活用し、データ収集体制が整えられれば、成人用のヴァージョンを得ることも不可能ではないと思われる[12]。

(4) 少年鑑別所法第131条の運用による成人の処遇選択等への参画

最後に、少年鑑別所法第131条により、少年鑑別所が行いうる業務の幅が相当程度拡充されたことに伴い、今後、鑑別技官が成人の処遇選択に参

---

11) MJCAの概要については、西岡潔子（2013、2016）などを参照。
12) 法務省における情報データベースの構築状況については、那須昭宏（2016）などを参照。他方、受刑者については、主として静的リスク要因に着眼した簡便なリスクアセスメントツールが開発されている。この動向については、鍛治龍男、神藤彩子（2017）を参照。

画する経験を積んでいくであろうことが挙げられる。

　同条は、「少年鑑別所の長は、地域社会における非行及び犯罪の防止に寄与するため、非行及び犯罪に関する各般の問題について、少年、保護者その他の者からの相談のうち、専門的知識及び技術を必要とするものに応じ、必要な情報の提供、助言その他の援助を行うとともに、非行及び犯罪の防止に関する機関又は団体の求めに応じ、技術的助言その他の必要な援助を行うものとする。」と規定しており、国民個人からの相談に応じることと、非行・犯罪の防止に関する機関等からの求めに応じることが二つの柱になっている。本条に規定される「地域援助」と称される業務においては、「鑑別」とは異なり、その対象者は少年に限られておらず、また、非行および犯罪の防止に関する機関等には裁判所や検察庁も含まれると解されている。

　本条との関連では、起訴前の段階での検察庁からの依頼による、成人被疑者への心理学的な査定等の求めが増加傾向にある。被疑者に対する知能検査等については従来から少数ながら実施事例があったが、この増加には、近年の検察庁におけるいわゆる「入口支援」の開始など「刑事政策の目的に寄与する検察権の行使」の動向と[13]、少年鑑別所側における本条の積極的な運用が相乗的に作用しているものと考えられる。

　起訴前におけるこの種調査には、公判段階での情状鑑定や判決前調査とも異なる限界付けや適正手続が要請されると考えられるが、少年鑑別所は、この点にも留意しつつ、起訴前段階で必要を認められた場合の行為者事情の調査の一端を着実に担いつつあるといえよう。

4　情状鑑定・判決前調査への参画に向けた課題

　近年の刑事法関連の制度・施策を見ると、矯正処遇の一環として改善指導を位置づけた刑事収容施設法の施行（平成18年）、量刑判断の在り方の見直しや有効な処遇選択への関心の高まりの契機ともなったとされる裁判

---

[13] 林眞琴（2013a、b）による。

員裁判の導入（平成21年）、処遇の入口での福祉との持続や保護観察付き執行猶予求刑等などの運用を伴った「刑事政策の目的に寄与する検察権の行使」（平成23年）、刑務所等への再入率の低減について明確な数値目標を掲げた「再犯防止に向けた総合対策」（平成24年）、そして、条文に再犯防止を明記した刑の一部執行猶予制度の運用開始（平成28年）などといった一連の動向が見られる。これらはすべて、多少なりとも再犯の防止、特別予防の強化を志向あるいは結果とするものであり、この意味で、行為者事情の調査や処遇の有効性・適合性に係る判断に関して人間科学の果たし得る役割は大きくなっているはずである。最近の情状鑑定と判決前調査への関心の高まりも、ひとつにはこの文脈の中に位置づけることができよう。

　前節では、鑑別的手法による情状鑑定等への参画について、いくつかの点に着目してその可能性を示した。しかし、こうした刑事法関連の制度・施策の動向に加え、少年法適用年齢の引下げと若年者に対する刑事法制の在り方の検討の射程の中に、あるいは判決前調査制度も入り得るかという現在の状況に照らせば[14]、参画に伴う問題点をさらに現実的に見定め、その解決に向けた対応をも模索しておく必要がある。

(1) 情状鑑定への慎重論から

　そうした問題点を検討する手掛かりになるのが、情状鑑定とその活用に関して従前から提出されている疑問や慎重論であろう。それには、例えば次のようなものが含まれる[15]。

　　ア　鑑定結果を活かし得るだけの処遇の多様性は確保されているか。
　　イ　行為責任主義の下で合目的的裁量判断の幅が狭い現行の量刑実務にあって、情状鑑定はどれほどの有用性を持ちうるのか。

---

[14]　「若年者に対する刑事法制の在り方に関する勉強会」議事録（法務省HP）などによる。
[15]　アないしエについては、松本時夫（1982）、萩原太郎（1995）、米山正明（2011）および本庄武（2014）から、筆者において本稿の焦点に関連するところを抽出・要約した。このうち、特に萩原、本庄においてはこれら情状鑑定への消極論に対する疑義・反論が付されている。

ウ　情状鑑定による動機解明と量刑判断との必然的関連性があるのか。
エ　動機、犯行時の心理状態等については、犯罪事実の内容ないしは密接に関連する事項であり、裁判官の認定に委ねるべきではないのか。
オ　鑑定の実施において、対象事項が、刑の量定に不可欠な事情に関するものか、裁判所に知識経験が不足し専門家の調査報告が必要な事項か、などの分析・検討が行われない場合、鑑定を行う専門家にとっては裁判所からのリクエストが不明確になり、その結果、調査・報告と問題となっている事実認定との関係が曖昧になって、裁判所側も鑑定結果を目的的に活用しえなくなるのではないか[16]。

　このうち、アについては、近年検察権の行使の局面においてさえ、福祉との接続や保護観察付きの執行猶予が意識され始めていること、また、刑の一部執行猶予制度の運用が開始されていることなどから、処遇選択は従来よりも質的に多様化し、少なくとも、調査、鑑定に相応のコストをかけたとしても、その結果を活かす素地は整いつつあるといえよう[17]。

　一方イ以下の諸点は、今後なお十分に検討すべき余地を残しているように思われる。イ、ウについては、行為責任主義を大枠とする量刑の中で、行為者の事情がどの程度考慮されるべきか、また、動機等犯情の主観的要素について、どのように評価・判断し量刑への組み入れを行うかといった量刑基準に係る問題といえよう。また、エは、動機、心理状態など主観的要素であっても、これらが犯情の一部をなす場合、裁判所の知識経験に不足があることを想定し、その評価に裁判官以外の者を関与させることについて、必要なのか、また妥当なのかとする疑問であろう。そしてオは、潜在的にはこれらをすべて包含した上で、情状鑑定を実施しようとする場合には、あらかじめその必要性と対象事項の十分な分析・検討を行うことが不可欠とする指摘と受け止められる。

　これらについての若干の私見は後記するが、いずれにしても、現行制度

---

16) 河本雅也（2012）から筆者において要約。
17) このほか、定量的な予測手法に大きな進歩が見られるにしても、人間科学による人間理解や行動予測の精度が、量刑に影響させてしかるべき確度を獲得しているか、という疑問が現在でも残るとする向きもあろう。

の中で情状鑑定の一層有効・適切な活用を図り、また、将来の判決前調査を展望する上で、これら課題について法律家と人間科学専門家双方が問題意識をすり合わせることがなお必要な現状にあるといえるだろう。

(2) 情状鑑定の二つの目的と犯情・責任量評価の問題

ところで、情状鑑定の目的や判断事項については、次のようないくつかの見解がある。

ア　情状鑑定とは訴因事実以外の情状を対象とし、裁判所が刑の量定、すなわち被告人に対する処遇方法を決定するために必要な知識の提供を目的とする鑑定である[18]。

イ　情状鑑定において通常問題とされるのは、狭義の情状のうちの主観的事情である[19]。

ウ　犯行の経緯・動機や態様に異常な要素があり、被告人の性格などを含む原因やその犯行への影響度を解明しないと量刑評価が困難になると解される場合が裁判実務上、情状鑑定に馴染む[20]。

これらを対比すると、各見解は情状鑑定への慎重論の多くが懸念する犯情評価に対するスタンスに微妙な差異を孕むように思われる。

筆者はこれまで、鑑別的手法による情状鑑定等への参画の可能性を、主として再犯防止に向けた処遇選択という前方視的な観点から述べてきた。しかしここで、上の見解ウに示されるように、情状鑑定の目的として被告人の処遇方法のほか、犯行の原因、犯行への性格等の影響度が強調される場合があることに着目する必要がある[21]。さらに、近年実際に鑑定に従事している研究者は、情状鑑定について「量刑判断に当たって考慮する諸事情を明らかにするために行われ、被告人の生育歴や家庭環境に照らして、

---

18) 兼頭吉市（1977）による。
19) 上野正雄（2006）による。この上野説は、犯情は犯罪事実の内容に属し、また、狭義の情状のうち客観的事情については裁判所の有している知識内であるとする理解を前提としている。
20) 杉田宗久、米山正明ら実務家の見解に基づく武内謙治（2012）による要約。
21) この点、ウ武内説は、判断対象について、犯情は除き、狭義の情状のうちの主観的事情に限定しようとするように見えるイ上野説と対照的にみえる。

犯罪行動がどの程度本人の責めに帰することができるか否かという点や処遇上の留意点に関して専門的知見を提供する」ものであると整理している[22]。この見解は、上記見解ア、ウと比較しても、情状鑑定の目的とするところが、裁判体の行うべき二つの判断、すなわち、いわば行為者に帰すべき責任非難の量[23]と行為者の再犯防止に向けた処遇の方法・内容の選択との両方に対して専門的な知見を提供することであることを一層明確にしたものといえよう。

しかし、筆者としては、これら二つの目的が時に表裏一体をなすとしても、基本的には異質なものであることを殊の外強く意識しておくべきと考える。というのも、現に実施されている情状鑑定においては、前者の責任量評価目的が強く意識される例が多いことがうかがわれる一方、上記したように近年の制度・施策との関連で焦点となるのは、むしろ特別予防に向けた再犯防止目的だからである。加えて、過去の判決前調査制度論議において、責任量の評価に向けた調査が慎重、微妙に位置づけられた経緯が強くうかがわれるからである。例えば、昭和30年代の判決前調査制度に係る最高裁案[24]について、犯情に関する調査については消極的であり、それゆえに責任性評価との関係について、論議の中であまり明確にされず、犯情に関連する調査についてはせいぜい「被告人の犯行当時の心理状態」などに及ぶことは否定されない、という程度にとどまっていた、といった旨の指摘がなされている[25]。

---

22) 須藤明（2014）による。
23) もちろん米山（2011）が指摘するように、情状鑑定の対象となるのは、心神喪失や耗弱には当たらないという意味で責任能力に問題の認められないケースということになろう。
24) 最高裁判所事務総局（1960）参照。
25) 萩原（1995）による。ただし、萩原自身は、これら二つの目的を「さまで対立させる必要はないであろう」とし、責任性評価にも活用すべきという見解に立っている。また、守屋克彦（2002）は、情状鑑定を「責任の量の決定にいたる判断回路」を説得的に示す方法と捉えており、米山（2011）も「非難可能性の判断と処遇決定」の双方における情状鑑定の活用可能性を肯定している。情状鑑定が、責任量、非難可能性に関与しうるとする点は、人間科学の側のみならず、裁判官あるいはこれを経験した法曹の一部にも鮮明に共有される認識といえよう。

筆者としては、情状鑑定ないし判決前調査の目的に犯情や責任性（責任の量）の理解・評価への寄与を含めることに必ずしも消極ではない。ただし、上記した経緯の機微や、現在示されている情状鑑定についての消極論の焦点の一つが犯情に関するものであることに鑑み、この点には改めて慎重な吟味が必要ではないかと考える。情状鑑定や判決前調査が有効に機能するためには、刑事裁判での犯情の評価・理解への人間科学的な専門的知見の活用が、どのような場合に、どのような位置づけで、どのような範囲で、許容あるいは要請されるべきか等に関し、法律実務家間でも、法律実務家と人間科学専門家との間でも、未だ十分な合意形成が果たされてないように思われるからである。

(3) 情状鑑定における目的と判断事項の設定

　上記4.(1)、(2)からすると、現段階において、情状鑑定の目的と判断事項を改めて整理・明確化するステップを踏むことが肝要と考えられる。これは、ほぼ、上記4.(1)に示した慎重論オに対応するものであり、鑑定の実施に先立って現在すでに行われていると思われる手続を、以下のように、意識して丁寧に行うことに他ならないであろう。

　情状鑑定が裁判所の命令による本鑑定として行われる場合には、鑑定開始に先立ち、公判前整理手続などの機会に、裁判所をはじめとする法曹三者での協議に加え、鑑定人との間でも、鑑定の目的と判断事項について、十分な説明と調整が行われることが不可欠となる。弁護人の私的鑑定の場合でも、依頼者と鑑定人の間での打合せの必要性は同様である。そして、この協議・調整の中で、とりわけ明確に共有されるべきなのが、当該鑑定がどのような量刑事情の認定に資することを目的とするものか、そして、裁判所（依頼法曹）のどこに知識・経験の不足がありこれをどのように補う必要があるか、の二つである。

　こうした初期段階の方針設定により、当該鑑定における作業関心が、再犯防止に資する処遇選択なのか、責任量の評価に関するものなのか、あるいはその両者か、といった点が明確に自覚され、命令者（依頼者）と鑑定人におのずから目的が共有されることになる。また、鑑定に要求される判

断事項が、一般情状とされる生活環境、生活体験、性格に限定されるのか、あるいは「犯情」に関連する動機や態様までを含むのか、さらには、処遇選択や責任・非難の度合いの評価に関する鑑定人としての意見までを含むものか、もしくは、そうした評価的判断以前の、いわば「種々の情状事実とその連関・機序への人間科学的な了解」というべき判断までなのか、などといったことも議論されるだろう。このプロセスは取りも直さず、当該鑑定の関係者の間での、法律的な判断と人間科学的な判断との境界と役割の確定であり、同時に鑑定事項の精選であるといえよう。

　なお、弁護側のみが必要性を主張し、裁判所がこれを認めず私的鑑定となる場合には、すでにこの段階から判決に鑑定結果が考慮される可能性は乏しくなる。裁判所が鑑定を命ずるか否かは裁判所の裁量により、その裁量には合理性が要請されると論じられつつ、その合理性の基準、これを満たすべき手続については学説、実務に一定の幅があることがうかがわれる[26]。それだけに、この協議の段階で、鑑定の必要性を認める当事者が、当該鑑定により明らかにすべき事情と量刑との関連性について、個別事例に即して整理された形で主張し、裁判所を含めた三者が踏み込んだ検討を行うことが不可欠であろう。

　いずれにしても、以上のような手続により明らかになるべき情状鑑定の目的と判断事項について、私見を概念図風にまとめると**図1**のようになる。当該情状鑑定の目的を再犯防止に絞り込むのであれば、上半分の実線部分の流れとなり、これら事項はおおむね一般情状の範疇にある。一方、責任量の評価も目的に含まれるようであれば、下の破線部分の吟味が含まれることとなる。下の部分を破線としたのは、犯情や責任量の評価について人間科学による専門的知識・経験を組み入れることの適否、組み入れるとした場合の位置付け等については、すでに述べたとおりさらに検討を要する状態にあり、現在のところ裁判所の判断も事件毎に異なるものと思われる

---

[26] この点、鑑定全般について荒木（1988）、弁護の立場から田原睦夫（1988）、両者へのコメントとして土屋眞一（1988）を参照。とりわけ情状鑑定については、その安定的な運用を図る上で、どのような事件について同鑑定を許容し、あるいは必要とするかについて、法曹間で共有される判断の枠組みが必要と言えるのかもしれない。

図1 目的と判断事項（イメージ）

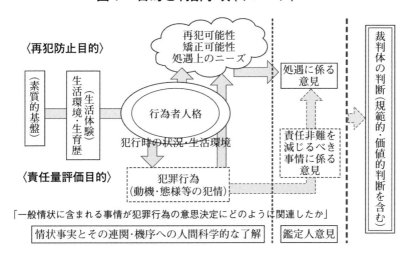

からである。

判断事項については、縦の細い破線を境界として、「情状事実とその連関・機序への人間科学的な了解」までの鑑定人の事実判断と、これを踏まえた上での鑑定人の意見を一応区分すべきと思われる。鑑定を行うのである限り、人間科学的な専門的知見による一定の了解や予測的判断が期待されていることは当然であるが、特に犯情や責任量評価に関して、鑑定人の意見までを期待するか否かは、鑑定の命令者（依頼者）の見解によって相違するのではないか。また、鑑定人としても人間科学的な知見のみに基づいて、これら評価に関する意見を形成することは困難な例が多いであろう。さらに、裁判体が、鑑定人の判断を踏まえつつ、規範的・価値的な判断を加えて量刑を行うこととなることからすれば、鑑定人の判断と裁判体の判断の間には、もとより太い縦破線の境界を想定することが妥当であろう。

そして、こうした流れの中で、鑑定結果が証拠として活用される場合には、精神鑑定に準じて「鑑定人の公正さや能力に疑いが生じたり、鑑定の前提条件に問題があったりするなど、これを採用し得ない合理的な事情が認められるのでない限り」（最高裁平成20年4月25日判決・刑集62巻5号）、少なくとも鑑定人の「人間科学的な了解」までは尊重する扱いとさ

れることが望ましい。

　いずれにしても、鑑別的手法に限らず人間科学は、例えばこのようなイメージで目的と判断事項を明確にし、法律的判断との境界と関係を確認しつつ情状鑑定に参画すべきと考える[27]。

(4) 判決前調査制度に向けた再検討

　さらに進んで、将来の判決前調査とこれへの鑑別的手法による参画を構想しようとすれば、調査の目的と判断事項等についてのさらに踏み込んだ検討が必要だろう。本格的にこれを論じることは能力を超えるので、現在の関心を略記し、併せて、制度設計全般について付言したい。

①　目的・判断事項に関する課題

　まず、再犯防止、処遇選択目的に伴う課題としては、判決前調査に見合う処遇の多様性が引き続き拡大されていくことが望ましいことはもちろんである。また、統計的手法・臨床的手法を不断に向上させていくことに努力すべきことも当然であるが、これと並行して、人間科学専門家、法律家双方がその限界を正しく認識し、これを踏み越えることのない活用を意識する必要がある。例えば、再犯や矯正の可能性、処遇上のニーズや反応性への予測手法が今後さらに進歩するとしても、これが予測である限り、犯罪事実の認定に要求されるような合理的な疑いを超えるまでの心証を形成させるまでの証明力は、原理上期待すべきではないだろう[28]。そして、より基本にある課題として、量刑実務における特別予防的・予測的要素の位置付けや幅が一層明確化され、これによって安定した量刑への道筋がつけられることが望まれる。

---

27) 精神鑑定において、かねてから精神医学的な判断事項と法律的判断事項の境界と関係について論議が続くところ、近年、この点につきかなり整理が進みつつあり（精神科医からのものとして、例えば森（2013）、岡田（2013）を参照。）、その成果が情状鑑定に示唆するところも極めて大であると思われる。

28) これは臨床的な知見に基づく動機等の了解についても同様であり、犯罪事実の認定について犯情を含めて合理的な疑いを超える心証が要求されるとする立場からすれば、まさにこの点が犯情評価にあたり人間科学に期待しない理由となるのかもしれない。

次に、責任量評価、刑の減軽目的との関連では、行為責任主義の大枠との関係が大きな問題となると思われる。筆者としては、現在のところ、少なくとも成人の刑事事件については、時に「犯情主義」とも表現される[29]、犯情により大枠を決定した後に一般情状を考慮する現在の一般的な量刑の在り方について、必ずしも否定的にはとらえておらず、あえて言えば、判決前調査もその枠内にあることが妥当ではないかと考えている。むしろ、人間科学の立場から量刑判断に望むべきことは、犯情と一般情状との固定した二分論に陥ることなく、一般情状と犯情との接合、ないしは一般情状の犯情への転化可能性を許容する態度ではないだろうか[30]。例えば、生育環境の不遇さや、それに由来する行為者の性格などの「一般情状とされてきた事情が、犯罪行為の意思決定に影響を及ぼす限りで、犯情要素にもなり得る」といった見解[31]が量刑実務にさらに定着すれば、犯情に関して人間科学的な調査の実施が必要不可欠な場合があることも共通認識とな

---

29) 武内謙治（2016a、2016b）による。
30) 犯情と一般情状との接合・転化の可能性については、裁判員裁判における量刑に関する司法研究（司法研修所編、2012）においても、「被告人が若年である場合の生育歴など、これまで一般情状事実とされてきた事情であっても、場合によっては動機の形成過程に大きく関わるなど、非難の程度、ひいては最終の量刑に少なからず影響するものもあり、従来の犯情事実・一般情状事実の分類も、量刑の本質という観点からは必ずしも厳密なものではない。」と注記され（p.6）、また、若年者について「被告人の生育歴については、それが責任非難の程度に影響するものか、あるいは、性格や生活環境等が将来変化する蓋然性があり、その変化が改善に結びつくかなどとの関連で特別予防に影響するものかという観点から、量刑上の考慮を具体的に検討する必要がある。」（p.72）とされており、裁判実務においても一応是認されているものと考えられる。
　なお、犯情と一般情状の概念を一層明確化・理論化する必要性についてはかねてから指摘のあるところ（城下裕二、2011）、「犯情」が従来の刑法第10条第3項に加え、刑の一部執行猶予を規定する同法第27条の2等の法文上にも明記されたことからもその必要性は一層強まっているのではないか。
31) 本庄（2014）による。この見解は、上記注30) 司法研究における犯情を起点とする量刑の在り方に沿いつつも、だからこそ一層厚みを持った犯情の調査・理解ひいては情状鑑定が要求される場合があることをより鮮明に主張するものであり、いわば「犯情主義」をリフレーミングするものであると受け止められる。これは、少年法第20条第2項事件における調査・鑑別の着眼点や、人間科学の視点を加味した保護不適性判断の在り方にも示唆を与える論理であると思われる。

るはずである。また、この見解は、鑑定人・調査者が犯情に係る調査結果を報告するに当たって行うべき論理構成の指針ともなるであろう。

いずれにしても、犯情には犯行の動機、態様といった人間科学的検討の対象となりうる要素が含まれる[32]。先に見たように鑑別の調査事項には「本件非行に係る事実関係及び動機」が明示されているが、これらは判決前調査が構想される場合にも当然に調査事項となるものだろう。その際には、犯情の一部をなす「動機」についての法律的評価と人間科学的評価の関係の整理が重要なポイントとなると考える[33]。この意味においても、人間科学的な調査結果を犯情や責任量の評価に組み入れる際の枠組みや判断規範、そして法律実務家と人間科学専門家のあるべき役割関係が、両者の間で理解・共有されることが不可欠と考えるものである。

量刑の中に特別予防的考慮をどの程度で入れるべきか、また、責任能力に問題がない行為者についての責任非難の判断の枠組みはどのようにあるべきか。これらは、法律家から見れば、おそらく刑罰論の基本に立ち戻る話であり、それだけに自ら固有の問題領域とされるところであろう[34]。し

---

[32] 法律家の立場から動機に関する心理学的鑑定を肯定するかについては、犯情の一部として一般情状との異質性を意識しつつも積極論を採る立場（萩原、1995 など）もある一方、信頼性に疑問ある場合を意識した慎重論（荒木、1998 など）、裁判所こそが専門家であり、その認定判断に委ねるべきとする立場からの慎重論（土屋、1988 など）が見られ、見解が分かれる。

[33] 萩原（1995）もこの点に着眼している。

なお、この点は平成12年改正で少年法の法文上に現れた「動機」が「非行事実」に含まれるものとして規定されていることとも関連して重要と思われる。同法の「犯行の動機、態様及び結果その他の当該犯罪に密接に関連する事実」（現行同法第17条第4項）にいう「動機」とは、まさに犯情としての動機であると理解され、これは「非行事実」が、観護措置の特別更新のほか、検察官関与や抗告受理申立ての限界を画する構造になっていることとも整合する。また、第20条第2項ただし書に含まれる「動機」も同様と考えるのが素直であろう。他方、要保護性の調査を担う鑑別についても訓令上の調査項目として「動機」が含まれており、非行事実として法律家が自ら明らかにすべき動機と要保護性調査のために人間科学の見地から明らかにすべき動機との関係はいかなるものか、少年法の下で実施される鑑別においても、この点について改めて整理することが必要と思われる。

[34] 結局のところ、例えば改正刑法草案第48条の再検討と明細化こそが求められるの

かし、人間科学専門家も、量刑の一端を担い得る当事者としてこの領域に関心を向け、可能な限りこれに参画もしていくことが必要であり、そうした協働的な検討の中でこそ、量刑判断の中での人間科学の立ち位置も明らかになると思われる[35]。

② 制度設計の全般について

蛇足ながら、判決前調査が制度化されるとすれば、どのような構造や手続とし、また、その中で少年鑑別所がどのような役割を取りうるかといった点について触れたい。昭和34年の最高裁要綱と昭和45年の法務省少年法改正要綱[36]などを参考としたに過ぎないが、大要次のようなところが妥当ではないかと考える。

ア　命令（嘱託・依頼）者

攻撃・防御構造の一方に立った調査は中立性に難があり、やはり裁判所が命じることを原則とした構造にすべきであろう。したがって、原則として裁判所が職権で、もしくは検察官または弁護人からの申請により裁判所が命じるものとする。ただし、検察官、弁護人からの嘱託・依頼も許容するものとする。

イ　対象事件

対象事件については、まずは処遇への反応性や可塑性が一般的に期待される青少年事件と量刑に特に慎重を期すべき死刑事件に限定し、これら事件での成果や調査機関の整備状況をみて、拡大していくのがよいのではないかと考える。拡大後も当面は、「再犯防止に向けた適切な処遇選択を行うためまたは責任非難の程度の評価のため、人間科学的な専門的知識・技能を用いた調査が特に必要であると裁判所が認めた事件」といった裁量的な運用とすることが現実的であろう。

かもしれない。

35) 差し当たり、多数の情状鑑定事例の判決文における量刑理由の比較検討を、刑事法、人間科学の両方の観点から行うこと等が必要であり有効であろう。
36) 最高裁判所事務総局（1960）、法務省（1970）に加え、鈴木茂嗣（1971）を参考とした。

ウ 調査時期

プライバシー全般にわたる調査となるため、被告人が起訴状に記載されたすべての訴因について有罪である旨陳述したとき、または調査させることについて被告人に異議がないときとする（犯罪事実審理と量刑審理を厳格に二分することについては、例えば犯情の取扱いにつき微妙な点も生じうることなども考慮し、得失を十分に検討する必要があろう）。

エ 調査機関

事件の性質や調査事項により、少年鑑別所（技官）、家裁調査官、保護観察官もしくは知識・技能・経験においてこれらと同等と認められる者またはこれらが協同で実施することとする。

オ 調査事項

少年保護事件の例に準じるほか、犯情に関する人間科学的調査の在り方ついてあらかじめ明確にしつつ、上記 4.(3)で情状鑑定について述べたような個別的な吟味を行い、裁判所が弁護人、検察官双方の意見を聴いて指定することとして足りるのではないか。

カ 証拠調べの時期・方法

証拠調べの時期については、犯罪事実の存否に関する証拠調べを先行させ、その後とすべきあろう。証拠調べの方法は、調査内容の性質にかんがみ、かつての少年の刑事事件での社会記録の取調べで採られていた方法に近似させたい。すなわち、裁判員裁判を含めて、公判廷での読み上げを必須とせず、訴訟関係人の意見を聴いた上で、検察官、弁護人出席の上での公判廷外での詳細取調べや、公判廷での要旨告知による取調べなど柔軟な運用が許容されるものとしたい。

もちろん、当事者による反証の機会を確保するため、調査担当者への尋問もあり得るものとするが、人間科学的な理解、判断の特質や限界を踏まえた尋問・供述のルールを確立することが望ましい[37]。

キ 調査のための留置

基本的には被告人としての勾留によるが、調査に要する期間を明確にす

---

37) 萩原（1995）などを参考として今後具体化すべき点である。

るための調査留置、また、継続的な行動観察が調査上有益であることを考慮し、青少年層の者については少年鑑別所への調査留置も検討に値しよう。

5　おわりに

　以上鑑別実務の視座から現在の情状鑑定への参画の可能性と課題を管見し、かくはあり得まいかの観点から、判決前調査の姿を思い描いてみた。
　本稿に十分盛り込み得たか定かではないが、情状鑑定と判決前調査の問題には、刑事司法における法律と人間科学、規範的価値判断と経験科学的事実判断とのねじれのない関係、また、法律家と人間科学実務家の適正かつ有効な役割分担と協働を考える上で、多くの重要な論点が含まれているように思う。これら論点は、同時に、少年保護手続における人間科学専門家の役割を改めて見直す上でも大きな示唆を与えるであろう。
　本稿執筆時現在、まさに論議の最中にある少年法適用年齢の引下げは、少年鑑別所業務に携わる者の一人として最大の関心事である。仮にこれがなされることになった場合にも、少なくとも若年者に対しては、判決前調査あるいはこれを代替する機能を組み入れた処遇制度が有効と考えており、そこにおいて少年鑑別所という資源が最大限に活用されることを切に念願している。

《参考・引用文献》

最高裁判所事務総局「刑事裁判資料146 判決前調査制度関係資料（二）」（1960年）。
法務省「少年法改正要綱」（1970年）。
鈴木茂嗣「判決前調査制度」『刑事政策講座 第1巻』所収（成文堂、1971年）。
兼頭吉市「刑の量定と鑑定——情状鑑定の法理」『刑事鑑定の理論と実務——情状鑑定の科学化をめざして』所収（成文堂、1977年）。
多田　元「情状鑑定論——裁判官の立場から」『刑事鑑定の理論と実務——情状鑑定の科学化をめざして』所収（成文堂、1977年）。

原口幹雄「社会調査と資質鑑別——少年係裁判官を志すＡさんへの手紙」(家庭裁判月報30巻8号、1978年)。

安香　宏「調査と鑑別」『日本の矯正と保護　少年編』所収（有斐閣、1981年）。

松本時夫「刑の量定・求刑・情状立証」『現代刑罰法大系6』所収（日本評論社、1982年）。

荒木友雄「鑑定——裁判の立場から」『刑事手続　下』所収（筑摩書房、1988年）。

田原睦夫「鑑定——弁護の立場から」『刑事手続　下』所収（筑摩書房、1988年）。

土屋眞一「コメント」『刑事手続　下』所収（筑摩書房、1988年）。

石毛　博「非行動機の理解について」(刑政105巻12号、1994年)。

萩原太郎「情状鑑定について」(日本法学60巻3号、1995年)。

守屋克彦「情状鑑定について」(季刊刑事弁護No.30、2002年)。

上野正雄「情状鑑定について」(明治大学法律論叢、2006年)。

田宮　裕・廣瀬健二編『注釈少年法　第3版』（有斐閣、2009年）。

須藤　明「裁判員制度における経験科学の役割——情状鑑定事例を通して」(駒沢女子大学紀要18号、2011年)。

城下裕二「裁判員裁判における量刑の動向と課題」(犯罪と非行170号、2011年)。

米山正明「被告人の属性と量刑」『量刑実務大系3　一般情状等に関する諸問題』所収（判例タイムズ社、2011年（初出2007年））。

司法研修所編『裁判員裁判における量刑評議の在り方』（法曹会、2012年）。

河本雅也「情状の性質と鑑定の意義から」(青少年育成647、2012年)。

依田久子「情状鑑定受命時の実情と課題」(青少年育成647、2012年)。

森　裕「裁判員裁判における鑑定事項と精神医学的判断について」(法律時報85巻1号、2013年)。

岡田幸之「責任能力判断の構造と着眼点——8ステップと7つの着眼点」(精神神経学雑誌115巻10号、2013年)。

林　眞琴「検察改革」(刑政124巻7号、2013年) a。

林　眞琴「検察と刑事政策」(罪と罰50巻3号、2013年) b。

西岡潔子「法務省式ケースアセスメントツール（MJCA）の開発について」（刑政 124 巻 10 号、2013 年）。

阿部政孝「資質鑑別と矯正医療——法令・変遷・医療の寄与」（矯正医学 62 巻 1-3 合併号、2014 年）。

須藤　明「刑事事件における情状鑑定の現状と展望」（駒沢女子大学紀要 21 号、2014 年）。

武内謙治「少年事件に対する裁判員裁判　死刑事件を契機として」『少年司法における保護の構造』所収（日本評論社、2014 年（初出 2012 年））。

本庄　武「情状鑑定の活用——発達障害を抱えるケースを手掛かりに」『少年に対する刑事処分』所収（現代人文社、2014 年）。

古橋徹也「非行少年の鑑別」『犯罪心理学事典』所収（培風館、2016 年）。

竹田　収「鑑別面接」『犯罪心理学事典』所収（培風館、2016 年）。

遠藤隆行「法務省式心理検査」『犯罪心理学事典』所収（培風館、2016 年）。

川邉　譲「行動観察」『犯罪心理学事典』所収（培風館、2016 年）。

西岡潔子「鑑別とリスク・アセスメント」『犯罪心理学事典』所収（培風館、2016 年）。

那須昭宏「刑事情報連携データベースについて」（刑政 127 巻 11 号、2016 年）。

武内謙治「少年・刑事司法の課題と判決前調査制度の可能性」「公開シンポジウム　情状鑑定の現状と課題 - 判決前調査制度への展望——基調講演」（2016 年）a。

武内謙治「犯情主義のゆくえ？」（刑政 127 巻 9 号、2016 年）b。

裁判所職員総合研修所監修『少年法実務講義案（三訂版）』（法曹会、2017 年）。

鍛治龍男、神藤彩子「受刑者用一般リスクアセスメントツールについて」（刑政 128 巻 6 号、2017 年）。

◎第4章　刑事司法と人間行動科学
2　判決前調査制度の導入に向けて ――

2.3　社会福祉の立場から見た判決前調査
―― 米国との比較から

戸井宏紀 Hiroki Toi

(東洋大学)

　日本において判決前調査制度が導入されるとすれば、社会福祉専門職、とりわけ社会福祉士や精神保健福祉士といったソーシャルワーカーにはどのような役割が期待されるのであろうか。また導入にあたっては、どのような課題を検討していく必要があるだろうか。本稿においては、米国においてソーシャルワーカーが、これまでどのように判決前調査を担ってきたか、その歴史的背景を捉える上で重要な、Probation Officer による判決前調査について、まず概観する。次に、公的弁護人事務所におけるソーシャルワーカーの役割、実践の基盤となる人間行動科学の理論の活用、そして社会調査とアセスメントの内容について言及する。その上で、社会福祉の立場から見た、判決前調査が日本の刑事司法システムに導入される際の、検討すべき課題について述べたい。

1　Probation Officer による判決前調査

　米国における判決前調査は、伝統的に Probation Officer によって担われてきた。Probation Officer は、連邦・州・郡レベルにおいて保護観察局、裁判所、矯正局等、様々な部門に属するが、大きく分けて調査 (Investigation) と保護観察 (Supervision) という二重の機能を担っている (Clear, Cole, & Reisig, 2006)。一般的に、米国の Probation Officer は「保護観察官」と訳されることが多いが、須藤 (2011) が述べるように、日本

における家庭裁判所調査官と保護観察官の両方の役割をもった官職という捉え方が、より実態に即していると言えよう。

　Probation Officer の多くは大学学部教育を経て任官され、その学問的背景は刑事政策、犯罪学、ソーシャルワーク、心理学、カウンセリング、経営管理学等、非常に多様であるが、調査機能に関連する業務においては、ソーシャルワークや心理学といった対人援助に関する知識と技術が、幅広く活用される。

　この調査機能における主要な業務は、裁判官が量刑判断を行う際に用いられる判決前調査報告書（Presentence investigation report：PSI Report）を作成することである。判決前調査報告書は、一般的には裁判所内の Probation Office に所属する Probation Officer によって作成されることが多いが、それは弁護人あるいは検察官それぞれの立場による調査に比べ、より中立公正な視点に立って、量刑判断に資する調査報告書を準備できるからであるとされる（Steverson, 2012）。

　判決前調査報告書の形式は、被告人の背景や入手可能な情報によって柔軟であってよいが、一般的には、犯罪の内容と情状に関する情報、被害者の状態と主張、被告人の犯罪歴、教育歴、雇用歴、経済的状況、生育歴、病歴（心理・精神医学的診断書を含むことが望ましい）、帰住する場合の生活環境、関係機関が保有する記録、被告人の社会復帰に資するサービスや施設、治療プログラム等の資源、そして調査結果の分析と評価に基づく報告書の総括と量刑に関する推奨、といった内容を含む包括的な報告書であることが求められている（American Probation and Parole Association, 1987）。

　判決前調査においては、被告人への聞き取り調査を中心に、家族や関係者、関係機関から収集した情報を精査し、明確化することによって、信頼性と妥当性の高い報告書作りが進められる。報告書の信頼性と妥当性を向上するためには、検証（verification）と客観性（objectivity）の二つの技術が活用されなければならない。例えば、被告人が飲酒問題はないと主張している場合は、家族や職場の同僚など関係者からの証言を確認する必要がある。また、報告書に被告人は「未熟である」と断定的に記載する前に、具体的にどのような行動、状況の理解、判断から未熟さが示唆されるのか、

明確に述べる必要がある（Clear, Cole, & Reisig, 2006）。また、Probation Officer によって作成される判決前調査報告書には、被告人に関する網羅的な調査だけでなく、被害者の状態と主張に関する調査が含まれている点が一つの特徴となっている。これは、Clear ら（2006）によれば、1970 年代に展開された被害者の権利向上運動を経て、判決前調査報告書には被告人の背景に関する情報だけでなく、被害者からも十分な聞き取りを行ったうえで、事件によって被った精神的、金銭的ダメージを被害者自身の言葉によって報告書に反映させる（いわゆる victim impact statements）必要性が求められるようになったためである。

米国における判決前調査報告書は、作成者とその視点の違いにより、① Offender-based presentence report、② Offense-based presentence report、および③ Defense-based presentence report の三つのモデルに、大きく分類されている（須藤、2014）。1930 年代までには、判決前調査報告書を作成することが、米国の Probation Officer の主要な業務として定着したが、そこで用いられてきた様式が Offender-based presentence report である。このモデルでは、被告人の生育歴や生活環境調査に基づいて、更生の可能性と地域への再統合に向けた処遇に関する情報を提供し、個別の量刑判断に資する情報を裁判所に提供することが目的とされた。一方、近年の厳罰化イデオロギーの影響を受けて、被告人の更生保護への機運は後退し、量刑ガイドラインの制約下で形式的に作成される Offense-based presentence report へのシフトが見られた。このモデルでは、被告人の生育歴や生活環境調査への関心は薄れ、事件の内容と被疑者の有責性、犯罪歴を重視した、より簡潔な報告書の形式が採られるようになった。

判決前調査報告書の作成は、主に裁判所に所属する Probation Officer によって担われてきたが、その慣例的な作成内容は被告人にとって公正ではないという批判が、長年弁護人側からなされてきた。こうした中、民間あるいは公的弁護人事務所（Public defender office）において、より被告人の立場から、包括的な生育歴や生活環境調査に基づいた、減軽を重視した報告書である Defense-based presentence report が活用されるようになる。このモデルにおいては、ソーシャルワーカーが主に報告書の作成を担っ

ている。判決前調査報告書のこの第三のモデルに関連して、公的弁護人事務所におけるソーシャルワーク導入の経緯と発展を、以下に概観する。

2　公的弁護人事務所におけるソーシャルワーク

米国における最初の公的弁護人事務所は、1914年にカリフォルニア州ロサンゼルス郡において開設された（Los Angeles County Public Defender's Office, 2017）。以来約100年以上にわたり、専ら資力のない依頼者の刑事事件を受任する公的弁護人（パブリック・ディフェンダー）制度は全米各地に広がっていった。公的弁護人事務所の歴史の中で、ソーシャルワーカーの活動が確認されるのは、1960年代半ばからである。

1964年には、首都ワシントンDCにおいて、コロンビア特別区法律扶助法のもと設立された法律扶助機関（Legal Aid Agency、現在のPublic Defender Service for the District of Columbia）が、全米法律扶助・弁護人協会の資金によるパイロットプロジェクトとして、社会復帰プロジェクトを実施した。これは、公的弁護人が依頼者に対する社会復帰サービスの開発と提供を担った全米最初の体系的取り組みであった。このプロジェクトにおいては、判決前調査と報告書の作成、そして依頼者を社会福祉・医療サービスへとつなぐために、社会科学の専門家（現在のフォレンジックソーシャルワーカー）の専門性とスキルが活用された（Public Defender Service for the District of Columbia, 2017）。

サンディエゴ州立大学の刑事政策学者であるGitchoffが、Probation Officerによる公的な判決前調査報告書に対して、それを上回る包括的な判決前調査報告書（Criminological Case Evaluation and Sentencing Recommendationとして知られる）を、民間ベースでは初めてカリフォルニア州の裁判所に提出したのは、ちょうどこのころである（Gitchoff & Rush, 1989）。

1970年代に入ると、ソーシャルワーカーを配置する公的弁護人事務所が全米各地に広がっていった。Senna（1975）の全米調査によれば、その当時のソーシャルワーカーは、すでに刑事弁護チームを構成する専門職として、①被告人のニーズの評価と特定、②適切な機関への紹介、③ケース

ワークサービスの提供、④判決前調査報告書の作成、そして⑤裁判における証言、といった現在のフォレンジックソーシャルワーカーの原型となる重要な役割を担っていた。公的弁護人事務所におけるソーシャルワーカーの活動は当初より、ソーシャルワーク専門職の重要な使命の一つであるアドボカシー（権利擁護）機能を、刑事司法システムの中でいかに発揮していくかという、専門職の倫理的葛藤の中で発展してきたともいえる。

現在では、公的弁護人事務所は全米各地に連邦、州、郡や市レベルで存在し、連邦政府や州政府が運営する事務所、民間組織によるもの（ニューヨーク市など）、官民共同運営による事務所など、地域により様々な運営形態を取っている。

ここで、公的弁護人事務所におけるソーシャルワーク実践の意義を、権利擁護実践としての判決前調査という視点から捉え、以下に述べていきたい。

3　権利擁護実践としての判決前調査

米国におけるソーシャルワークは、セツルメント運動による社会改良と、慈善組織協会による科学的博愛活動を二つの源流として、20世紀初頭に専門職として成立した。クライエントの権利を擁護するソーシャルワーク実践は、その当初から専門職の使命であり、重要な機能の一つであった。全米ソーシャルワーカー協会（National Association of Social Workers：NASW）の倫理綱領では、その前文において、ソーシャルワーカーの活動は、「直接援助、地域組織化、スーパービジョン、コンサルテーション、管理、権利擁護、社会的・政治的行動、政策立案と実行、教育、そして研究と評価」という形で行われることが示されている（NASW, 2017）。

また、国際ソーシャルワーカー連盟（International Federation of Social Workers：IFSW）によって、2014年に新たに採択されたソーシャルワーク専門職のグローバル定義においても、ソーシャルワークにおける社会変革への志向と、権利擁護（Advocacy）機能の重要性がより明確に提示されている。具体的には、「人権と社会正義を擁護し支持することは、ソーシャルワークを動機づけ、正当化するものである。……したがって、ソーシャ

ルワークの主な焦点は、あらゆるレベルにおいて人々の権利を主張すること、および、人々が互いのウェルビーイングに責任をもち、人と人の間、そして人々と環境の間の相互依存を認識し尊重するように促すことにある」（社会福祉専門職団体協議会と日本社会福祉教育学校連盟による定訳）（IFSW, 2014）ことが、ソーシャルワークの原則であるとされている。

　Hoefer（2012）の定義によれば、「権利擁護実践は、個人、グループ、組織、あるいは地域レベルにおいて社会正義を促進するために、体系的かつ意図的な方法を用いてクライエントを擁護し、代弁し、その福祉を前進させるために行動する」、ソーシャルワーク実践の重要な構成要素の一つである。権利擁護実践は、ソーシャルワークのあらゆる領域において欠かせないものであるが、刑事司法システムにおいて展開されるソーシャルワーク実践には、権利擁護の技術（アドボカシースキル）の活用が、とりわけ求められているといえる。

　一般に、公的弁護人事務所におけるソーシャルワーカーには、文書によるアドボカシースキル（Written advocacy skill）と、口頭によるアドボカシースキル（Oral advocacy skill）の二つのスキルが必要であるとされる。具体的には、前者は判決前調査報告書を作成するスキルであり、後者は裁判において専門家証人（Expert witness）として証言するスキルである。この点において、米国の刑事司法システムにおいて制度化されたProbation Officerによる伝統的な判決前調査報告書と、公的弁護人事務所のソーシャルワーカーが、専門職の権利擁護実践の一環として作成する判決前調査報告書は、異なる背景を持つものである。

　ところで公的弁護人事務所におけるソーシャルワーカーの権利擁護実践を巡っては、二つの立場からの議論がなされてきている（Ashford, Macht, & Mylym, 1987）。一つは、ソーシャルワーカーが純粋な権利擁護の立場（Pure advocacy position）に立つ実践である。この立場においてソーシャルワーカーは、公的弁護人事務所に雇用されるスタッフの一員として機能することを求められている。ここでは雇用関係を業務の基盤とするため、ソーシャルワーカーの仕事は、弁護人の業務の延長線上にあるものと捉えられ、実質的には下請けとしての役割を期待される。そのため、弁護

人は弁護士の倫理綱領に則り純粋に被告人の権利擁護を追求するが、ソーシャルワーカーにとっては、その弁護方針が専門職の倫理綱領に反する場合も出てくるのである。こうした状況は、公的弁護人事務所に限らず、矯正施設や保護観察所といった他の司法関連機関、さらには病院や学校など、ソーシャルワーカーがその機関の中核となる職員や専門職集団の中で、周辺専門職として働く実践領域において歴史的に起こってきたものであり、ソーシャルワーカーの専門的判断に関する妥当性と信頼性を巡っては、機関内で対立が生じることもしばしばである。

　もう一方は、被告人の最善の利益を追求する立場（Best interest position）である。これは、ウィリアム・シュワルツ（Schwartz, 1976）が提唱した、ソーシャルワーク実践における媒介機能を重視する立場に近いものであり、ソーシャルワーカーは個人と機関、あるいは個人と社会を媒介する役割を負っているとするものである。ここでは、クライエントの最善の利益を追求するためには、ソーシャルワークの実践領域や機関が異なっても、専門職としての責務は変わらないという立場に立つ。この二つの立場を巡る議論は、クライエントの権利擁護を実践する上でしばしば生じる、専門職の倫理的葛藤に関するものである。しかしながら、どのような実践領域においても専門職として機能するためには、クライエントの最善の利益を実現するために倫理綱領に忠実に行動することが必要であり、ソーシャルワーカーは「機関を代表して働く一方で、決して機関そのものにはならない」（Gitterman, 1985）という明確な姿勢が求められるのである。

4　判決前調査とソーシャルワーク実践理論

　ソーシャルワーカーが判決前調査を行う際の、専門職としての判断の信頼性と妥当性を担保するためには、実践知だけではなく、関連する研究成果と適切な理論を有効に活用していく必要がある。

　司法ソーシャルワーク研究者のAshford（2013）は、ソーシャルワーカーが、刑事司法システムに巻き込まれることになった被告人の生育歴や社会調査を実施する際には、ライフコース理論の活用が有益であるとする。特

に、社会学者エルダーら（Elder, Johnson, & Crosnoe, 2004）による、ライフコース理論の以下の5つの原理は、判決前調査において役立つ視点であるとする。

(1) 発達は生涯にわたるプロセスである (long-term perspective)。
(2) 個人は歴史的・社会的環境における機会と制約の中で、自ら選択し行動することにより自分自身のライフコースを作っていく (agent)。
(3) 個人のライフコースは、人生において経験する歴史的な時間と場所によって形作られる (time and place)。
(4) 生活上の変化、出来事、行動のパターンに関する発達上の先行する事件や帰結は、その人の人生におけるタイミングにより異なったものとなる (timing)。
(5) 人々の生活は相互に依存しており、社会的・歴史的な影響はこの共有された関係のネットワークを通して表出される (linked lives)。

ソーシャルワークの主要な実践モデルとして約40年にわたり発展してきた、ライフモデル（Gitterman, 2017；Gitterman & Germain, 2008）においても、伝統的なライフサイクル理論ではなく、ライフコースの概念に基づき、生態学的視点によってクライエントの生活と人生を捉えていくことの重要性を強調している。ライフコースは、生活における困難な移行、トラウマを伴う人生における出来事、貧困、偏見や差別によって引き起こされるライフストレッサー、ストレスやその対処といった問題状況において、特に有効に活用できる概念であるとされる。また、ライフコース理論は、伝統的な発展段階モデルとは異なり、人々の生活や人生の道筋はその人に固有で、複雑かつ予期できないものであることを前提とする。人々は、歴史的時間、個人的時間、社会的時間のなかで、困難かつストレスフルな出来事に遭遇するが、個人的、歴史的、文化的、そして環境的要因の交互作用において、その人独自の解決の道筋を探っていく。それは成長への原動力ともなり、また一方では解決策が見つからずに機能不全に陥り、様々な生活問題として露呈されることになるが、この後者の場面においてソーシャルワーカーはクライエントに出会うことになる。

　判決前調査においては、被告人の生活歴と生活環境に関する念入りな社

会調査が求められるが、人間生活を取り巻く複雑な現象を説明し、人間行動を予測するためには、ソーシャルワークのみならず、関連する学問領域の理論を適切に用いて、弁護に貢献しうる報告書の作成を目指していく必要がある。

5　人間行動科学とソーシャルワーク教育

　米国の多くの公的弁護人事務所では、弁護士や調査専門員（Investigator）らとともに、ソーシャルワーカーは弁護活動を行う多職種チームの一員として様々な役割を担っているが、判決前調査報告書の作成はその重要な役割の一つとなっている。それでは、なぜ多くのソーシャルワーカーが判決前調査を担っているのであろうか。この点について Andrews(1991, 2012)は、ソーシャルワーカーは全人的な視点（Holistic perspective）でクライエントを捉える教育を受け、面接を行うスキルを身につけているからであるとする。また、人間行動科学の理論や研究成果を用いて、ソーシャルワーカーが身につけた技術は、クライエントの生活歴における重要な出来事を明らかにし、そうしたクライエントの経験が、人生においてどのような意味を持つのか、バランスの取れた解釈を提供することに役立つからである。

　社会環境における人間（Person-in-environment）の行動について学ぶソーシャルワークの専門職教育は、判決前調査を実施するうえで重要である。米国のソーシャルワークの大学学部および大学院教育においては、「人間行動と社会環境」（Human Behavior and the Social Environment：HBSE）という必修科目が古くから存在する。一方、日本の社会福祉士や精神保健福祉士の養成教育においても、従来より関連諸科学（医学、精神医学、心理学、社会学等）の科目が必修科目として組み込まれている。

　米国における「人間行動と社会環境」の科目においては、こうした医学、心理学、社会学を個々に学ぶのではなく、これら諸科学の理論や研究成果に基づいて、人間の行動を社会環境の中で捉えていく視点を統合的に学び、実践に応用できる知識を身につけることを目的としている点が異なっている（平山・武田、2000）。また「人間行動と社会環境」は、ソーシャルワー

カーが他の対人援助職とどのように違い、何を目指して働くのかという、専門職独自の視点を身につけていく上でも重要な科目として位置づけられ、専門ジャーナル（Journal of Human Behavior in the Social Environment）等においても研究が積み重ねられてきている。

　米国のソーシャルワーク教育においては、「人間行動と社会環境」において人間行動科学を体系的に学び、どのような分野における実践においても、生物・心理・社会的（Bio-psycho-social）視点に基づいて、クライエントとその社会環境について、アセスメントを行っていく力を身につけていくのである。こうしたソーシャルワーク教育において習得した人間行動科学の理論と知識は、司法領域におけるソーシャルワーク実践、そして判決前調査においても、活かされているのである。

6　刑の減軽のための専門職 Mitigation Specialist

　米国の公的弁護人事務所には、特に死刑判決を扱うケースにおいては、Mitigation Specialist（減軽のための専門職）として、弁護チームの一翼を担うソーシャルワーカーが存在する（Ritter, Vakalahi, & Kiernan-Stern, 2009）。Mitigation Specialist は必ずしもソーシャルワーカーである必要はないが、その求められる専門性は、ソーシャルワークの専門職教育で身につけた知識や技術との適合性が高く、特に精神保健に関する高度な専門性を求められることから、大学院修士課程を修了後、さらに臨床トレーニングを積み、州政府認定の臨床ライセンスを取得したソーシャルワーカーが担っていることが多いといわれる。Mitigation Specialist に求められる専門性は、米国法曹協会による「死刑求刑事件における弁護チームの減軽機能に関する補足ガイドライン」Supplementary Guidelines for the Mitigation Function of Defense Teams in Death Penalty Cases（American Bar Association, 2008）の中に具体的に示されている。この補足ガイドラインに関連して Andrews (2012) は、Mitigation Specialist として活動するソーシャルワーカーには、以下の五つの点が重要な資質として特に求められるとしている。

　第一は、「専門職としての責任」である。ソーシャルワーカーは、被告

人の弁護チームの中では、独立した専門職としてよりはむしろ、チームを構成する減軽専門職として働く責任があるという点である。

　第二は、「面接のスキル」である。Mitigation Specialist は、被告人だけでなく家族や関係者とも信頼関係を構築した上で、個人や家族の文化的背景にも配慮しつつ、精神疾患やトラウマなど、時には公表することにも抵抗があるような個人的な、そして信頼できる情報を、面接において聞き取っていくのである。

　第三は、「精神疾患や行動障害についての専門知識」である。弁護人や他の調査専門職は、一般的にこうした専門的教育やトレーニングを受けておらず、ソーシャルワーカーが身につけている、精神障害、認知障害、発達障害、発達段階の虐待、薬物使用障害やトラウマの及ぼす影響に関する理論、知識や経験知は、弁護チームがこうした問題を適切に取り扱っていくことに貢献する。

　第四は、「関連する記録の念入りな収集と評価」である。Mitigation Specialist は、減軽事実として、被告人に関する合理的に入手可能なすべての情報を収集し、分析しなければならない。このような Mitigation Specialist の役割が明確に示されたのは、メリーランド州において死刑判決を受けたウィギンズ被告の弁護活動に際して、州政府の資金を受けてソーシャルワーカーを活用した念入りな社会調査が可能であったにもかかわらず、それを怠ったために、判決が破棄差し戻しとなった、ウィギンズ対スミス判決（Wiggins v. Smith）がきっかけとなっている（前野、2013）。

　第五は、「包括的な多世代にわたる生態学的視点による社会調査」である。ガイドラインでは、被告人の病歴、胎児期・小児期から成人するまでの健康に関する情報、胎内・生後環境内における有害物質への曝露歴、物質依存歴、精神疾患歴、ネグレクトや養育上の問題、トラウマ、教育歴、雇用歴、従軍歴、遺伝病歴、多世代にわたる家族歴や行動パターン、少年・成人矯正施設への入所歴、宗教、ジェンダー、性的志向、人種、文化、地域社会の影響、社会的・経済的・政治的要因等、包括的な社会調査を行うことが求められている。これは、生態学的視点で、人間行動と社会環境の相互関係におけるクライエントの生活課題に取り組む際の、ソーシャルワー

カーによる生物・心理・社会的アセスメント（Bio-psycho-social assessment）の内容にも合致するものである。

7　社会調査とアセスメント

　被告人の生育歴は概して複雑であり、トラウマ・精神疾患・剥奪・社会的排除といった問題が絡み合っている。生育歴や生活環境を調査していく過程においては、体系的な記録・データ収集と評価に基づいて、仮説の検証作業を行っていかなければならない。Ashford（2013）は、生育歴や生活環境のアセスメントには、ソーシャルワークと社会科学の手続を用いて、少なくとも以下の内容が含まれなければならないとする。
- 生活上の重大な出来事
- 特定されている（または未特定の）精神疾患の兆候や症状による思考、気分、行動上の逸脱
- 重要な発達上の変化
- 心理的、身体的トラウマ
- 適応的・非適応的対処戦略
- 繰り返し起こる人間関係の問題
- 心理社会的発達上の障害
- 心理社会的ストレッサーと身体的トラウマの後に起こった感情と認知の変化
- その他発達上の問題

　Mitigation Specialistであるソーシャルワーカーは、被告人の家族や近隣住民、教育関係者、職場、社会福祉や医療サービス提供機関への聞き取りや、収集した情報や記録に基づいて、被告人の生育歴や経済的状況、社会環境について包括的な調査を行う。そして、この社会調査の過程で特定された生活上の出来事や経験、その他の要因が、どのように被告人に影響を与えたか、専門職教育で身につけた様々な理論を適切に活用し、そうした影響は減軽事由となりうるか検討していく。

　この一連の調査においては、各ケースにおいて観察し収集したデータに

基づく探索、推論、評価、問題の特定、治療・介入計画という、ソーシャルワーク専門職が実施するアセスメントのプロセス（Meyer, 1993）が基本となる。また、被告人や家族、地域社会や社会環境のアセスメントにおいては、ジェノグラムやエコマップ（Hartman, 1978；Hartman & Laird, 1983；McGoldrick & Gerson, 1985）などのマッピング技法を活用し、被告人の生活を取り巻く複雑な環境と行動への影響を、被告人を中心に多世代にわたって評価を行っていく。

　Mitigation Specialistはこうしたアセスメントの結果を踏まえ、今後の被告人の生活において予測される事柄と推奨事項について提言を行う。弁護チームの一員としてMitigation Specialistが作成した判決前調査報告書は、最終的に裁判官や検察官とも共有され、刑の減軽だけでなく、刑に代替する選択として、ドラッグコートやメンタルヘルスコート等の問題解決型裁判所において治療プログラムを受けることの検討にも用いられることになる。

　Mitigation Specialistが、主に死刑の求刑のある事件を担当する一方で、大多数の死刑求刑のない刑事事件においては、ソーシャルワーカーがDisposition Specialist（処遇専門家）として、弁護人の依頼により更生支援計画を作成する役割を担っている（Ashford, 2015）。この際ソーシャルワーカーは、更生支援のために必要なサービスや社会資源に、被告人をつなげていく役割が期待される。場合によっては、弁護方針を実現していくために、ソーシャルワーカーが弁護人の意向の請負、あるいは補助的な役割を担うことにもなりかねず、専門職としての独立性をいかに保つか、難しい立場に立たされることもある。

8　社会福祉の立場から見た判決前調査と課題

　これまで、米国における判決前調査について、社会福祉の立場から、公的弁護人事務所におけるソーシャルワークと、減軽の専門職であるMitigation Specialistの活動に焦点をあてて述べてきた。それでは、日本

において判決前調査制度が導入されるとすれば、ソーシャルワーカーにはどのような役割が期待されるのであろうか。また、そのためには、どのような課題を検討していく必要があるだろうか。

日本においても、少年司法システムにおいては、家庭裁判所調査官による社会調査が行われてきており、心理学に対して少数派ではあるが、社会福祉学を学問的背景とする調査官によっても、体系的かつ科学的な社会調査が担われてきている。また、家庭裁判所における実践と研究の成果は、少年司法分野を中心に司法福祉学の発展に大きく貢献してきている。それに対して、判決前段階における社会福祉専門職のかかわりは、専門家証人として裁判に関わる例（宮本、2013）は見られるものの、これまでは限定的であり、制度的な取組みは、今後の検討課題となっている。

司法システムに社会福祉専門職が制度的にかかわるようになったのは、日本においてはここ 10 年ほどのことである。矯正施設においては、疾病や障害により、自立した生活を営むことが困難な被収容者に対して、医療や福祉サービス等につなげ、出所後の地域生活に向けた援助を行うために、2004 年から精神保健福祉士が、2007 年からは社会福祉士が配置され、ソーシャルワーカーとしての実践を重ねてきている。また、法務省と厚生労働省が連携し、2009 年からは刑務所等に収容されている者のうち、高齢であり、または障害を有し、かつ適当な帰住先がない者について、出所後速やかに適切な医療や福祉サービスの援助が受けられるように、「特別調整」による社会復帰支援が実施されている。

さらに、検察庁においても、知的障害・精神障害あるいは高齢などにより何らかの福祉的支援を必要とする被疑者等に対して、社会復帰支援を通じて再犯防止につなげてゆく取組みがなされている（法務省法務総合研究所、2016）。例えば東京地方検察庁においては、「社会復帰支援室」を設置し、「社会福祉アドバイザー」として配置された社会福祉士が、対象者の生活環境・生育歴も含めた統合的なアセスメントに基づき、社会福祉の視点に立った助言を行うとともに、関係機関と連携し適切な社会福祉・医療サービスへとつなぐ橋渡しを行うなど、被疑者・被告人の社会復帰に向けた援助を行っている（松友、2016）。

そうした中で、判決前の段階において、社会福祉専門職が弁護人とともに、福祉的あるいは医療的支援を必要とする被告人を援助するために、更生支援計画を作成し、裁判において専門家として証言する取組みが、各地で展開されてきている。こうした活動は、社会福祉法人や民間団体によるもの、都道府県の社会福祉士会や精神保健福祉士協会が弁護士会と協働して行うもの等、地域レベルで特色のある実践モデルとなりつつある。また、社会福祉の視点に立った全人的な弁護（Holistic defense）、そして各地域に根ざした地域志向の弁護活動（Community-oriented defense）によって被告人の権利を擁護していくという取組みは、米国の弁護チームにおけるソーシャルワーカーの活動と共通するものでもある。

　その一方で、今後判決前調査が日本の刑事司法システムに導入される際には、社会福祉の立場からはいくつかの課題を検討すべきであろう。第一は、判決前調査を担うソーシャルワーカーの実践の質の担保である。先に触れたように、米国における判決前調査と報告書の作成は、特に精神保健に関する高度な専門性を求められることから、大学院修士課程を修了した上で、さらにスーパービジョンを受けながら長時間の臨床トレーニングを積み、州政府認定の臨床ライセンスを取得したソーシャルワーカーが担っている。この点に関しては、日本ではすでに心理学者や心理臨床家が情状鑑定を担っていることから明らかなように、現段階では社会福祉士や精神保健福祉士よりも、臨床心理士の方が、より米国のソーシャルワーカーに近い教育と臨床トレーニングの土台を有する状況にあると言えるのではないだろうか（岡本、2012；須藤、2011, 2014）。

　第二は、判決前調査の基盤となる専門職教育の課題である。これは前述の資格問題にも密接に関連するが、判決前調査を含めた司法ソーシャルワーク実践の基盤となるソーシャルワーク教育の課題である。日米のソーシャルワーカー養成教育の単純比較はできないが、米国において判決前調査や専門家証人としての役割を担うソーシャルワーカーは、日本における社会福祉士、精神保健福祉士、臨床心理士の三分野にまたがる養成教育の上に、さらなる臨床トレーニングを積んだ専門職という像が近いのではないだろうか。また、ソーシャルワーカーとしての経験や技術だけに頼るの

ではなく、面接や収集した膨大な記録・情報をもとに、実践の知（Practice wisdom）、人間行動科学の理論、そして関連する研究の成果を活用していくための体系的かつ統合的な専門職教育と、臨床トレーニングをどのように提供していくか、今後の検討が必要である。

　第三は、報酬と雇用問題である。米国において判決前調査を担うソーシャルワーカーは、連邦、州、郡や市レベルの公的弁護人事務所において、弁護チームを構成する、フルタイムの専門職として雇用されて活動するのが一般的である。一方、日本において各地で取り組まれているように、被告人の弁護活動に社会福祉士や精神保健福祉士が加わるケースでは、弁護士会や弁護士個人からの協力依頼を受け、個別案件ごとに報酬を受け取るという形がとられていることが多く、米国で議論がなされてきたように、専門職の価値や倫理との葛藤という、実践上の課題に向き合わねばならない場面も少なからずあるものと思われる。

　司法領域におけるソーシャルワークは、この十数年来、法務省と厚生労働省の連携と協働を中心とした制度的な枠組みの中で、そして各地域に根ざした独自の取組みとして、点から線へ、線から面へと実践の場が広がりつつある。そうした中、今後日本においても判決前調査制度が導入されるとすれば、ソーシャルワーカーはどのような貢献が可能であろうか。そして、判決前調査を担うことを期待された場合は、それを担いうるという専門職としてのコンピテンシーを証明することができるであろうか。ソーシャルワークの基盤である権利擁護実践とともに、臨床実践の質をより一層高めていくための、統合的な専門職教育と職能開発への取り組みが求められている。

《参考文献》

American Bar Association. (2008). Supplementary guidelines for the mitigation function of defense teams in death penalty cases. Retrieved from https://www.americanbar.org/content/dam/aba/uncategorized/Death_Penalty_Representation/Standards/National/2008_July_CC1_Guidelines.authcheckdam.pdf

American Probation and Parole Association. (1987). Probation pre-sentence investigation. Position statement by American Probation and Parole Association. Retrieved from https://www.appa-net.org/eweb/Dynamicpage.aspx?site=APPA_2&webcode=IB_PositionStatement&wps_key=24e1c1d8-c753-4710-8f89-6085c6191128

Andrews, A. (1991). Social work expert testimony regarding mitigation in capital sentencing proceedings. Social Work, 36(5), 440-445.

Andrews, A. (2012). American Bar Association supplementary guidelines for the mitigation function of defense teams in death penalty cases: Implications for social work. Social Work, 57(2), 155-164.

Ashford, J. B. (2015). Making a case for life: Models of investigation in death penalty mitigation. In K. Corcoran & A. R. Roberts (Eds.), Social workers' desk reference (3rd ed., pp. 1159-1164). New York: Oxford University Press.

Ashford, J. B. with Kupferberg, M. (2013). Death penalty mitigation: A handbook for mitigation specialists, investigators, social scientists, and lawyers. New York: Oxford University Press.

Ashford, J. B., Macht, M. W., & Mylym, M. (1987). Advocacy by social workers in the public defender's office. Social Work, 32(3), 199-204.

Clear, T. R., Cole, G. F., & Reisig, M. D. (2006). American corrections (7th ed.). Belmont, CA: Thomson Wadsworth.

Elder, G.H., Jr., Johnson, M. K., & Crosnoe, R. (2004). The emergence and development of life course theory. In J. Mortimer & M. J. Shanahan (Eds.), Handbook of the life course (pp. 3-19). New York: Springer.

Gitchoff, G. T., & Rush, G. E. (1989). The criminological case evaluation and sentencing recommendation: An idea whose time has come. International Journal of Offender Therapy and Comparative Criminology, 33(1), 77-83.

Gitterman, A. (1985). The reciprocal model: A change in the paradigm. In A. Gitterman and L. Shulman (Guest Eds.). Social Work with Groups, 8(4),

29-37. doi:10.1300/J009v08n04_04

Gitterman, A. (2017). Life model of social work practice. In F. Turner (Ed.), Social work treatment: Interlocking theoretical approaches (6th ed., pp. 287-301). New York: Oxford University Press.

Gitterman, A., & Germain, C. B. (2008). The life model of social work practice: Advances in theory and practice (3rd ed.). New York: Columbia University Press.

Hartman, A. (1978). Diagnostic assessment of family relationships. Social Casework, 59(October), 465-476.

Hartman, A., & Laird, J. (1983). Family-centered social work practice. New York: Free Press.

平山　尚・武田丈編『人間行動と社会環境――社会福祉実践の基礎科学』(ミネルヴァ書房、2000年)。

Hoefer, R. (2012). Advocacy practice for social justice (2nd ed.). Chicago, IL: Lyceum Books.

法務省法務総合研究所編『平成28年度犯罪白書――再犯の現状と対策のいま』(2016年)。

International Federation of Social Workers. (2014). Global definition of social work. Version in Japanese（社会福祉専門職団体協議会と日本社会福祉教育学校連盟による定訳）. Retrieved from http://ifsw.org/get-involved/global-definition-of-social-work/

Los Angeles County Public Defender's Office. (2017). Our history – The public defender concept: Why and when? Retrieved from http://pd.co.la.ca.us/About_history.html

前野育三訳「ウィギンズ・ケース――合衆国最高裁判所判決要旨」(司法福祉学研究13、2013年) 130～134頁。

松友　了「入口支援の現状と課題に関する一考察――東京地方検察庁の社会福祉アドバイザーを経験して」(司法福祉学研究16、2016年) 68～83頁。

McGoldrick, M., & Gerson, R. (1985). Genograms in family assessment. New York: W. W. Norton.（= 1998, 石川　元・渋沢田鶴子 訳『ジェノグラム

のはなし――家計図と家庭療法』(東京図書))。
Meyer, C. H. (1993). Assessment in social work practice. New York: Columbia University Press.
宮本節子『ソーシャルワーカーという仕事』(筑摩書房、2013年)。
National Association of Social Workers. (2017). Code of Ethics. Retrieved from http://www.socialworkers.org/About/Ethics/Code-of-Ethics
岡本吉生「情状鑑定の方法と課題」(青少年問題647、2012年) 18 〜 23頁。
Public Defender Service for the District of Columbia. (2017). PDS historical timeline. Retrieved from http://www.pdsdc.org/about-us/historical-timeline
Ritter, J. A., Vakalahi, H. F. O., & Kiernan-Stern, M. (2009). 101 careers in social work. New York: Springer.
Schwartz, W. (1976). Between client and system: The mediating function. In R. Roberts & H. Northen (Eds.), Theories of social work with groups (pp. 171-197). New York: Columbia University Press.
Senna, J. J. (1975). Social workers in public defender programs. Social Work, 20(4), 271-277.
Steverson, L. A., (2012). Pre-sentence investigation reports. In S. M. Barton-Bellessa (Ed.), Encyclopedia of community corrections (pp.315-317). Thousand Oaks, CA: Sage.
須藤　明 (2011):「裁判員制度における経験科学の役割――情状鑑定事例を通して」(駒沢女子大学研究紀要第18号、2011年) 151 〜 159頁。
須藤　明 (2014):「刑事事件における情状鑑定の現状と展望――米国のProbation Officer 及び Mitigation Specialist が行う判決前調査との比較から」(駒沢女子大学研究紀要第21号、2014年) 137 〜 148頁。

◎第4章　刑事司法と人間行動科学
2　判決前調査制度の導入に向けて ——
2.4　判決前調査制度を導入するに当たっての課題

本庄　武 Takeshi Honjo

（一橋大学）

1　判決前調査制度導入の意義

　日本には判決前調査制度が存在していない。そのことにより、日本の量刑は、原則として経験科学の知見を活用して被告人の予後に関する相対的には確実な見通しを得ることなく行われることを、通常としている。そのため、執行猶予を選択して拘禁刑を回避するための基準も、基本的には刑事責任の重さであるとされている[1]。

　例えば、実務的に多い、覚せい剤の単純所持や自己使用の事件については、覚せい剤事件は再犯率が非常に高いという調査結果が出されているにもかかわらず、初犯であればまず単純執行猶予にされている。再犯を抑制する仕組みは、再犯時にはほとんどの場合実刑になってしまうこと、しかも猶予期間中の再犯の場合は、猶予されていた刑も併せて執行されることによりかなり長期の期間受刑しなければならなくなること、による心理的威嚇効果だけである。しかし薬物依存の場合、自らの意思で断薬を決意するだけでは断薬できないとされ、心理的威嚇を与えるだけでは不十分である。それでもなお執行猶予となるのは、他者に危害を加えておらず、そのおそれも小さい以上、刑事責任が軽いから、ということであろう。

---
1)　植野聡「刑種の選択と執行猶予に関する諸問題」『量刑実務大系・第4巻』所収（判例タイムズ社、2011年）47頁。

もう1つ、再犯率が高いことで知られるのが窃盗である。窃盗については、生活困窮、社会的孤立、クレプトマニアやそれとの関連が疑われる摂食障害といった精神疾患が要因となる場合があるとされている。こうした問題が解消しなければ、再び犯罪に至りやすいことは明らかであろう。しかし窃盗の場合は、微罪処分や起訴猶予を複数回受けた後は罰金刑となり、それでも再犯し続けると単純執行猶予、その後は実刑となり、刑期が徐々に伸びるという段階的処遇がなされている。こうした処理がなされるのも、それ自体を取り上げると軽微な犯罪であっても、有罪宣告などによる警告を受けたにもかかわらず、性懲りもなく犯罪を繰り返す場合、犯行が悪質になる、という理由によるものと推測される[2]。

　他方で、比較的軽微な事件であっても、執行猶予とならず、短期の実刑が言い渡されている例もみられる。しかしその理由は、量的にみると刑事責任は軽いものの、その質が悪い場合とされる。これについてある論者は、量刑においては責任に見合う刑を科すという考慮だけでなく、贖罪を果たさせるという考慮が働いているからだ、と説明する[3]。贖罪という倫理的な要素を量刑に混入させることを認めるべきかはなお検討を要するが、ポイントは、この場面でも、更生可能性の程度とは異なる要素により執行猶予にするかどうかが選択されていることである。

　もちろん、執行猶予に保護観察を付すかどうかの局面では、更生可能性の程度が考慮されているのであろう[4]。従来は、執行猶予に保護観察が付されると、制度上、再度の執行猶予の余地がなくなることから、保護観察は何らかの事情で被告人に再犯のおそれがあると積極的に判断できる少数の事例においてのみ、選択されてきた。しかし裁判員裁判では、保護観察が積極的に付されるようになってきている。このことは裁判員が被告人の更生に関心を有することを示す、として好意的に評価されることもあるが、

---

2)　難波宏「前科、前歴等と量刑」『量刑実務大系・第3巻』所収(判例タイムズ社、2011年)25頁は、行為者は起訴、判決、刑の執行の各段階で規範意識を高めているはずであり、このような司法行刑システムを経ながら、犯罪を累行する者の責任は明らかに重いということになる、とする。
3)　樋口亮介「日本における執行猶予の選択基準」論究ジュリスト14号(2015年)106頁。
4)　植野・前掲注1) 67頁。

保護観察を必要とする積極的な理由もなしに、「念のため」、「付した方が安心」といった理由により、保護観察が付されている可能性もある[5]。再犯のおそれがないのであれば、再度の執行猶予の余地がなくなっても構わない、という判断があるのかもしれないが、事後に別の事情で再犯に至ってしまうこともあり得るのであり、再度の執行猶予がない状態に安易に被告人を追い込むことは、やはり正当化されないであろう。

現在、検挙者や新入受刑者に占める再犯者の比率の増加が問題視され、再犯防止が大きな政策課題となっている。正確には、再犯者ないし再入者の数は減っているのであるが、初犯者や初入者が急激に減少していることに伴い、再犯者率・再入者率が上昇しているに過ぎないのであるが、社会情勢の変化にもかかわらず、常に一定数の再犯者が存在しているということはそれだけ問題の根が深いことを意味する。再犯を減らすための対策が必要であることは疑いない。

現状で、有期刑の執行猶予率は6割前後で推移している。執行猶予にするか否かの振り分けを刑事責任の重さを基本として行うことは、重罰化を招いていない。そのため、これまでは特段問題視されていなかった。しかし再犯と刑務所入所の負の連鎖という長年の懸案への対策を本気で考えるのであれば、必然的に執行猶予の運用を見直さざるを得ない。

このように述べると、犯した罪が軽くても再犯のおそれが高ければ、従来単純執行猶予になっていた層が実刑となって重罰化が帰結するか、保護観察付執行猶予となって社会内での監視が強まることになり、決して歓迎できるものでない、との懸念もあるだろう。しかし、従来の運用では刑事責任が一定以上重ければ、執行猶予の余地がなくなっていたが、更生可能性を重視した量刑に転換する場合、そうした場合にも執行猶予の余地が開かれる可能性がある。また、更生可能性を重視することは、必ずしも保護

---

[5] 宇戸午朗「裁判員裁判による保護観察付き執行猶予の現状について」犯罪と非行170号（2011年）137頁は、裁判員は、被告人が必ず更生することを望み、これを確実にしようとした結果、保護観察を付したのではないかと指摘するとともに、その傍証の一つとして、裁判員裁判では刑期3年執行猶予期間5年という執行猶予のなかでは最も重い判決が言い渡されることが多いことを挙げ、被告人に再犯が許されないことを自覚してもらう意味が込められているのではないかと分析している。

観察を付すことを意味しない。予後の見極めがより厳密なものになれば、更生にとって保護観察が不要な場合やかえって妨げとなる場合も想定できる。少年司法で審判不開始・不処分が多用されているように、社会資源を活用することを前提として単純執行猶予とすることも考えられる。要は制度の設計と運用次第であろう。再犯防止を真剣に考えるのであれば、まずは、量刑判断において更生可能性を考慮する比重を高めることが必要であり、そのために有効なツールが判決前調査制度の導入なのである[6]。

2 判決前調査制度と情状鑑定の違い

判決前調査と情状鑑定をほぼ同じ意味に理解する用語例もある[7]。しかしながら、両者には本質的な違いがあると思われる。

判決前調査は、少年手続での社会調査のように、裁判所の依頼ないし命令により、実施されるものである。その点では、情状鑑定のうち裁判所の命令で行われる正式鑑定と同じである。両者ともに、中立の立場で行われ、被告人に有利な情報も不利な情報も収集する。

しかし、情状鑑定はあくまでも個別事件において、裁判所が必要性を見極めた上で実施を決定するものである。裁判所は、判決前調査制度がない以上、通常の事件では、情状鑑定なしでも適切に量刑を行える、というのが法の立場だと受け止める。すなわち、更生可能性を見極めることなく、犯した罪の重さを中心に量刑すればよい、という発想に至る。そのため、情状鑑定が、裁判所の職権で命じられることはまずなく、弁護人が情状鑑定の請求件数を増加させたとしても、鑑定が実施されるべき事件は例外である、という裁判所の観念を変えるのは容易ではないと思われる。

こうした運用の背景には現在の量刑理論がある。それによれば、量刑は、

---

[6] その他、判決前調査制度を有しないことにより、日本の量刑に生じている問題点については、本庄武「日本の量刑の特色と判決前調査制度を導入することの意義」龍谷大学矯正・保護総合センター研究年報3号（2013年）33頁。

[7] 湯原悦子「介護殺人事件の裁判における社会福祉専門職の関与に関する研究」社会福祉学56巻1号（2015年）117頁。

犯した罪の重さに対応するといえる刑の範囲内で、更生可能性を考慮し、さらに被害弁償がされた場合は被害者救済促進の観点で刑を軽くするなどの政策的考慮を加味した上で、最終的に言い渡す刑を決める、とされている[8]。しかし更生可能性の判断は専門的な知見なしには難しい。専門的な判断なしに更生可能性を見極めようとすると、判断者によるブレが大きくなり、公平性を害することになりかねない。そこで更生可能性の考慮は控えめなものとして、犯した罪の重さを基本に量刑を行うという発想が生まれる。それにより、更生可能性が高い被告人に更生の機会を付与することが目的であるはずの執行猶予についても、基本的には犯した罪の重さに応じて選択するという運用につながったのだと考えられるのである。

情状鑑定とは対照的に、判決前調査は、特定の範囲の事件について、ルーティンとして調査を実施する制度である。調査者は予め決まっており、調査について豊富な経験を有すると期待できる。調査する項目や調査の方法も、個別事件毎に変化することはあり得ても、おおよそ決まっていると考えられる。その主たる目的は被告人の更生可能性を見極めることである。犯した罪の重さについての評価は原則として法律家など経験科学の素人でも可能であり、あえて経験科学の専門家に調査を依頼する意味は乏しい。罪の重さの評価が難しいケースについては、これまで通り、個別に鑑定を実施することで対応することもできる。それに対して、更生可能性のような被告人の予後を判断するには、犯罪の発生原因を特定し、いかなる働きかけを行った場合にその原因が解消されるかを見極める必要がある。犯罪に至るメカニズムを心理学、社会学など総合的な経験科学の知見を動員して解明できる能力が必要であり、専門家を担い手とする必要がある。それとともに、予後を見極めるためには、刑事司法内外で展開されている処遇の内容とその実績を知悉しておく必要がある。単に経験科学の知見を有するだけでなく、刑事司法の内部またはそれに近いところで日常的に職務を行っている必要がある。こうした組織が定常的に調査を担うことで、判断者によるブレを抑えた形で更生可能性を見極めることが可能になる。

---

[8] 司法研修所編『裁判員裁判における量刑評議の在り方について』（法曹会、2012年）143頁。

こうして判決前調査制度が実現すれば、裁判所は更生可能性が量刑判断を大きく左右する領域において、一定程度信頼できる専門的判断を常に得ることができることになる。そうなったとき、現在と同程度に、犯した罪の重さとの均衡を基本として量刑が行われるかは疑わしい。被告人が何の働きかけもなければ再犯の危険が高いと判定された場合に、なお単純執行猶予を選択することは難しくなるのではないかと思われる。反対に、更生可能性が高いと判断された場合に、あえて実刑判決を下すことで更生を遠ざけることの不合理性も際立つ。再犯防止を強調するのであれば、犯した罪の重さに対応するといえる刑の範囲が現在よりも広く捉えられることで、更生可能性の程度により、量刑判断が変わる余地も拡大することが予想される。量刑判断の枠が柔軟になってくれば、社会内で被告人を受け入れる環境が整えられると執行猶予が得られやすくなるため、弁護人としても、少年付添人に類似する活動をすることが多くなってくると思われる。

　以上のように、判決前調査制度は、刑事裁判全体が更生を重視する形に変わっていくための重要な手掛かりを提供してくれる。これは、情状鑑定の実施頻度を高め、内容を充実させていくことだけでは実現し得ない、判決前調査制度導入に固有の意義であると考えられる。

　なお、犯した罪の重さに対応するといえる刑の範囲が拡大する、ということは、再犯の危険が高いと判定された場合、これまではまず執行猶予が付されていた類型で実刑が選択されたり、刑期が長期化することも理論上あり得ることになる。しかし刑務所収容、ましてやその長期化が再犯防止に有効であるとのエビデンスは依然として存在しておらず、反対に社会復帰に弊害をもたらすことが広く認められている。被告人の更生を真剣に考える限りにおいて、実際上こうした問題は起こりづらいと思われる[9]。

---

9) 量刑法学説では、犯した罪の重さは刑の上限を画するのみであり、宣告される刑は犯罪予防上の必要性を勘案して設定するとの見解も有力である。この見解によれば、判決前調査制度を導入しても刑が重くなることは、理論上ないことになる。

3 判決前調査制度を巡るかつての議論

　日本ではかつて、成人に対するプロベーションおよび売春防止法における補導処分の導入に際して、適切な処分選択のために判決前調査制度を導入することが検討されたことがある[10]。1959 年には、最高裁判所に設置された判決前調査制度協議会が、①裁判所に調査官を設置すること、②被告人が有罪である旨陳述したときは、刑の量定に参考となるべき情状について調査をさせること、③裁判所で犯罪事実の取調べを行った後に、調査報告書を裁判所に提出させること、④裁判所は調査報告書について、訴訟関係人に閲覧の機会を与え、公判期日で適当と認める方法で取り調べること、などを内容とする「判決前調査制度要綱」を採択した。調査の担い手が裁判所に所属する調査官であるべき理由は、プライバシーに触れることが多く、不偏公正な立場になければならないことに求められていた[11]。

　これに対して法務省・検察側では、犯罪事実の審理と量刑審理が区別されていないなかで、①当事者から主張も立証もないのに、調査官に情状資料を積極的に収集させ、証拠に供することはできない、②裁判所で証拠として利用する限り、証拠調べをしなければならず、資料提供者の秘密が守られないことになれば、調査官に協力する者が減り、的確で豊富な資料は得られなくなる、③裁判所に専属する機関に裁判官が情報収集を命じると、裁判の公正が疑われる、④プロベーションにおける調査と処遇は同一の機関が担当すべきである、⑤日本の検察官は、公訴提起およびその維持だけを任務とするアメリカの検察官とは異なり、広汎な訴追の猶予権限を付与されており、量刑の判断資料にも及ぶ情状調査をやってきている、ということから、保護観察官または中立第三者機関に所属し裁判所や検察庁に配

---

10) 当時の議論について、より詳しくは、丸山泰弘「判決前調査とその担い手」『浅田和茂先生古稀祝賀論文集（下巻）』所収（成文堂、2016 年）699 頁参照。
11) 当時の裁判所の見解を示すものとして、江里口清雄「補導処分と判決前調査」法律のひろば 11 巻 5 号（1958 年）9 頁、正田満三郎「補導処分と裁判所調査官」ジュリスト 152 号（1958 年）48 頁など。

属されるプロベーション・オフィサーが調査を担当する方式を主張していた[12]。

そして弁護士会では「判決前調査制度に関する日弁連委員会の意見書（案）」を公表し、この制度の導入に反対の論陣を張った。その要点は、①裁判所直属の調査官が作成した資料に基づき裁判を行うのには当事者主義訴訟方式に逆行する、②法的な取捨選択を経ない情報に基づく裁判は、事実の認定が当事者の弁論と厳格な立証によらなければならないとする現行刑事訴訟法の立場と相容れない、③調査は秘密裡に行われるため、証人尋問による場合と異なり、調査される側の態度や調査の行き過ぎを検証することができない、④情状に関する審理を十分に尽くせば、調査官の報告書に遥かに優るはずである、という点にあった[13]。

この論争においては、大きく2つの論点があったように思われる。1つは検察・弁護士会ともに問題にしていた、刑事訴訟手続と判決前調査制度が調和するかどうかという手続に関する問題である。もう1つは、検察における、調査制度を創設するならば、起訴判断にも活用できる形のものにしてほしいという要望である。順に、検討する。

4 当事者主義訴訟と判決前調査制度

弁護士会が問題視していたのは、判決前調査報告書が法廷で適正に取り調べられることなく、情状証拠として量刑で用いられることへの懸念で

---

12) 泉政憲「売春防止法改正に伴う『判決前調査制度』設置問題」ジュリスト152号（1958年）57頁、安倍治夫「判決前調査をめぐる諸問題」同『刑事訴訟法における均衡と調和』所収（一粒社、1963年）239頁など。
13) 「判決前調査制度に関する日弁連委員会意見書（案）」自由と正義10巻12号（1959年）25頁。大竹武七郎「判決前調査制度について」自由と正義13巻2号（1962年）11頁も参照。なお、近年の弁護士会の意見書は、「適正な量刑を実現するために、判決前調査制度の導入も検討されるべきである」と述べており（日本弁護士連合会「新たな刑事司法制度の構築に関する意見書（その2）」（2012年）〔https://www.nichibenren.or.jp/library/ja/opinion/report/data/2012/opinion_120913_2.pdf〕）、弁護士会のスタンスは変化している可能性がある。

あった。とりわけ、調査官が収集した証拠の中には、関係者から聞き取った真偽の不確かなもの、いわゆる伝聞証拠が含まれている可能性があるが、そのオリジナルの供述者を法廷で証人として尋問することなく、証拠として採用してしまうことが適正手続に違反するのではないか、ということが問題視されていた。

これに対して当時は、量刑資料のようなニュアンスに富んだ情緒的事実に対しては反対尋問は必ずしも効果を発揮しないにもかかわらず、こうした資料を当事者に提出させるならば、結局十分な反対尋問を経ない一方的な資料によって量刑がなされることになり、かえって当事者主義に反する、という反論が有力になされていた[14]。しかし、この指摘が妥当する漠然とした被告人に対する印象のようなものは、元々証拠価値が乏しく、実際にはあまりに問題にならないと思われる。一方で、明確にその有無がはっきりし、またさせる必要のある事実が存在することも、否めない。その場合になお、不正確な情報に依拠して量刑がなされてしまうことへの不信感は、この反論では解消されない、と思われる。裁判所の「要綱」がモデルとしたアメリカ法も当時から変化しており、改めてこの点を検討したい。

情状証拠といっても、犯行の結果、動機、態様といった犯罪事実自体の評価に関わるいわゆる犯情については、判決前調査報告書の記述により認定されることは考え難い。当時から犯情については、有罪であることを証明するために用いられる厳格な証明方式で証明されなければならないとされており[15]、その点は今日でも同様である[16]。

また、犯情以外の被告人の生い立ちや、経歴、資質、前科といったいわゆる一般情状に関する情報のうち、有罪になった経歴である前科や、少年審判での保護処分歴などの前歴については公式の記録に基づいて認定されている。真偽不明の前科・前歴が、量刑の基礎にされることは、日本では

---

14) 平野龍一「判決前調査」同『犯罪者処遇法の諸問題・付・死刑』所収（有斐閣、1982年）52頁。
15) 江里口・前掲注11) 10頁。
16) 杉田宗久「量刑事実の証明と量刑審理」同『裁判員裁判の理論と実践（補訂版）』所収（成文堂、2013年）312頁。

考え難い。また公式に記録されていない余罪については、それを実質的に処罰する趣旨で量刑において考慮することは許されず、単に被告人の性格、経歴および犯罪の動機、目的、方法等の情状を推知するための資料としてしか考慮してはならないとする判例が出されている[17]。この両者の区別は明確とは言い難く、より明確な基準を検討すべきではあるが、はっきりしているのは、余罪がなければまずあり得ない重い量刑を行えば、実質的に処罰する趣旨で考慮されたとみなされる、ということである[18]。

　問題は、被告人に関する評判や過去の悪行などのいわゆる悪性格に関する証拠である。これらについては、たしかに関係者の供述に基づいて報告書が作成されることがあり得る。しかしまず裁判所の構想では、弁護人は事前に報告書を閲覧する機会が付与されることになっている。アメリカでも、かつては当事者に閲覧の機会を付与することなく、裁判所に報告書が提出されていたが、今日では、デュー・プロセスの要請により、不正確な情報に基づいて量刑を行うことは許されず、被告人は量刑が依拠する情報を実質的に争う機会を与えられなければならないとされている[19]。連邦刑事訴訟規則によれば、被告人・弁護人・検察官に対して、裁判所に提出する35日前までに報告書を開示しなければならない[20]。そして内容に異議のある被告人・弁護人・検察官は受領から14日以内に、異議申立書をプロベーション・オフィサーと反対当事者に提出できる。プロベーション・オフィサーは異議の内容について当事者と議論したり、調査を継続したり、報告書を改訂したりすることができる[21]。その後、量刑期日の7日前までに、

---

17) 最大判1966（昭41）・7・13刑集20巻6号609頁、最大判1967（昭42）・7・5刑集21巻6号748頁。
18) 増田啓祐「余罪と量刑」『量刑実務大系・第2巻』所収（判例タイムズ社、2011年）211頁。
19) Gary M. Maveal, Federal Presentence Reports: Multi-Tasking at Sentencing, 26 Seton Hall L. Rev. 544, 548 (1996).
20) Federal Rule of Criminal Procedure 37(e). ただし、①開示された場合、更生プログラムに深刻な悪影響を与える診断、②秘匿を約束して入手された情報の入手源、③被告人や他者に有害な影響を及ぼしかねない他の情報については、そもそも報告書に記載してはならない、とされている。Federal Rule of Criminal Procedure 37(d)(3).
21) Federal Rule of Criminal Procedure 37(f).

プロベーション・オフィサーは報告書および未解決の異議がある場合はその内容とそれに対する自身のコメントを裁判官と両当事者に提出することになっている[22]。報告書の内容に異議のある当事者は、量刑審理において、それについての主張立証を行う。その結果、報告書に記載された事実の存否について真偽不明に陥った場合については、報告書の記載を覆すのは被告人の責任であるとして、報告書に記載された事実を認定する裁判例[23]と、検察官が証明の負担を負うとする裁判例[24]に分かれている。日本での扱いも必ずしもはっきりしているわけではない。しかしながら、アメリカと異なり、検察官がすべての犯罪事実について証明責任を負うことになっている日本では、被告人が証明の責任を負うという見解は取りづらい。この問題について最も詳細な検討を加えた論者は、原則として量刑事実については証明責任の観念は存在せず、その量刑事実がなかったものと扱われるとするが、当該量刑事実が量刑を決定的に左右するような重要な事実である場合には、被告人に有利に推定するしかないという見解を表明している[25]。この見解によれば、そのような情報を含む判決前調査報告書が裁判官に提出され、被告人側が情報の信頼性を疑わせるような主張立証を行った場合、検察官が改めて当該情報が信用できることを証明（そのためには元々の情報提供者を証人として喚問することになるだろう）しない限り、その情報はなかったものと扱われることになると思われる。

　このような扱いは、たしかに報告書を作成した調査官を法廷で尋問するのとは異なっている[26]。しかし実質的には、当事者の主張立証の応酬のな

---

22) Federal Rule of Criminal Procedure 37(g).
23) U.S. v. Purchess, 107 F. 3d 1261, 1268 (7th Cir. 1997).
24) U.S. v. Ameline, 409 F. 3d 1073, 1085 (9th Cir. 2005).
25) 杉田・前掲注16) 303頁。同論文において、例外的に被告人に有利に推定されるべきとされる例は、被告人が100万円の被害弁償をしたと主張するのに対し、被害者は20万円しか受け取っていないと主張する場合で、前者であれば執行猶予、後者であれば実刑になる場合であり、弁償額が20万円から100万円の間であると認定しても、量刑判断ができないとされる。しかしこの扱いはいかにも中途半端であり、量刑に関する事実が真偽不明に陥った場合には、一律に被告人に有利な扱い、すなわち被告人に不利な事実はなかったことに、被告人に有利な事実はあったことにすべきようにも思われる。
26) 本文で書いたのと異なり、調査官を法廷で尋問すべきとの考え方もあり得る。ただ

かで、事実の存否を確認していくという当事者主義の理念に従った審理であるといえるのではないだろうか。また秘密性が維持されないことで、調査官による情報収集はやりづらくなると思われるが、正確な情報に基づいて量刑をされることは被告人の適正手続上の権利であり、やむを得ない[27]。

なお、判決前調査制度の導入が、当事者が調査官とは別の視点を持った専門家に情状鑑定を依頼することを妨げるものでないことは、当然である。アメリカでも判決前調査とは別に、減軽専門家（Mitigation Specialist）が弁護人と協働して、被告人に有利な情状の調査を行い、弁護活動のなかで活用されている[28]。実際にも、判決前調査実施者は様々な事例に対応すべく、現在の家庭裁判所調査官のように経験科学の総合的知見を身に着けた存在となることが予想される。少なくとも精神医学の専門的知見の活用が必要な事例での対応は難しいと思われるし、それ以外でも特定の分野に特化した知見の力を借りることが必要な事例は存在すると思われる。

5　判決前調査の実施機関および実施時期

次に検討すべきは、判決前調査の担い手をどう構想するかという問題である。既述のように、この問題は、調査の実施時期の問題にも関係している。起訴するか起訴猶予とするかの判断をする際にも、この資料を活用しようとすれば、実施時期は必然的に起訴前でなければならなくなるし、実施機関は法務省や中立第三者機関に所属する者となるだろう。

現在、検察庁ではいわゆる入口支援として、起訴猶予見込みの高齢者・

し、現在の裁判所の考え方は、逆送事件で家庭裁判所調査官を証人尋問しても、社会調査の秘密性を理由に証言を拒絶されることを根拠に、調査官には証人適格がない、というものである（司法研修所編『難解な法律概念と裁判員裁判』（法曹会、2009年）65頁参照）。この考え方を前提とする限り、判決前調査を実施した調査官の証人尋問もできないということになるため、この考え方自体の再考が必要となる。

27)　平野・前掲注14）56頁。鈴木茂嗣「判決前調査制度」同『続・刑事訴訟の基本構造・下巻』所収（成文堂、1997年）611頁も参照。
28)　丸山・前掲注10）715頁。

知的障がい者等を対象に、非常勤職員として雇用している社会福祉士による福祉機関等との連絡調整、保護観察所と連携した更生緊急保護の事前調整、少年鑑別所と連携した鑑別技官による知能検査等を実施したうえで、場合によっては処分保留で釈放後に経過を観察したうえで、起訴猶予とする取組みを各地で展開している[29]。さらに現在開催されている法制審議会少年法・刑事法部会では、「少年鑑別所及び保護観察所の調査・調整機能の活用」が議論されている[30]。これは、検察官が起訴猶予時に一定の条件を付し、違反時には事件を再起することを可能にする条件付起訴猶予制度が導入されたとした場合に、検察官がより適切な判断を行うことが可能になるよう、少年鑑別所・保護観察所との連携を正式な制度にしようとするものだと考えられる。現在の構想は、かつて判決前調査制度に対して、法務省・検察側が提示した対案との連続性が感じられるものとなっている。

しかし、これらの機関に判決前調査制度の機能をも担わせることには相当な困難が予想される。かねてから、プライバシーに深くかかわる調査を、裁判所の有罪判決前に行うことには問題があると主張されてきた[31]。これに対しては、訴訟法上検察官が犯人の性格や境遇といったプライバシーについて調べることが予定されており、現在の実務でも、再犯のリスクを評価せずに、行為責任の大小だけで起訴・不起訴の判断をしているとは思われない、との反論がある[32]。しかし、現在行われているのはあくまでも、犯罪自体の軽微性や被害の弁償、被害者の宥恕などの事情を考慮したうえで、終局処分として起訴猶予とすることが相当かを判断するために必要な調査であり、再犯リスクを本格的に調査することは行われてこなかったように思われる。

---

29) 和田雅樹「検察による再犯防止・社会復帰支援のための取組」法律時報89巻4号(2017年) 19頁。
30) 法制審議会少年法・刑事法(少年年齢・犯罪者処遇関係)部会第5回会議「論点表」〔http://www.moj.go.jp/content/001230474.pdf〕および、部会に先立って設置された、「若年者に対する刑事法制の在り方に関する勉強会」の「取りまとめ報告書」〔http://www.moj.go.jp/content/001210649.pdf〕16頁の提案を参照。
31) 平野・前掲注14) 60頁、鈴木・前掲注27) 606頁。
32) 太田達也「起訴猶予と再犯防止措置」法律時報89巻4号(2017年) 7頁。

ただし、有罪判決前に調査を開始することが問題なのであれば、起訴の前後に関わりなく調査を開始することは許されず、調査時期は有罪判決後に限られる。すなわち、手続を事実認定と量刑に二分する制度を導入しなければ、判決前調査制度は導入できないことになる。しかし従来から、手続二分制度の導入が望ましいとしつつ、導入前であっても、被告人が犯罪事実を争わないときは、公判開始前に調査を開始することを認める見解が有力であった[33]。そうなると、起訴の前であっても、被告人が罪を認めているのであれば、調査を実施しても構わないのではないか、という理解が生じ得る。起訴前調査については、調査への同意の有効性が疑問視され、起訴前においては調査に同意しなければ起訴されてしまうという懸念から、同意が事実上強制される、との指摘がある[34]。そうなる可能性は高いと思われるが、問題は、起訴後であっても、程度は弱くなるとはいえ、調査に同意しなければ重い刑が科される懸念があり得る、という点である。同意圧力の問題は程度問題に解消されてしまうようにも思われ、公判前調査が可能なのであれば、起訴前調査も可能であるとされる可能性もある。

そして検察不祥事を経て制定された「検察の理念」(2011年)は、10個の理念の1つとして、「警察その他の捜査機関のほか、矯正、保護その他の関係機関とも連携し、犯罪の防止や罪を犯した者の更生等の刑事政策の目的に寄与する。」ことを謳っている。この宣言が、検察が、本来的に犯罪者の更生を目指している矯正や保護の機関に必要な協力を行うことを意味するにとどまるのであれば、従来と変わるものではない。しかし、最高検察庁に刑事政策推進室が設置され、被害者保護・支援、児童虐待、再犯防止・社会復帰支援について総合的な検討が行なわれていることからすれば、この宣言は、検察自らが起訴裁量権限を活用して再犯防止のイニシアティブをとろうとしていることを意味しているとみるべきであろう[35]。そ

---

33) 平野・前掲注14) 59頁、鈴木・前掲注27) 611頁は、いずれも、手続を二分しないまま判決前調査を採用するには、被告人が有罪を自認した場合に限るほかはない、と述べる。このことは、調査の採用のみならず、実施についても、有罪の自認があれば有罪認定前に行えることを暗黙の前提としている。
34) 葛野尋之「検察官の訴追裁量権と再犯防止措置」法律時報89巻4号(2017年)15頁。
35) 稲川龍也「検察における再犯防止・社会復帰支援の取組」罪と罰53巻4号(2016年)

うすると、従来の起訴猶予の運用がプライバシーに関わる調査を必要とするものでなかったとしても、新時代の検察の使命によれば、これからはプライバシーに関わる調査も積極的に行っていかなければならない、ということになりそうである。

しかし、判決前調査の依頼機関が検察であることには、なお問題があると思われる。前提として、判決前調査のような経験科学の総合的知見を活用しながら、犯罪発生メカニズムについて当該事例に即した仮説を構築し、実際の事実により仮説の検証を行う性質の調査は、誰に依頼されたかにかかわらず価値中立的に行われる、とは言い難いことを踏まえなければならない。なぜならこの調査では、性質上、複数の仮説が成立し得、いかなる事実を重視して仮説を構築するかは、その時々の調査者の判断に委ねられるからである[36]。そうだとすると、調査実施者が調査依頼者の意向に迎合するはずである、ということでは決してないものの、調査内容に調査依頼者の意向が反映することを完全に排除することは難しい、と思われる[37]。

そのうえで調査依頼者としての検察官の特質を改めて考えてみると、現行刑事訴訟法では当事者主義が採用されており、検察官は公判では、訴訟の「主体」である被告人に対立する当事者として振る舞うことが期待されている。この当事者主義を捜査段階にまで及ぼし、捜査とは当事者である

5頁。

36) 武内謙治「原則逆送再考」同『少年司法における保護の構造』所収（日本評論社、2014年）364頁は、少年司法における資質鑑別や社会調査に関して、本質において完全に価値中立的な科学的知見にとどまることができず、実践的な価値葛藤から自由にはなりえない、と指摘する。

37) Cyrus Tata（著）、高橋有紀（訳）「量刑と福祉、司法――判決前調査書は量刑において何をすることができ、何をしているか？」龍谷大学矯正・保護総合センター研究年報3号（2013年）11頁は、スコットランドにおける判決前調査書が現実に果たしている機能に関する実証研究を踏まえて、「究極的には、量刑において判決前調査書が果たすべき役割は、同調査書の質のような技術的理由ではなく、（ソーシャルワーカーと裁判官という）2つの専門家集団の間の力関係によって決まるものとなる」と述べている。See also, Cyrus Tata, Nicola Burns, Simon Halliday, Neil Hutton and Fergus McNeill, Assisting and Advising the Sentencing Decision Process: The Pursuit of 'Quality' in Pre-Sentence Reports, Brit. J. Criminol. 48 (2008), p. 835.

検察官と被疑者のそれぞれが公判の準備をする過程であると考える弾劾的捜査観は、学説上は幅広い支持を集めたが、実務上採用されるには至っていない[38]。捜査段階において、検察官は捜査の「客体」である被疑者を追及する立場にある、と観念されている。このように、検察官と被疑者・被告人は、起訴前は明確に力関係に差のある縦の関係にあるのに対し、起訴後は対等な当事者として横の関係に変化する。検察官の役割は、起訴の前後で大きく変わる。検察官は、起訴前は起訴猶予により事件を終局させることができるかを慎重に見極める立場にあるが、起訴後は有罪判決と検察官が考える望ましい量刑を獲得するために全力を尽くす。現在、起訴猶予率が6割を超えていることから分かるように、起訴前の検察官は起訴により被疑者の改善更生を困難にしないことを重んじて、非常に謙抑的に事件処理を行う一方で、起訴後の検察官は、求刑がほぼ常に裁判官の量刑を上回っていることから分かるように、事案の性質に見合った罰を与えることを重視し、被告人の改善更生の可能性はあまり重視しない傾向にある。そうなると、起訴猶予見込みの事件と起訴見込みの事件とでは、検察官が調査に期待する内容が異なってくることになる。調査実施者はそのことを敏感に感じ取って、調査内容に反映させる可能性がある。検察官による事件の見立てが、調査内容に影響する可能性がある以上、起訴前調査を判決前調査として活用することには問題があることになる[39]。

　以上の考察からは、調査の依頼者は裁判所でなければならない、という帰結が導かれる。調査の依頼時期は必然的に起訴後ということになるだろう。それ以降、どの段階で調査を依頼できるかは、手続二分制度の実現可能性との関係で検討されるべきことであり[40]、さしあたり現行法を前提とすれば、被告人が罪を認めている事件に限り、公判前に調査を実施するこ

---

38) 白取祐司「戦後刑事訴訟法学の歩みと現状」川崎英明・白取祐司（編）『刑事訴訟法理論の探究』所収（日本評論社、2015年）8頁。
39) さらに、調査内容が検察官による見立てに影響されるとするならば、起訴前調査を踏まえて、再犯防止措置を伴う起訴猶予を広範に活用する、という方針自体の妥当性も疑われることになる。
40) 特に裁判員対象事件では、手続二分制度を採用することが実際上可能か、という難問が存在する。

とになると思われる。

　調査の実施機関については、①捜査・訴追機関とは切り離さなければならないこと、②処遇にあたり調査資料を十分に活用できるようにしておけば、調査と社会内処遇を同一主体に統合しておく必要は必ずしもないこと、③家庭裁判所調査官制度が相当の実績をあげていることを理由に、裁判所所属の調査専門官という構想をとるのが妥当だ、という意見がある[41]。たしかに検察庁に所属する社会福祉士等が調査の担い手になれば、指摘されるような懸念が妥当するだろう。しかし、同じ法務省内にあるとはいえ別組織である、保護観察所や少年鑑別所が担い手として相応しくないとまでいえるかは別の問題であろう。調査と処遇を同一主体が担うべきかは、少年事件において、家裁調査官が社会調査の過程で保護的ないし教育的措置を行っているように、調査の過程で同時に処遇を実施することを認めるかどうかにかかっているように思われる。この問題は宣告猶予制度の採用とも関連するが、刑事司法において少年司法と同様のことが許されるのかについてはなお検討が必要であろう。③についてはたしかに、家庭裁判所調査官制度を発展的に拡充し、刑事裁判所にも調査官が配属されるというモデルが、人材育成の観点からも最も現実的であるように思われる。少年事件が減少するなかで、犯罪に関わるアセスメントの技術を伝承していくという観点も、この構想を後押しするだろう。

6　結びに代えて

　本稿では、情状鑑定では賄えない、判決前調査制度導入の必要性がある、との認識を前提に、かつての論争を踏まえて、いかなる制度が構想できるのかを検討してきた。しかしなお不十分にしか論じられなかった点も残った。とりわけ、手続二分制度の実現可能性、さらに調査の担い手をどう構想するのかについては更なる検討が必要となる。今後の検討課題としたい。

---

41) 鈴木・前掲注27) 605頁。

◎第4章　刑事司法と人間行動科学
3　必要的判決前調査の提案 ──

3.1　スーパー・デュー・プロセスと判決前調査──減軽専門家を中心に

笹倉香奈 Kana Sasakura

(甲南大学)

1　はじめに

　本稿は、アメリカの死刑事件における「スーパー・デュー・プロセス（超適正手続）」の議論と、死刑事件の弁護活動で特に重視されている減軽専門家（Mitigation Specialist）を紹介するものである。

　まず「スーパー・デュー・プロセス」の概念について紹介した上で、死刑事件における減軽専門家の役割について概説し、広い意味での判決前調査のあり方について日本に対する示唆を得ることとする。

---

1) 詳細は、笹倉香奈「死刑事件の手続」法学セミナー 732 号（2016 年）46 頁を参照。この言葉を初めて用いた論稿とされているのが、Margaret Jane Radin, Cruel Punishment and Respect for Persons: Super Due Process for Death, 53 *S. Cal. L. Rev.* 1143 (1980) である。スーパー・デュー・プロセスに関連する最近の論稿として、田鎖麻衣子「死刑事件における適正手続」季刊刑事弁護 83 号（2015 年）120 頁、同「弁護人の効果的な援助を受ける権利」一橋法学 16 巻 2 号（2017 年）特に 73 頁以下、四宮啓「日本における死刑量刑手続について」『曽根威彦先生・田口守一先生古稀祝賀論文集・下巻』所収（成文堂、2014 年）810 頁以下、デイビッド・T・ジョンソン（田鎖麻衣子訳）「死刑は特別か？」同『孤立する日本の死刑』（現代人文社、2012 年）125 頁、本庄武「裁判員時代における死刑事件のデュー・プロセス」季刊刑事弁護 64 号（2010 年）70 頁など。

2　スーパー・デュー・プロセスとは

「スーパー・デュー・プロセス」は、死刑事件に関する特別の手続的保障としてアメリカにおいて提唱されている概念である[1]。

アメリカでは、「死刑は特別（death is different）」であり、死刑事件の手続は特別なものでなければならないとされている。死刑制度の違憲性に関するファーマン判決（1972年）[2]とグレッグ判決（1976年）[3]以降の連邦最高裁判所の判例で確認され、発展してきた概念である。

1978年のロケット判決[4]で当時のバーガー連邦最高裁判所長官は、死刑事件では被告人ひとりひとりをかけがえのない個人として尊重してあつかうことが非死刑事件と比べてはるかに重要であると言及し、その理由として死刑がその他の刑罰とは質的に全く異なること、不可逆的であることを挙げている。

特別な刑罰である死刑事件には適正手続がより手厚く保障されなければならない。「超適正手続」すなわちスーパー・デュー・プロセスが保障されなければならないのである。

「スーパー・デュー・プロセス」は確定的な概念ではない。その内容については、日々法廷において争われ確認されてきた。連邦最高裁が諸判例によって明らかにしてきた死刑事件におけるより手厚い手続保障の理念が、狭い意味でのスーパー・デュー・プロセスである。例えば、被告人は犯行後の事情を含め、無制限に減軽証拠を提出できる[5]。

憲法上要請される特別の手続保障があるのみならず、各州の立法や運用によって死刑手続にはさらなる手厚い手続保障がなされている。これを、死刑事件について認められた広義のスーパー・デュー・プロセスということができる。

---

2) *Furman v. Georgia*, 408 U.S. 238 (1972).
3) *Gregg v. Georgia*, 428 U.S. 153 (1976).
4) *Lockett v. Ohio*, 438 U.S. 586 (1978) at 605.
5) 田鎖・前掲注1論文（2017年）73頁。

死刑事件の量刑手続には、以下のような特徴がある。第一に、死刑事件については、事実認定審理と量刑審理が分けられ、二段階の審理手続（bifurcated trials）が行われる。いずれの審理にも陪審員が関与する。原則として、死刑を科すという判断は陪審員の全員一致制でなければならない[6]。

　第二に、陪審員は死刑を科すか科さないかについて裁量権を有するものの、行きすぎた裁量権の行使を規制するために、量刑には一定のガイドライン（「指針付き裁量」）が存在する。適正なガイドラインの存在により、量刑の恣意性が排除される。

　第三に、量刑審理においては、加重事情と減軽事情が詳細に審査される。特に減軽事情については、行為および行為者に関連性がある全ての証拠の提出が認められねばならないし、そのようにして提出された証拠は、陪審によって実質的に考慮されねばならない[7]。量刑は、適正な指針に基づいて行われ、恣意的に死刑が言い渡されないようにしなければならないだけではなく、行為者それぞれの個別的な事情が十分に考慮されなければならない。被告人から提出される減軽証拠はすべて採用されねばならないし、量刑上、その考慮を妨げられない[8]。減軽事情の調査は、弁護人の義務でもある（後述）[9]。

　さらに、死刑判決については上訴審での見直しが十分に行われる。多くの州には自動的な直接上訴制度が存在し、事実認定および量刑両方について被告人の意思とは関係なく、自動的に上訴が行われる。その後も連邦最高裁判所への裁量上告、州の裁判所への人身保護請求と上訴、連邦最高裁

---

6)　近年の議論の展開について、笹倉香奈「死刑事件における量刑の全員一致制について――アメリカの最近の状況を中心に」『浅田和茂先生古稀祝賀論文集・下巻』所収（成文堂、2016年）を参照。

7)　*Lockett v. Ohio*, 438 U.S. 586 (1978) at 604-605.

8)　田鎖・前掲注1論文（2017年）73頁、*Lockett v. Ohio*; *Eddings v. Oklahoma*, 455 U.S. 104 (1982).

9)　*William v. Taylor*, 529 U.S. 362 (2000); *Wiggins v. Smith*, 539 U.S. 510 (2003); *Rompilla v. Beard*, 545 U.S. 374 (2005); *Porter v. McCollum*, 558 U.S. 30 (2009); *Sears v. Upton*, 561 U.S. 945 (2010).

への裁量上告、連邦の裁判所への人身保護請求手続（連邦地裁、連邦巡回区控訴裁判所、連邦最高裁への裁量上告）がある。つまり全部で9段階の手続があることになる。

　死刑弁護のあり方については、アメリカ法律家協会（以下、ABA）に特別なガイドラインがある。2003年に公表された「死刑事件弁護人の選任と任務のためのガイドライン」である（以下、「2003年ガイドライン」という）[10]。本ガイドラインの初版は1989年に公表された（以下、「1989年ガイドライン」という）[11]。さらに、減軽事情の調査については「死刑事件弁護チームが果たす減軽機能のための補足的ガイドライン」が2008年に公表された（以下、「2008年補足ガイドライン」という）[12]。死刑事件の徹底的な調査のために、被告人に対しては非死刑事件に比して手厚い資金補助が行われている。多くの州では被告人に対する公的弁護費用に制限がない。

　究極の刑罰である死刑事件においては、事実認定のみならず量刑の誤判も絶対にあってはならない。そのためにアメリカでは特に手厚い手続保障を行ってきたのであり、そこで発展したのが「スーパー・デュー・プロセ

---

10) American Bar Association, *Guidelines for the Appointment and Performance of Defense Counsel in Death Penalty Cases* (2003), available at: http://www.americanbar.org/content/dam/aba/migrated/2011_build/death_penalty_representation/2003guidelines.authcheckdam.pdf (last accessed on Dec. 1, 2017, 田鎖麻衣子訳「日弁連・死刑事件弁護セミナー」（2013年））。

11) American Bar Association, *ABA Guidelines for the Appointment and Performance of Counsel in Death Penalty Cases* (1989), available at http:// www.abanet.org/deathpenalty/resources/docs/1989Guidelines.pdf. (last accessed on Dec. 1, 2017)

12) ABA, *Supplementary Guidelines for the Mitigation Function of Defense Teams in Death Penalty Cases* (2008), available at: https://www.americanbar.org/content/dam/aba/uncategorized/Death_Penalty_Representation/Standards/National/2008_July_CC1_Guidelines.authcheckdam.pdf (last accessed on Dec. 1, 2017)これらのガイドラインの発展については、田鎖・前掲注1論文（2017年）74頁。

13) 弁護権の拡充が近年のアメリカにおける死刑判決や執行数の激減をもたらしていることにつき、Brandon L. Garrett, *End of Its Rope : How Killing the Death Penalty Can Revive Criminal Justice* (Harvard, 2017) Ch. 5. なお、アメリカにおける死刑の衰退については、笹倉香奈「世界における死刑制度の潮流──アメリカの死刑制度を中心に」月刊

ス」という概念であった[13]。

3　減軽事情の調査

　スーパー・デュー・プロセスを保障するために、死刑事件における弁護活動の中でも特に重要なのが減軽事情(mitigation)の調査である。典型的な減軽要素として考慮される事情としては、精神疾患、精神への影響のある疾患、知的障害、神経学的欠損、子ども期の精神的・身体的虐待やネグレクト、貧困、移住、行為時に若年であったこと、行為時に強要を受けていたこと、行為への関与の程度、前科前歴、悔悟の程度、善性格、施設収容時の善行、施設収容の影響、将来的な危険性の程度などが挙げられる[14]。

　以下、減軽事情の調査を行う際に特に重要な役割を果たしている減軽専門家（Mitigation Specialist）の状況について詳しく見ていくことにする。

(1)　減軽専門家 (Mitigation Specialist) とは

　ABAの2003年ガイドラインは、死刑弁護の際にチーム制を採ることを推奨し、チームは「（ガイドライン5.1条に規定される資格要件を満たす）2名以上の弁護人、調査員1名、そして減軽専門家1名」で構成されねばならないという（2003年ガイドライン4.1条(A)(1)）。2003年ガイドライン4.1条のコメントには、減軽専門家が「死刑事件の手続を通じて弁護チームの不可欠な構成員であり」、「減軽専門家を用いることは現在では〔死刑事件における〕『弁護の標準(standard of care)』の一部となっている」と言及されている。「減軽専門家は、法律家が持ち得ない臨床スキルや情報収集能力を有しており、訓練を受けている。被告人が通常なら明らかにしないような繊細な、しばしば彼にとって恥かしい事実を裏付ける証拠（例

大阪弁護士会139号（2016年）19頁、同「アメリカ合衆国における死刑制度の現状」自由と正義68号（2015年）31頁。
14) Pamela Blume, A New Profession for an Old Need: Why a Mitigation Specialist Must Be Included on the Capital Defense Team, 31 *Hofstra L. Rev.* 1143 (2003) at 1146; 2003年ガイドライン10.11(F)。

えば家族内での性虐待)を得るための時間と能力を有している。また、先天的、精神的、神経学的状態について発見し、これらが被告人の発達と行動にどのような影響を及ぼしてきたのか、被告人を診断し証言をしてくれる専門家として最もふさわしいのは誰かを判断する臨床スキルを有する」。

減軽専門家は、量刑段階の調査員(penalty phase investigator)とも呼ばれ、死刑事件の量刑段階のための証拠を作り提出するための訓練を受け、経験を積んだ者を指す。減軽専門家は通常、ソーシャルワークについての博士号または修士号を持ち[15]、心理学、人類学、歴史、法律学、ジャーナリズムなどの専門家も多い[16]。減軽専門家になるための資格は特に存在しないことから、減軽専門家の中には前職がプロベーションオフィサー、調査員、弁護士、心理学者、ジャーナリスト、人類学者など様々な者がいる。ソーシャルワーカーとして、特に「フォレンジック・ソーシャルワーク」に関わってきた者もいる[17]。

死刑事件の被告人は、しばしば貧困、ネグレクト、虐待などの経験者でもあり、少年時代に刑務所等に施設収容されていたこともある。ソーシャルワーカーは大学において貧困、ネグレクト、虐待などについて教育を受けている。従って実際の事件においてもこれらの問題を特定し分析することができる[18]。

また、調査対象者と信頼関係やラポールを形成する訓練を受けており、そのスキルも高い。

アメリカで弁護士事務所などにおいて仕事を行う調査員（Investigator）は減軽専門家とは違い、調査を遂行する能力は持っているが、前職が警察官である者などが多く、ソーシャルワークの教育・訓練を受けていない。従って死刑事件の事実認定（いつ、どのようにして事件が起こったのか）

---

[15] Subcommittee on Federal Death Penalty Cases, Committee on Defender Services, Judicial Conference of the United States, *Federal Death Penalty Cases: Recommendations Concerning the Cost and Quality of Defense Representation* (1998) at 15, 26 ("Spencer Report").
[16] Emily Hughes, Mitigating Death, 18 *Cornell J.L. & Pub. Pol'y* 337 (2009) at 340.
[17] Id., at 344-345.
[18] Id., at 345.

に関する調査を行うことはできるが、「なぜ」その事件が起こったのかを調査する能力はない。事件の背景にある事情を専門的観点から調査することができるのは、減軽専門家だけなのである[19]。

　減軽専門家は死刑事件において、被告人のライフ・ヒストリー（生活史）について幅広い調査を行うとともに（ライフ・ヒストリーの調査に当たっては、被告人の家族、学校の教員、友人、その他生活に関わるすべての者から情報が収集される）、心理学者、精神科医その他の医学者による評価が必要な点を明らかにし、さらにその他、弁護人が必要な専門家や資料を特定する手助けを行う。多くの場合、減軽専門家は死刑事件の量刑段階で必要な情報の収集の手助けをするが、公判において証言を行う場合もある[20]。これらの情報の収集が、答弁取引の際に必要になることもある[21]。

　死刑事件で事実認定を行う陪審員たちは、すでにメディアの報道などによって犯罪や犯罪者に対するバイアスをもっている。テレビドラマなどでは犯人の個人的な事情が描かれることはほとんどなく、非人間的な「悪魔」として扱われる。犯罪の社会的な背景についても描かれない。このようなバイアスは、犯罪報道においても存在する。犯罪の背景にある社会的・経済的な問題には言及されない。報道の情報源は捜査機関側であることが多く、被告人の個人的な事情については報道されない。このような流れに対抗して被告人個人の事情のみならず社会的・経済的な犯罪の背景に目を向け、広い観点から死刑事件において被告人を「人間化」するのが減軽事情の役割であり、減軽専門家の仕事である[22]。

(2) 減軽専門家の重要制の確立

　減軽専門家が死刑事件において多く起用されるようになったのは、比較的新しい現象である。

---

19) Helen G. Berrigan, The Indispensable Role of the Mitigation Specialist in a Capital Case, 36 *Hofstra L. Rev.* 819 (2008) at 828.
20) Spencer Report, *supra* note 15 at 26.
21) Hughes, *supra* note 16 at 344.
22) Craig Haney, Evolving Standards of Decency: Advancing the Nature and Logic of Capital Mitigation, 36 *Hofstra L. Rev.* 835 (2008) at 837-845.

すでに述べたとおり、連邦最高裁は1972年のファーマン判決以降、死刑事件におけるスーパー・デュー・プロセスを判例によって確立してきた。ファーマン事件やグレッグ事件では減軽証拠が陪審員たちに全く提示されておらず、判決の中でも当該事件における減軽事情への言及がない[23]。グレッグ判決以降の判例の積み重ねによって、減軽事情の重要性への認識が高まってきたのである[24]。

　減軽事情を考慮することの重要性について、最高裁は1976年のウッドソン判決[25]とそれを踏襲した1978年のロケット判決[26]ですでに認識を見せていた。ロケット判決では、被告人の若年性、前科、行為にあたっての限定的な役割などの減軽事情を排除するオハイオ州法の違憲性が問題とされた。最高裁は、被告人の特性や記録、行為の状況などの個別的事情は死刑よりも軽い刑罰を与える理由として考慮しうるとされた[27]。その後、スキッパー判決（1986年）[28]では、法定されている減軽事情を超えた、あらゆる事情を減軽要素として陪審員が考慮しても良いと判示した。減軽事情の中には、犯行後の事情（例えば死刑事件につき、勾留されている被告人の拘置所での善行）のようなものも含まれるとされた。

　ただし、個別的な事情の調査の考慮がなされうるとしても、当時の一般

---

23) なお、1970年代には減軽専門家の先駆けが登場した。例えば、カリフォルニア州のある弁護士は、死刑事件の調査のためにニューヨーク・タイムズ紙の元記者レイシー・フォスバーを雇っている。この事件については、Russel Stetler, The Mystery of Mitigation: What Jurors Need to Make a Reasoned Moral Response in Capital Sentencing, 11 *U. Pa. J. L. & Soc. Change* 237 (2007) at 248.
24) Haney, *supra* note 22 at 849. 以下、本項の記述に当たって Hughes, *supra* note 16 at 347-357 を参照した。
25) *Woodson v. North Carolina*, 428 U.S. 280 (1970).
26) *Lockett v. Ohio*, 438 U.S. 586 (1978).
27) Id., at 604.
28) *Skipper v. South Carolina*, 476 U.S. 1, 4-9 (1986).
29) Jesse Cheng, Capital Cases, *The Champion* 53 (2006); Haney, *supra* note 22. 当時の減軽事情の調査や死刑事件のチーム制の発展と展開については、Russel Stetler & Aurelie Tabuteau, The ABA Guidelines: A Historical Perspective, *43 Hofstra L. Rev.* 731 (2015) at 736. なお、1980年代には被害者遺族の権利を拡大するためのプログラムが検察等において拡充されていくことになったが、これらの成果が加重事情として

的な弁護人は、何を調査して良いか理解しておらず、その後試行錯誤をしてゆくことになった[29]。

　その指針となったのが、1989年以降のABAのガイドラインであった。1989年ガイドラインは「合理的に可能なすべての減軽証拠を収集すること」(11.4.1.(C)) を弁護人に求めている。そして、依頼者の病歴（出産時の外傷や発達遅滞含む）、家族史と社会史（身体的、性的、精神的虐待含む）、宗教や文化の影響はすべて関連性を有するし、依頼者の減軽事情に関わる証言を行いうるものに対する聞き取りが必要であると宣言した。減軽事情の発掘のためには幅広い調査が必要であるとされたのである。

　ABAの機関誌には1987年にはすでに、死刑事件におけるチーム制と減軽専門家が重要であること、弁護人が選任されたときから減軽専門家を雇い、減軽事情の調査を進めていくべきであることに言及する論稿が見られる[30]。

　このような流れにより、1990年代には死刑弁護を行う法律事務所に減軽専門家が雇用され、減軽事情の調査を広範囲に行う実務が確立していった。弁護士にはこのような調査はできない。

　2000年代には、連邦最高裁が三つの判例で減軽事情の調査の重要性について言及する。これらの事件はいずれも、十分な減軽事情の調査を弁護人が行わなかったときに、被告人の効果的な弁護を受ける権利が侵害されると判断されたケースである[31]。死刑の違憲性が争われる際に通常問題となる合衆国第8修正（残虐で異常な刑罰を禁止した条項）ではなく、効果

考慮されることについて、連邦最高裁判所は1990年代まで概して抑制的な態度を採用した。Hughes, *supra* note 16 at n.45. なお、その後、1991年のペイン事件（*Payne v. Tennessee*, 501 U.S. 801）で、被害者衝撃供述（Victim Impact Statement）が量刑を加重する証拠として認められることになった。その背景には「減軽事情と加重事情との均衡を保つため」という考え方が存在した。

30) James Hudson et al., Using the Mitigation Specialist and the Team Approach, *Champion* June 1987 at 33, 34 and 36. Jeff Blum, Investigation in a Capital Case: Telling the Client's Story, *Champion* August 1985, at 27 は、具体的な減軽事情の調査方法について説く。

31) 全体的な流れやより詳細な説明については、田鎖・前掲注1論文（2017年）75頁以下を参照されたい。

的な弁護を受ける権利（第6修正）違反が争われた事案であった。これらの事案を通じて、減軽事情の調査は、死刑事件における弁護人の義務とされることになった。

2000年のウィリアムズ判決[32]では、死刑事件の弁護人が減軽事情についての広範囲な調査を行わない場合には、効果的な弁護に関する基準（ストリックランド基準）[33]を満たさないとされた。

2003年のウィギンズ事件[34]では、心理学者へ相談し、社会福祉局と判決前調査の記録のみを収集して減軽証拠として提出した弁護人の活動が十分であったかどうかが問題となった。最高裁は弁護人の弁護が効果的であるか、実効性があるかについて1989年ガイドラインが参照されるべきであると判断した。そして、被告人の社会史について十分な調査を行わなかった弁護人の弁護は「効果的ではなかった」と判断した。

さらに、2005年のロンピヤ事件[35]では、当該事件における弁護人の減軽事情の調査が十分ではなく、弁護人は検察官が量刑手続において用いることになっていた前科記録を入手しその内容を精査するべきであったと判断された。

さらに前述のとおり、ウィギンズ判決と同年にはABAの2003年ガイドラインが公表され、減軽専門家が死刑弁護チームの不可欠な構成員であり、減軽専門家を用いることが「弁護の標準」とされたのであった。

その後の2008年補足ガイドラインでも、死刑事件の弁護チームの減軽機能について、補足的な指針が示された。同ガイドラインは、罪体と量刑の減軽に関する調査を行い、減軽のための手段を模索し、それらの成果を

---

32) *Williams v. Taylor*, 529 U.S. 362 (2000) at 395-97.
33) *Strickland v. Washington*, 466 U.S. 668 (1984)が打ち立てた「ストリックランド基準」は、合衆国憲法第6修正にいう「弁護人の援助を受ける権利」が「弁護人の効果的な援助を受ける権利」を意味するということを前提にした上で、①弁護人の活動が客観的に見て合理的な基準を下回っていたか、②もし弁護人が適切な活動をしていれば、裁判の結果が異なるものとなっていたという合理的な可能性があるかどうか、という基準に基づいて権利の侵害がなかったか否かを判断する。
34) *Wiggins v. Smith*, 529 U.S. 510 (2003) at 395-399.
35) *Rompilla v. Beard*, 545 U.S. 374 (2005).

事実認定者に効果的に伝達することは、弁護人の義務であるという。また、弁護人は減軽専門家に対し、その職務に関連する法律（当該死刑事件に関する理解、弁護側が取り得る主張、適用される死刑関連の立法と重要な州法・連邦法上の原則、死刑事件における証拠開示のルール、証拠法上のルール、手続的な制限、守秘義務、特権、開示、保護などに関するルール）について知らしめる義務がある（同ガイドライン 4.1(D)）とされた。そして、依頼者のライフ・ヒストリーの調査をすることができる能力を持った者が必要であることなど、弁護チームのメンバーとなるために必要な能力や資格について具体的な規定が置かれた（同ガイドライン 5.1）。

1976 年に連邦最高裁が初めて減軽事情の重要性に言及した 30 年後に至って、広範な減軽事情の調査が死刑事件において不可欠であることが確認された。

(3) 減軽専門家の組織の形成

減軽事情の調査はかくして専門家によって担われるようになり、職業集団としての減軽専門家の組織も設立された[36]。

1992 年に全国量刑弁護協会 (National Association of Sentencing Advocates, NASA) が設立され、量刑プロジェクト (The Sentencing Project) の支援を受けて活動を開始した。その後、NASA は全米リーガルエイド・弁護協会の弁護部門の中に入り、全米量刑弁護・減軽専門家協会 (National Alliance of Sentencing Advocates & Mitigation Specialists, NASAMS) に名称を変更した。研修やコンサルテーションを提供するとともに、メンバーのみに配信されるメーリングリストを使った情報の共有などを行っている[37]。

---

36) Emily Hughes, Arbitrary Death: An Empirical Study of Mitigation, 89 *Wash. U. L. Rev.* 581 (2012) at 613-614.
37) http://www.nlada.org/NASAMS (last accessed on Dec. 1, 2017)

(4) 減軽専門家の調査

それでは、減軽専門家はどのような調査を行うのであろうか[38]。

減軽専門家の基本的な義務は、被告人のライフ・ヒストリー全体を調査すること、そして減軽事情に関連するすべての問題を調査することである。ライフ・ヒストリーの調査を行うためには、関連するすべての記録等を収集するとともに、被告人および被告人の生活・発達上重要な関わりを持ったすべての人たちへの聞き取りを行う必要がある[39]。従って減軽専門家の調査には何ヶ月もかかる[40]。

減軽専門家は、被告人の知的障害や精神疾患の有無について調査を行うとともに、被告人が通った学校の制度、コミュニティの状況、被告人に介入した公的機関についての調査、専門家の診断が必要な領域の特定、精神疾患の専門家が意見を行うための前提事情の調査、陪審の選定・事実認定・量刑などの陪審裁判の準備を行う。さらに被告人の家族と弁護人との間の関係や被告人との関係やラポールを形成する[41]。

精神的な疾病の徴候があるときには三代遡って、家族における精神病のパターンやその影響、精神病へのかかりやすさ、薬物依存、貧困、環境毒素への暴露、その他健康に影響する事情が被告人やその家族になかったかを調査する。

ライフ・ヒストリーの調査を行う場合には、文化、階級、人種、エスニシティ、出身国、ジェンダー、宗教、その他被告人個人や、被告人が属する集団・コミュニティのアイデンティティについても聞き取りを行う必要がある[42]。

---

[38] 減軽事情の調査の内容を 12 段階に分けて概観したものとして、Natman Shaye and Roseann Shaye-Glos, Mitigation in the Death Belt—Twelve Steps to Saving Clients' Lives, *Champion* July 2005 at 18 がある。

[39] Richard G. Dudley, Jr. & Pamela Blume Leonard, Getting It Right: Life History Investigation as the Foundation for a Reliable Mental Health Assessment, 36 *Hofstra L. Rev.* 963, 966 (2008). 以下、本項の記述は基本的に同論文と Jose Ashford and Melissa Kupferberg, *Death Penalty Mitigation* (Oxford, 2013) を参照した。

[40] Berrigan, *supra* note 19 at 827.

[41] Paul J. Bruno, The Mitigation Specialist, *Champion* June 2010 at 27.

[42] Dudley & Leonard, *supra* note 39 at 966-967.

収集する記録には写真、ビデオ、思い出の品などが含まれる。家族の死や誕生に関する記録、教育、宗教、スポーツやレクリエーションへの参加、医療・精神医療の診療などの記録、薬物依存や治療、心理学的診断や治療、社会福祉、年少時からの非行歴や犯罪歴、従軍記録、刑務所への拘禁の記録、移民、環境毒素への暴露の記録などがその例である。被告人だけではなく、被告人の兄弟姉妹、両親、祖父母、その上の世代や、いとこ、叔父叔母などの調査も行われる[43]。

　例えば、次のような調査が行われることになる。被告人の母親が10代の頃から飲酒をしていたという記録が出てくると、減軽専門家は、母親やその家族、友人の飲酒について問題視し、特に母親が妊娠中に飲酒していたのではないかという疑問を持つ。この点を確認するため、母親の学校の記録、医療記録、特に妊娠中・妊娠後の記録、精神病や依存症の治療の記録、被告人の出生記録、小児科の受診記録、被告人の学校の記録、社会福祉や児童保護機関の記録を集めることになる。さらに母親と被告人の家族、隣人、職場の同僚、保育者などへの聞き取りが行われ、母親の妊娠中の飲酒が被告人にいかなる影響を与えたのかが調査される。このような調査を経て、被告人は胎児性アルコール症候群の影響下にあるのではないかとの結論になれば、適切なメンタルヘルスの専門家による診断が必要であるということになる[44]。

(5) 課題

　以上のようにしてアメリカでは死刑事件の減軽事情の調査が弁護人の義務であること、専門的観点から広範な調査を行う減軽専門家が重要であることが認められるに至った。しかし、同時に、減軽事情の調査の問題点や課題も明らかになっている[45]。

　最大の問題点は資源である。多くの減軽専門家は、十分な資金が与えら

---

43) Id., at 971-972.
44) Id., at 973.
45) Hughes, *supra* note 36は、死刑を存置する25の州で30人の減軽専門家に対して行った実態調査の結果を記す。

れないことや負担が非常に重いことから、連邦最高裁の判例が要求するような広範な調査をすることが困難であるという懸念を表明している[46]。弁護人が減軽専門家の選任とその費用の支払いを裁判所に対して求めた場合に、裁判所が却下することもある。このような場合には弁護人自身が減軽事情の調査を行うことを余儀なくされる。あるいは減軽専門家が選任されるも、調査費用が十分に与えられないというケースも存在するようである。

　第二の問題は、弁護人自身が減軽調査の重要性を理解していないというケースが現在なお一部に存在することである。そもそも減軽証拠の必要性に懐疑的な弁護人や、収集された減軽証拠の陪審に対する提示方法が悪いため、減軽事情と当該事件との関連を説明できない弁護人などが存在する。このような事件で後に当該弁護人が効果的な弁護をしていなかったという主張が通るとしても、その間、被告人は死刑確定者としての扱いを受けることになる[47]。

　これらの問題に対しては、死刑事件を担当する弁護士や裁判官に対する研修の強化を行うこと、そしてABAのガイドラインを各州において導入することが提案されている。例えば連邦の死刑事件に対するリソースや個々の事件に対するアドバイスを提供する組織（連邦死刑リソース弁護人プロジェクト、Federal Death Penalty Resource Counsel Project）[48]を各州や地域でも創設するなどの提案がある[49]。

　また、コストの問題については、減軽専門家を使うことで、かえってコストが低くすむとの主張が裁判官からも行われている[50]。減軽専門家の一時間あたりの請求額は弁護士よりも安価である。膨大な資料や情報の収集を減軽専門家に任せ、弁護人が関連性のある証拠や情報のみに集中すれば、コストは遙かに低く抑えられる。さらなる専門家の意見を聞くことが必要な事項が出てきた場合、減軽専門家は必要な専門家に対して必要なことを

---

[46] Id., at 620.
[47] Id., at 624-625.
[48] https://fdprc.capdefnet.org/ (last accessed on Dec. 1, 2017)
[49] Hughes, *supra* note 36 at 631.
[50] Berrigan, *supra* note 19 at 828-829.

聞くために質問をまとめることもできる。減軽専門家の調査の結果、そもそも公判が開かれないことになれば、刑事司法全体のコストも低く抑えられることになる。

4 結語

　以上のとおり課題はあるものの、アメリカの死刑事件においては広範な減軽事情の調査が弁護人の義務であるとの法理が確立しており、減軽事情をくまなく調査する減軽専門家が不可欠な存在とされていることが明らかである。

　死刑事件が特別であることには疑問の余地がない[51]。そうであるとすれば、死刑事件についてはアメリカと同様、特に手厚い手続的保障を行いつつ、死刑を回避すべき事情についても詳細な検討を行う必要があるだろう[52]。減軽専門家は、その重要な一翼を担うべき存在である。

　なお、近年、アメリカでは非死刑事件でも減軽専門家を活用した詳細な量刑の検討を行うべきではないかとの議論が活性化している。この議論状況については紙幅の都合上、別の機会に検討したい[53]。

---

51) 最決平成27年2月3日刑集69巻1号99頁など。
52) 笹倉・前掲注1論文46頁、後藤貞人「死刑事件の審理の在り方」佐藤博史編『捜査と弁護』（岩波書店、2017年）343頁など。
53) Miriam Gohara, Grace Notes: A Case for Making Mitigation the Heart of Noncapital Sentencing, 41 *Am. J. Crim. L.* 41 (2013) などを参照。

◎第4章　刑事司法と人間行動科学

3　必要的判決前調査の提案 ——
3.2　少年法20条2項事件と判決前調査

岡本吉生 Yoshio Okamoto

（日本女子大学）

　いわゆる原則逆送の規定が盛り込まれた2000（平成12）年の改正少年法によって、重大事件を起こした少年が刑事裁判を受けることになった。それに伴っていくつかの制度上の課題が浮上しているように思われる。本稿では、その課題について整理し、人間行動科学の視点から判決前調査の必要性について触れる。

1　改正前の少年法における検察官送致に関する考え方と要件

　最初に、少年法における検察官送致の考え方や要件を確認するために、改正前における規定を振り返っておく。改正前の少年法において検察官送致は20条で次のように規定されていた。

　「家庭裁判所は、死刑、懲役又は禁錮にあたる罪の事件について、調査の結果、その罪質及び情状に照して刑事処分を相当と認めるときは、決定をもって、これを管轄地方裁判所に対応する検察庁の検察官に送致しなければならない。但し、送致のとき十六歳に満たない少年の事件については、これを検察官に送致することはできない」。これは次のように要約される。①検察官送致のとき少年が16歳以上であること、②死刑、懲役または禁錮にあたる罪の事件であること、③罪状および情状に照らして刑事処分が相当であることであるが（刑事処分相当性）、さらに、④犯罪事実の存在については蓋然的心証で足りるとされることである。

16歳以上の少年が②の罪を犯したとき、家庭裁判所が保護処分とするか刑事処分とするかの判断には次の二つの主張がある。一つは、保護が可能である限り保護処分で臨み、刑事処分の選択は保護不能の場合に限られ、家庭裁判所はその当否を検討すべきであるとする考え方である。保護処分が優先されるこの考え方は一元論と呼ばれる。これに対して、保護処分による矯正が必ずしも不可能ではないが、犯罪行為が重大であり、保護処分で対処するのが不相当であると認める場合には刑事処分とするという考え方がある。これは、刑事処分は保護処分と並列的な関係にあるとし、二元論と呼ばれる（大森，1979）。実務的には二元論がとられることが多く、少年事件であっても事案が重大なときは社会正義の観点を吟味して検察官送致の有無が判断される。したがって、少年法改正前の実務では、家裁調査官が要保護性に関する調査や評価を行い、裁判官が、事案の重大といった社会的影響を含めて、総合的に刑事処分相当性を判断し決定する。
　ここで問題となるのが要保護性の概念である。要保護性とは、将来再犯を繰り返す危険性がどれくらいあるか（累非行性）、保護処分を行うことで保護の効果をあげ得る見込みがどれだけあるか、あるいは保護が少年の非行性を低減あるいは除去できるか（矯正可能性）、保護処分による措置が最も有効適切な手段であり、福祉的措置や刑事を科さないことが社会の法感情にかなっているかどうか（保護相当性）という3つの構成要素から成り立っていると言われている（早川，1967; 平井，1954）。しかし、これらの3要素は同列に扱われるものではなく、家庭裁判所ではもっぱら非行反復の危険性のみを判断すべきであるとする見解（平場，1987）や、累非行性や矯正可能性は人間行動科学の守備範囲内にあり、保護相当性は規範的な価値判断であることから、社会感情を考慮する保護相当性を要保護性に加えるべきではないとする見解（武内，2015）もある。その点からすると、2000年の少年法の改正は、まさに社会的反響や影響の大きい事件に限っては原則として検察官に送致するという、まさに保護不適（保護不相当）が家裁での決定原則となった（司法研修所，2006）。

2　少年法20条2項事件——いわゆる原則逆送事件

　少年法20条2項は「原則検察官送致決定」あるいは「原則逆送」などと言われ、2000年に17歳の少年によって世間の耳目を引く凶悪事件が立て続けに起こったことにより、法曹三者によって長年議論されてきた審判制度の改定とは全く別次元のところで議員立法によって制定された。そのためか、少年法20条2項はいくつかの課題を抱える条項となっている。
　原則逆送は、少年法20条に「故意の犯罪行為により被害者を死亡させた罪の事件であって、その罪を犯すとき16歳以上の少年に係るものについては、同項の決定をしなければならない。ただし、調査の結果、犯行後の情況、少年の性格、年齢、行状及び環境その他の事情を考慮し、刑事処分以外の措置を相当と認めるときは、この限りでない」という2項が付け加えられたことにある。故意の犯罪行為によって被害者が死亡した事件とは、殺人事件、傷害致死、強盗致死、逮捕・監禁致死など、被害者が結果的に死亡した事案のことを指し、加害者の犯行動機が何であれ被害者の死亡という重大な結果を招いたら、少年が16歳以上の場合、家庭裁判所は事件を検察官に送り、起訴強制によって少年を刑事裁判および審議にかけるというものである。したがって、原則逆送事件では、ひとまず二元論は否定される。では、家庭裁判所では何を基軸に原則逆送事件の検察官への送致の有無を判断するのだろうか。
　北村（2004）によると、原則逆送対象事件においてもっとも重要な要素は、刑事事件において一般的に量刑事情にあたる各要素のうち犯罪行為自体に関する情状、すなわち「狭義の犯情」を中心に考慮することであるという。狭義の犯情とは、犯行の動機、方法および態様や、犯罪結果の大小・程度、数量、共犯性の程度のことを指している。この場合、家裁調査官の調査を経なければならないことは、「調査の結果」と明記されていることから明らかである。刑事裁判所で家裁調査官の調査結果が量刑資料に用いられる必要があることからも家裁調査官の調査は必須と考えられている。この場合、家裁調査官の調査は、2項ただし書きに記載されているように、

「犯行後の情況、少年の性格、年齢、行状および環境その他の事情」を対象としなければならない。

　ここでいくつかの疑問に直面する。まずは、家裁の検送判断に必要とされる狭義の犯情と家裁調査官の調査の範囲とが一致しない点である。第2項ただし書きに記載されている「犯行後の情況、少年の性格、年齢、行状及び環境その他の事情」のうち、「少年の性格、行状及び環境」は、「（狭義の）一般情状」に該当する事項である（上野, 2006）。家裁調査官の調査が要保護性の調査を担当することだとすると、これまで少年事件の社会調査ではあまり扱わなかった、事件に対する社会感情や被害者感情をも調査することになる。下坂（2002）は、原則逆送の制度化に伴って改めて要保護性の概念を問い直さざるを得なくなり、その結果、社会感情の調査は不慣れであるとしつつも、①学校訪問や教師の調査で、登下校の状況や警察の巡回警備などの事件が学校生活に与えた影響等についての情報収集、②家庭訪問や保護者調査で、事件による地域社会の少年等に対する糾弾の程度や少年側から見た遺族の状況と被害感情の程度についての情報収集、③付添人との面接で、遺族等の状況と被害感情の程度についての情報収集、④マスコミ報道から世論の動向の把握などを調査するようになったと述べている。そして、これと並行して、被害者調査も、次第に「少年及び保護者に自己の責任についての自覚を深めさせる」という名目で対象となっていったようである。

　これらは家庭裁判所の概念でいえば、前項で述べたように保護相当性の判断資料となるものであり、刑事裁判では一般情状の範囲にあたるものと考えられる。いずれにしても、家庭裁判所において原則逆送を判断するための狭義の犯情に比べて、はるかに広い範囲である。このように、少年法20条2項の規定の新設によって、裁判官が検察官送致を必要と考えるための判断材料と、その資料を提供する家裁調査官の調査の範囲とに齟齬を生じさせるようになったと考える。

　第2の疑問は、少年の健全育成と保護を実現するための家庭裁判所が、逆送後の刑事裁判所において刑罰の原理を先取りすることが果たして妥当かという点である。どのような刑罰を与えるかはもっぱら刑事裁判所の仕

事であり、家庭裁判所は要保護性を中心に調査し刑事処分の可否を総合的に判断すべきではないだろうかという疑問である。家庭裁判所での処分の妥当性については、後に刑事裁判所によって少年法55条移送を判断するので、そこで判断してもらえばよいという考え方もあろうが、送られた側の刑事裁判所には人間行動科学の専門家はいない。そのため、刑事裁判所では原則逆送によって送られた少年刑事被告人の要保護性を判断する機能に欠けていると考えられるからである。

しかも、家裁調査官や鑑別所技官によって収集され分析された情報や資料はすべて非公開を前提としている。公開を前提とする刑事裁判所で家裁調査官による調査結果等が容易に披瀝されてしまうことは、情報提供者との約束違反になる恐れがある。そのため、少年や保護者には家庭裁判所の段階で、「後に公開される可能性があること」を伝えておく必要がある。非公開を原則とする家庭裁判所で例外を認める場面である。この場合、得られる情報に限りがある可能性があること、非公開を前提としているときに得られる情報と公開を前提としているときに得られる情報とでは、質的に異なる情報である可能性があることなどの調査構造上の違いを考慮しておく必要がある。

3　刑事裁判の側から見た原則逆送事件

原則逆送事件の受け手である刑事裁判から見ると、どのような課題があるのだろうか。少年法50条で、刑事裁判での審理は、少年法9条の趣旨、つまり人間行動科学の知見を用いなければならないとしている。刑事裁判における弁護人と検察官は少年調査票や鑑別結果通知書の意見欄を中心に証拠としての採用部分をどこにするかの協議を行う。この段階で、前述のように、非公開を前提にして得られた情報によって構成された意見の記載が、文脈を離れて独り歩きする危険がある。武内（2015）は、特に裁判員が行動科学の専門家による意見を正しく理解するためには、専門家に対する証人尋問が必要ではないかと主張している。しかし、家裁調査官や鑑別所技官を法廷で尋問することは、公務員としての守秘義務に抵触する恐れ

があることから、安易に家裁調査官等を法廷で証言させることは問題がある。そこで、社会調査や資質鑑別を専門とする情状鑑定人を選任し、専門家の視点から少年刑事被告人の性格や資質、生活環境等との関連から犯罪の動機や目的を明らかにし、その結果を専門家証言として量刑判断や処遇の方針に活かすことが考えられる。刑事司法のプロセスの中で少年刑事被告人がどのように変化してきたかの情報も処遇への反応性をみるうえで参考となる。

刑事裁判所で情状鑑定が採用された場合、鑑定事項は、通常、被告人の性格や行動傾向、さらには家族や地域との関係となり、これらは狭義の一般情状である。犯情に加えて狭義の一般情状までを情状鑑定の鑑定事項に含むのは、逆送事件の場合、少年法55条の家庭裁判所への移送の可能性を探るためにも必要である。このとき情状鑑定人の意見が、家裁調査官の意見や家庭裁判所の判断と異なることもありうる。

少年法55条の移送規定は、少年からすると、家庭裁判所で検察官送致となったことへの実質的な不服申立の規定であり（山口, 2010）、したがって、刑事裁判所では第55条移送の判断を実質審理と並行して判断されなければならないと考えられている。ここで改めて、保護処分の可能性があれば保護処分を優先すべきなのか（一元論）、保護処分と刑事処分を並列で考えるべきか（二元論）の議論が再燃する。

また、少年法55条の移送判断のタイミングも問題となる。同条では、「事実審理の結果、……保護処分に付するのが相当と認めるときは」と記載されていることから、第55条の適否の判断は、刑事裁判所で公判が開かれた後になると考えられる。しかしそうなると、公判によって衆人の前に晒される負担が少年に発達的リスクを負わせてしまう危険を承知しなければならない。このことから山口（2010）は、公訴事実の認定に先んじて保護処分相当性（刑事処分相当性）の判断を優先すべきであるという。

ここでさらに問題になるのは、少年刑事被告人が公訴事実を否認する場合である。改正少年法によって家庭裁判所で裁定合議制が導入されたとはいえ、家庭裁判所の犯罪事実の認定はあくまで蓋然性のレベルでもよいことから、刑事裁判所では改めて事実審理の中で犯罪事実の存否の認定をし

なければならない。

4　手続二分論

ところで、2009年5月から裁判員制度が始まったが、一般市民から選ばれた裁判員が、公訴事実と量刑判断を区別した判断が合理的にできるかどうかの懸念が話題となっている。裁判員裁判では少年事件を除外しておらず、裁判員法（裁判員の参加する刑事裁判に関する法律）の第2条で「死刑又は無期の懲役若しくは禁錮に当たる罪に係る事件、故意の犯罪行為により被害者を死亡させた罪に係るもの」と規定されていることから、ほとんどの原則逆送事件が裁判員裁判の対象となる。そのため、原則逆送となった少年刑事事件においても、公訴事実の認定と量刑判断の認定とをどのように峻別すべきかは重要な課題である。

この課題を解決する方策として、最近、事実認定手続（罪責認定）と量刑手続とを二分する手続二分論が注目されている。これは、罪責認定に量刑判断に必要な情報が入ることで生じる予断的情報を排除しようとする試みであると同時に、量刑判断に科学的知見を取り入れようとする目的を果たすための方策として考えられてきた。渕野（2015）によると、現在の刑事裁判では、検察官が冒頭陳述で量刑に関する主張を行うこと、証拠調べ請求の中に量刑判断の資料ともなる前科証拠が存在すること、たとえ前科証拠を審理終盤で行うにしても罪責問題も量刑問題も後でまとめて評議するので、量刑に関する証拠が罪責認定の判断に入り込むことを阻止できないこと、被害者意見陳述も罪責認定を行う評議の前に行われ、被害者は被告人が犯人であるとの前提で訴えることなどの理由から、罪責認定にどうしても量刑資料が混入し、正しい罪責認定ができないと主張する。

罪責問題と刑罰問題の区別は流動的で区別しがたく、起訴便宜上の訴訟負担があるといった否定的見解もあるが（今井，2013）、手続を二分することで、量刑手続の科学化や個別化が促進でき、処遇選択を考慮した判決も可能になるというメリットがある（渕野，2015）。少年の原則送事件についても、すでに罪責の認定が終了しているため、少年法55条の移送を

するかどうかの審議は、この段階でしっかりと行うことができる。そして、このまま刑事裁判所でどれくらいどのような刑罰を与えるのがよいか、それとも家庭裁判所での保護処分に期待するのがよいかの二元論的な思考も改めて可能となる。

処遇選択についての考慮も同様である。2006年に監獄法が「刑事収容施設及び被収容者等の処遇に関する法律」に改正され矯正施設において人間行動科学の知見を導入して科学的な処遇を行うことが明示された。そこでは、従来から行われてきた職業訓練を充実させるだけでなく、特別改善指導として、薬物依存離脱指導、暴力団離脱指導、性犯罪者再犯防止指導、被害者の視点を取り入れた教育などが専門分化して実施されるようになった（金子, 2012）。グループワークを活用したり家族療法の技法を取り入れたりして、受刑者の内省を促すなどの取組みもある。

このように、法改正により手続二分論が現実の刑事裁判で導入されることのメリットは、量刑判断について科学的な情報収集と専門的な分析による専門家証言が得られることであり、これはとりもなおさず、刑事訴訟法の第1条にある「基本的人権の保障の全う」に寄与することになる。ここに至り、判決前調査制度を導入する準備が整う。

5　必要的判決前調査

すでに述べてきたように、判決前調査は戦後の刑事裁判で導入が検討されながら、弁護士会の反対によって実施が見送られた。その論拠は対審構造が担保できない等の理由であった。確かに、1950年代の日本においては、対審構造によって弁護人が検察側の操作や誘導を厳しくチェックし冤罪を防止するには必要であった。それから時代が経過し、裁判員裁判や検察官の取調べの可視化が始まり、一般市民の刑事司法への介入が少しずつ可能となった。

その間、被害者の訴えとともに、刑事司法全体が刑罰強化の方向へ動いていった。刑罰強化は、被告人の再犯危険性を減じ、適切な処遇のあり方に寄与したわけでないことはすでに述べた。とはいえ、刑事司法への被害

者の参加は非常にインパクトがあり、その訴えは、概して感情的である。被害者の強い感情は、国民感情を動かし、2000年頃に成立した多くの法律（児童虐待防止法、ストーカー行為規制法、配偶者暴力防止法など）にみられるように、大きな力となる。しかしこのことが同時に、刑事裁判において事案の真相や被告人の実態を見誤る危険があることも承知しておかなければならない。刑事裁判がいわゆるポピュリズム化してしまうことは絶対に避けなければならない。

特に、一般市民が裁判体の一部を形成する裁判員裁判では、一時的な感情による判断のブレが危惧され、その点からも人間行動科学の知見による客観的な情報の提示が強く求められる。専門家証言が対審構造の中でなされるべきか職権主義的な構造でなされるべきか、どのような専門を有する者が刑事裁判の専門家として有用か、人間行動科学の専門家に何を明らかにしてもらいたいのか、報告のあり方は書面によるのか口頭で行うのか等の詳細な議論の中で、判決前調査制度の導入を検討すべき時機に来ていると考える。

6　人間行動科学の知見から見た犯情および要保護性の概念

最後に、刑事裁判において量刑判断の枠組みとなっている情状や類似概念と思われる要保護性の概念との照合を行い、さらに最近の人間行動科学の知見を照合することで、判決前調査における専門的知識の果たす役割について検討してみたい。

刑事裁判における情状とは、「刑事裁判所の刑の量定に必要とされる事情」（河本, 2012）であり、裁判員法第78条第3項では「犯行の動機、態様および結果その他の罪となるべき事実に関連する情状に関する事実」と記載されている。具体的には、刑事訴訟法第248条に記載されている「犯人の性格、年齢及び境遇、犯罪の軽重及び情状並びに犯罪後の状況」とされることが一般的のようである（岩井, 2013）。

刑事裁判で量刑判断に関する事実は、通常、犯情と一般情状とに分けられる。犯情は、罪刑法定主義により罪名によってすでに法廷刑として考慮

されている部分を除くと、「犯行の動機・目的、計画性、犯行の態様、犯行の結果、共犯関係があれば共犯者との関係とその加功の程度等の事情」となり、それが刑事裁判での証明責任とされる（原田, 2015）。とすれば、先に情状とした内容から犯情の部分を差し引いた残りが一般情状の内容ということになる。つまり、「犯人の性格、年齢及び境遇、犯罪後の状況」は一般情状に含まれる。一般情状には、それ以外にも、「一般予防や特別予防、損害賠償の有無、示談の成否といった刑事政策的な事情」の内容も含まれている（武内, 2015）。そして、一般予防には社会感情が含まれ、特別予防には再犯防止としての刑罰的措置や矯正や保護による処遇による効果が含まれると考えられる。

　このようにみると、情状として挙げられた事項が少年事件における要保護性（累非行性、矯正可能性、保護相当性）の概念と極めて類似しながらも、必ずしもぴったりと一致していないことが理解できる。表1の左側の部分は、事実に関連する事項ごとに情状と要保護性との関係を整理・分類してみたものである。このずれは、刑罰を犯罪行動の統制として用いる成人の刑事裁判と、保護や福祉を非行行動の予防手段と考える少年審判との違いによるものと思われる。少年の原則逆送事件に対して、刑事裁判所で少年法55条移送の判断をしたり量刑判断をしたりするには、この違いに留意しておく必要がある。

　さらに、判決前調査によって刑事裁判に人間行動科学の知見を用いるとすれば、再犯防止や犯罪者の可塑性を考慮した理論化が必要となる。例えば、再犯防止に関する最近の理論としてRNRモデルをとりあげてみる。RNRモデルは、再犯の削減や更生に効果的な処遇を展開するための3原則に基づくアセスメントや処遇方法論で、数々の実証研究をもとに体系化された理論・実践モデルである（Andrews & Bonta, 2015; Hodge & Andrews, 1996; 寺村, 2016）。RNRモデルとは、Risk原則（対象者の再犯リスクに応じた介入密度とのマッチングが再犯削減効果となる原則）、Need原則（対象者が必要とする処遇ニーズのうち、犯罪を誘発する動的リスクに焦点を当てた働きかけをすることが再犯削減効果となるという原則）、Responsivity原則（対象者の特徴に応じた処遇や指導法を計画して

表1 犯情、一般情状および RNR モデルとの関係について

量刑事実 (量刑判断となる事実)	情状の種類	要保護性	RNR モデル
犯行の動機・目的	犯　情	累非行性	Need 原則(②、③)
計画性			
犯行の態様			
共犯者との関係とその加功の程度			Need 原則(④)
犯行の結果		保護相当性 (累非行性)	
犯人の性格、年齢および境遇	一般情状	累非行性	Need 原則
再犯防止としての刑罰的措置		矯正可能性	Risk 原則
犯罪後の状況			Responsivity 原則
矯正や保護による処遇の効果			
社会感情、損害賠償の有無 示談の成否		保護相当性	

実施することが再犯削減に効果的であるという原則)の3原則からなっている。この原則の中で、Risk 原則と Need 原則は被告人の特性や環境に関するアセスメントによらなければ判明しない部分である。また、Need 原則としては、次の8つのリスク要因がセントラル・エイトと呼ばれ、犯罪者・非行者の再犯リスクを高めることが明らかとなっている。①反社会的行動の歴史(家庭内での違反行為なども含み、必ずしも前歴に限らない)、②反社会的人格パターン(衝動性、危険を好むなどの性格特性)、③反社会的認知傾向(犯罪傾向を好む態度、価値観、信念、アイデンティティ)、④反社会的仲間集団、⑤家族・結婚状況、⑥学校・職場、⑦余暇・レクリエーション、⑧薬物乱用である。

　RNR モデルの3原則のうち、Risk 原則は刑罰の種類や刑期の期間として反映されうる。Need 原則は犯人の性格や年齢および境遇に対応する項目群である。Responsivity 原則は処遇効果との関連で決まってくる。これらの関係を、先に情状と要保護性との関連で示した**表1**に加えて検討してみたところ、犯情に該当するのはごく一部であり、ほとんどが一般情状に関連する項目であることがわかる。また、要保護性との関係では、保護相当性に関連する項目は RNR モデルと一致する部分がない。したがって、

刑事裁判においてRNRモデルの3原則を再犯防止のためのひとつの手がかりとするならば、一般情状に関する情報が相当に必要とされなければならないことがここから理解できる。成人事件における再犯率の高さは、このような人間行動科学の知見を活かした裁判となっていないことと無関係でないかもしれない。

　また、RNRモデルの3原則に基づく資料は、被告人と専門的な関係で行う面接や心理テストの活用によって専門家が的確なリスクアセスメントをすることで得られる。現行では、人間行動科学の専門家による情状鑑定が細々とこれらのアセスメントを行っているだけであり、累犯者の再犯率の低下を目指すとすれば、従来の裁判で議論されてきた情状概念とRNRモデルのような人間行動科学を背景にした知見との整合性を図り、法律判断と人間行動科学の知見による専門家による判断との役割分担や分掌を明確にし、目的に応じた判決前調査の制度設計を行うべきであろう。

　原則逆送となった少年刑事被告人の場合は、さらに可塑性についての考慮も必要である。この点については、最近の脳科学の目覚ましい発展による示唆が参考になる。脳と犯罪行為とに関連性（村井, 2009; 繁信, 2015）や脳の発達段階でのストレスがその後のストレスへの脆弱性となること（村山, 2002）などから、青年期までの犯罪者への教育的措置は不可欠と考えられる。犯罪者の多くが児童期に虐待を受けた経験があることは知られているが、その被虐待体験が大脳白質髄鞘化による脆弱性の要因となる報告もある（友田, 2011）。また、犯罪抑制力に関わる背外側前頭前皮質（DLPFC）は大脳皮質の中でも最も成長が遅く、それは、20歳初期まで成長するといわれている（友田, 2017）。このような脳科学の最新知見は、検察官逆送となった少年刑事被告人に可塑性を考慮した対応を迫るものである。

《文献》

Andrews, D. A., & Bonta, J.（2015）. The Psychology of Criminal Condact, Fifth Edition. New York: Routledge.

Hodge, R. D., & Andrews, D. A.（1996）. Assessing the Youthful Offender Issues and Techniques. New York: Plenum Press.（菅野哲也（訳）『非行・犯罪少年のアセスメント』金剛出版、2012年）。

下坂節男（2002）:「200条2項事件の調査事務上の諸問題」（犯罪心理研究40（特別号））240〜241頁。

河本雅也（2012）:「情状の性質と鑑定の意義から」（青少年問題59（夏季号））8〜11頁。

岩井宜子（2013）:「量刑の在り方を考える」（法曹時報65（4））791〜811頁。

金子陽子（2012）:「受刑者処遇の現状」廣井亮一編『加害者臨床』所収（日本評論社）。

原田國男（2015）:「量刑事実の説明責任」（慶応法学31）1〜19頁。

今井朋子（2013）:「手続二分論の再考」（広島法学36（3））1〜14頁。

山口直也（2010）:「少年刑事被告人の刑事裁判のあり方に関する一考察」（立命館法学（3））175〜217頁。

司法研修所（2006）:『改正少年法の運用に関する研究』（法曹会）。

寺村堅志（2016）:「施設内処遇におけるRNRモデル」日本犯罪心理学会編『犯罪心理学事典』所収（丸善出版）。

上野正雄（2006）:「情状鑑定について」（法律論叢78（6））283〜288頁。

早川義郎（1967）:「少年審判における非行事実と要保護性の意義について」（家裁月報19（4））1〜25頁。

村井俊哉（2009）:「社会的行動障害の症候学」（高次脳機能研究29（1））18〜25頁。

村山隆志（2002）:「思春期を迎える子どもの症状から何を読みとるか」（心身医42（1））22〜27頁。

大森政輔（1979）:「検察官送致の実質的要件」（別冊判例タイムズ（6））186〜190頁。

繁信和恵（2015）:「前頭側頭葉変性症における軽犯罪」（日本認知症ケア学会誌14（3））606〜611頁。

武内謙治（2015）:『少年法講義』（日本評論社）。

渕野貴生（2015）:「手続二分論——余談排除と量刑の科学化」（法と心理15（1））

16 〜 22 頁。

平井哲雄（1954）：「非行と要保護性」（家裁月報 6（2））1 〜 35 頁。

平場安治（1987）：『少年法』（有斐閣）。

北村　和（2004）：「検察官送致をめぐる諸問題」（家裁月報 56（7））49 〜 114 頁。

友田明美（2011）：「児童虐待が脳に及ぼす影響――脳科学と子どもの発達、行動」（脳と発達（43））345 〜 531 頁。

友田明美（2017）：「脳科学・神経科学と少年非行」（犯罪社会学研究 42）11 〜 18 頁。

あとがき

　諸外国の刑事司法制度や犯罪者・非行少年に対する治療的アプローチを学ぶために、米国等へ視察する機会があった。その際、「日本で一般市民の参加する刑事裁判が始まったと聞いたが本当か」「それはうまくいっているのか」などと、たびたび尋ねられた。裁判員制度が始まったばかりの2010年頃のことで、海外の司法関係者の日本の裁判員制度に対する関心の高さに驚いた記憶がある。ここでは、海外視察の体験から連想したことを少し紹介し、あとがきとしたい。

　本書の編者である科研費研究のメンバーは、ワシントン州シアトル市、ペンシルベニア州フィラデルフィア市、ニューヨーク州ニューヨーク市を歴訪し、米国における刑事司法における治療的司法の実践や刑事裁判における人間行動科学の専門家の関与の実際を視察した。たくさんの学びの中で印象的だったものに、例えばドラッグ・コートの例がある。薬物離脱プログラムを終えた被告人が裁判官とハグをして喜びを分かち合うシーンに出会ったが、他の州のドラッグ・コートでも同様の場面に遭遇した。どうもこの光景はドラッグ・コートに一般的な傾向のようである。感動的なシーンに立ち会えたことを幸運に思ったが、日本の刑事法廷ではありえないとも感じた。少なくとも次の二点で米国と日本では大きな違いがある。

　一つ目は、ドラッグ・コートが純粋な対審構造を取らず、裁判所も弁護人も検察官も「薬物という悪」を倒すためのチームとして意識しており協働的であり、その意味では敢えて弁護人と検察官とで対立軸をくっきりさ

せる必要はないのだと感じた。もう一つは、ドラッグ・コートという法廷をテキパキと動き回るソーシャルワーカーの存在である。ソーシャルワーカーが法曹三者のチームの一員に加わり、職種や立場の違う者の間を行ったり来たりして、彼らのつなぎ役として重要な役割を果たしていた。このようなドラッグ・コートの仕組みが、薬物乱用に悩む米国社会の救世主となっているようである。薬物事犯の再犯率の高い日本の犯罪事情においても大いに参考になる司法制度である。

次に印象的だったのは、公設弁護士事務所に所属する減軽専門官（mitigation specialist）の活躍である。減軽専門官は、被告人の資源を探し、人間として理解しようとする。一般に、被告人は司法システムに対して否定的なイメージを持っていることが多いため、減軽専門官は先ず被告人との信頼関係の構築に専念する。その信頼関係を土台に、被告人の過去の被虐待歴や彼らが抱えているトラウマを探るなどして、彼らを一個の全体性のある人間として理解するように努める。家族や隣人や学校の教師等の関係人と会うなどして、生身の人間としての被告人に接近し、その生き生きとした報告が法廷において強い説得力となる。減軽専門官は、減軽というはっきりとした目的をもった活動であることの強みがあるが、被告人を全体性のある（holistic）人間として扱うことの重要性を米国の刑事司法では共有しているようだ。行為のみに着目しようとする謙抑的な日本の刑事司法と対照的であるが、裁判員は減軽専門官の提供するような情報を求めているといえないか。

裁判員裁判が始まってから保護観察付の判決が多くなっているとよく耳にするが、それは、裁判員が保護観察を監視制度ではなく有効な社会内処遇として認識しているためである。被告人の生活や生い立ちを知れば知るほど、一般市民は犯罪者に対する正しい認識をもつ可能性があり、その意味からも、米国の減軽専門官に代表される機能が日本の刑事裁判に導入されることを期待する。

本書では、判決前調査制度を提案する過程の中で、法律と人間行動科学との両面からその必要性について接近した。かつて判決前調査制度が議論された昭和30年代と比べ、現在では、人口構造や経済状況、家族関係、

人権感覚などで大きな変化がみられる。時代に合った刑事司法のあり方を議論する上で本書がそのスタートとなることを望む。

　最後に、本書の趣旨をご理解いただき、多忙な中ご執筆いただいた先生方に深く感謝を申し上げたい。素晴らしい執筆陣に恵まれたことはたいへんな幸運であった。また、日本評論社の串崎社長には出版助成のご支援をいただいたと同時に、原稿作成にも熱い励ましをいただいた。ここに深く謝意を表したい。

執筆者を代表して

岡本吉生

執筆者一覧（執筆順）

●印の執筆者は、編著者

　武内謙治（たけうち・けんじ）　九州大学法学研究院教授
　　　　　　　　　　　　　　　　第1章1執筆
　本庄　武（ほんじょう・たけし）　一橋大学法学研究科教授
　　　　　　　　　　　　　　　　第2章1、第4章2.4執筆
　山﨑健一（やまさき・けんいち）　弁護士
　　　　　　　　　　　　　　　　第2章2執筆
●岡本吉生（おかもと・よしお）　日本女子大学家政学部教授
　　　　　　　　　　　　　　　　第2章3.1、第4章1、3.2、あとがき執筆
●須藤　明（すどう・あきら）　駒沢女子大学人文学部教授
　　　　　　　　　　　　　　　　序文、第2章3.2、4、第3章3執筆
●村尾泰弘（むらお・やすひろ）　立正大学社会福祉学部教授
　　　　　　　　　　　　　　　　第2章3.3執筆
●丸山泰弘（まるやま・やすひろ）　立正大学法学部准教授
　　　　　　　　　　　　　　　　第3章1、2、第4章2.1執筆
　竹田　収（たけだ・おさむ）　東京矯正管区第三部長
　　　　　　　　　　　　　　　　第4章2.2執筆
　戸井宏紀（とい・ひろき）　東洋大学ライフデザイン学部助教
　　　　　　　　　　　　　　　　第4章2.3執筆
　笹倉香奈（ささくら・かな）　甲南大学法学部教授
　　　　　　　　　　　　　　　　第4章3.1執筆

刑事裁判における人間行動科学の寄与
──情状鑑定と判決前調査

2018年2月25日　第1版第1刷発行

編著者───須藤　　明
　　　　　岡本吉生
　　　　　村尾泰弘
　　　　　丸山泰弘
発行者───串崎　　浩
発行所───株式会社 日本評論社
　　　　　東京都豊島区南大塚3-12-4　郵便番号　170-8474
　　　　　電話　03-3987-8621（販売）3987-8631（編集）　振替　00100-3-16
印　刷───精文堂印刷 株式会社
製　本───株式会社 松岳社
装　丁───銀山宏子

©A.Sudo, Y.Okamoto, Y.Murao. Y.Maruyama 2018
ISBN978-4-535-52284-8

JCOPY ＜(社)出版者著作権管理機構 委託出版物＞
本書の無断複写は著作権法上での例外を除き禁じられています。複写される場合は、そのつど事前に、(社)出版者著作権管理機構（電話 03-3513-6969、FAX03-3513-6979、e-mail: info@jcopy.or.jp）の許諾を得てください。また、本書を代行業者等の第三者に依頼してスキャニング等の行為によりデジタル化することは、個人の家庭内の利用であっても、一切認められておりません。